Dez *princípios* antes do *fim*

Copyright © 2024 por
Emanuel Aragão

Todos os direitos desta publicação reservados à Maquinaria Sankto Editora e Distribuidora LTDA. Este livro segue o Novo Acordo Ortográfico de 1990.

É vedada a reprodução total ou parcial desta obra sem a prévia autorização, salvo como referência de pesquisa ou citação acompanhada da respectiva indicação. A violação dos direitos autorais é crime estabelecido na Lei nº 9.610/98 e punido pelo artigo 194 do Código Penal.

Este texto é de responsabilidade do autor e não reflete necessariamente a opinião da Maquinaria Sankto Editora e Distribuidora LTDA.

Diretor-executivo
Guther Faggion

Editora-executiva
Renata Sturm

Diretor Comercial
Nilson Roberto da Silva

Financeiro
Alberto Balbino

Editor
Pedro Aranha

Preparação
Nicolly Vale

Revisão
Amanda Moura

Marketing e Comunicação
Matheus da Costa, Rafaela Blanco

Direção de Arte
Rafael Bersi

Diagramação
Matheus da Costa

DADOS INTERNACIONAIS DE CATALOGAÇÃO NA PUBLICAÇÃO (CIP)
ANGÉLICA ILACQUA – CRB-8/7057

ARAGÃO, Emanuel
    Dez princípios antes do fim : (enunciado para uma vida possível) / Emanuel Aragão. – São Paulo : Maquinaria Sankto Editora e Distribuidora LTDA, 2024.
    368p.
    Bibliografia
    ISBN 978-85-94484-37-6

1. Autoajuda 2. Aragão, Emanuel – Memórias 3. Luto I. Título

24-2723   CDD 158.1

Índice Para Catálogo Sistemático:
1. Autoajuda

Rua Pedro de Toledo, 129 – Sala 104
Vila Clementino – São Paulo – SP, CEP: 04039-030
www.mqnr.com.br

EMANUEL ARAGÃO

Dez *princípios* antes do *fim*

(enunciado para uma vida possível)

mqnr

Para Martim.

Sumário

Antes dos *princípios*, um *prólogo* • 7

CAPÍTULO 1 • Erros de *previsão* • 11

CAPÍTULO 2 • Resistir à *entropia* • 41

CAPÍTULO 3 • Necessidades *emocionais* • 77

CAPÍTULO 4 • A vida é *conflito* • 107

CAPÍTULO 5 • Condenado a *repetir* • 137

CAPÍTULO 6 • Antes do amor, o *cuidado* • 181

CAPÍTULO 7 • Estamos todos em *déficit* de amor • 211

CAPÍTULO 8 • Quem busca *dominância* encontra *solidão* • 235

CAPÍTULO 9 • *Amor e morte* • 283

CAPÍTULO 10 • O segundo *amor* • 317

Derivações *teóricas* • 353

Notas de *fundo* • 363

Agradecimentos • 367

A vida é uma obra de (auto)ficção encerrada na materialidade da morte.

Antes dos *princípios,* um *prólogo*

Este livro é a tentativa de colocar em palavras uma descoberta que mudou a minha vida. Ao contrário do que eu supunha até alguns anos atrás, as nossas emoções e os nossos sentimentos – nomes e organizações conceituais que damos a elas – não são consequência apenas de um desequilíbrio químico nem resultado de um excesso de planetas de água no seu mapa astral. As nossas emoções e afetos têm uma razão para existir assim como tudo mais o que existe. E essa razão de existir é o que trataremos aqui neste livro.

Por que as emoções, os sentimentos e os afetos existem? E para que eles servem?

Ao longo de muitos anos, eu lutei contra as minhas próprias experiências emocionais como se elas fossem minhas inimigas, como se fossem algo de que eu deveria me livrar para poder seguir a vida. Isso me custou tempo e muito sofrimento.

Foi só há alguns anos que me deparei com o conceito das necessidades emocionais e compreendi que estava fazendo tudo ao contrário. É justamente esse conceito das necessidades emocionais que eu pretendo partilhar com qualquer pessoa que escolha seguir este livro, assim como a mudança que pode ocorrer na vida de cada um de nós a partir do momento em que compreendemos a existência dessas necessidades, a sua função e como lidar com elas.

O que eu entendi foi que uma vida satisfatória depende da compreensão dessas necessidades e do aprendizado de como lidar com elas.

Assim como precisamos de comida, água e oxigênio, precisamos também de amor. Digo isso não de maneira metafórica, digo isso de maneira literal. Mas, para compreender essa necessidade de amor, assim como as nossas outras necessidades emocionais e suas funções, eu preciso que você atravesse um percurso comigo.

Esse percurso está contido no livro que você acabou de começar a ler.

E ele é o percurso de um luto.

Cada um de nós atravessa o luto que atravessa. Ou vários deles. Mas, certamente, devemos atravessar ao menos um: o luto da realidade em si. A vida não é a vida imaginada. A vida é uma vida possível. Ou a vida é aquilo que podemos fazer com a vida que nos é apresentada. A compreensão das nossas necessidades emocionais é também a compreensão de como navegar uma vida possível. E, assim, encontrar uma satisfação possível através da vida. Afinal, só é possível a satisfação possível.

Mas, de qualquer forma, isto é um luto: a aceitação da realidade em vias da possibilidade de transformá-la. Isso porque parte desse processo implica reconhecer a vida que temos, e não todas as vidas que não temos. Só assim podemos percorrê-la com a intenção de que ela possa se tornar uma vida mais satisfatória. E o processo de reconhecer a nossa vida é, em si, um processo de luto. O luto narcísico pelo qual todos devemos passar: não somos o centro do mundo, e a realidade não nos deve coisa alguma. E, no fim, o que se segue necessariamente é a morte.

No fundo, o reconhecimento da realidade é também o reconhecimento da própria morte. Só há uma vida possível a partir do momento no qual reconhecemos que ela é encerrada na morte. Não há outra maneira. Mais uma vez, de maneira literal.

Não há uma travessia a ser feita para um outro lugar, uma outra margem, melhor do que a nossa atual. Há apenas o entendimento de que é preciso uma melhor compreensão para seguir o fluxo pelo tempo que for possível. E apenas pelo tempo que for possível.

A compreensão desse processo só me parecia possível através, é claro, de um percurso emocional. Ou seja, seria preciso que você partilhasse comigo esse percurso emocional. Eu decidi que o percurso desse livro seria guiado pelo meu próprio luto. Nada me pareceu mais justo do que isso. Ou mais adequado, pelo menos.

Assim, o livro é composto de dois movimentos paralelos.

De um lado, a elaboração narrativa do meu próprio processo de luto, que tem seu início em uma morte.

E, de outro lado, a elaboração teórica de dez princípios a respeito do funcionamento da realidade em si. Ou melhor, da nossa relação com a realidade na busca pela satisfação das nossas necessidades emocionais.

A cada capítulo, um desses princípios é desenvolvido e, ao final, ele aparece enunciado de maneira sintética. A cada um desses princípios se soma o próximo, originando uma proposta mais geral a respeito de uma felicidade possível. Essa proposta geral, a somatória dos dez princípios, pode ser compreendida tal qual uma tese sobre como criar para si uma vida mais satisfatória. E ela é enunciada de maneira integral ao final do livro.

No fundo, é possível ler apenas a página final com a tese já enunciada de maneira completa, mas isso não surtirá efeito algum. Afinal, fazendo isso, não teríamos atravessado um luto. Infelizmente, é assim que a realidade funciona: é preciso passar pelas coisas para que elas possam passar por nós. De forma que é melhor seguirmos logo com o nosso trabalho enquanto é tempo.

Boa leitura.

CAPÍTULO 1

Erros de *previsão*

Não há nada que diferencie um dia qualquer daqueles que alteram de forma permanente a ordem das coisas. No princípio, eles são todos mais ou menos idênticos: entre um instante e o próximo, os seus olhos se abrem. É só depois que a coisa acontece.

O HÁBITO

O sol alcançava a minha perna direita na altura do joelho. A luminosidade passava direto através de um pedaço que faltava da persiana vertical da janela do quarto. Meu quarto. A persiana era de cor salmão. Alguns anos antes, eu havia tido uma verdadeira fixação por aquela cor e tinha comprado vários itens de vestuário e de uso pessoal naquela espécie de tom rosa-alaranjado. Inclusive, tinha convencido meu pai a comprar um sofá de veludo, salmão. Depois, a fixação pela cor passou e eu tive de lidar com o que sobrou dela. Como a persiana com o pedaço faltando.

Era manhã do dia 4 de agosto de 2004.

Eu estava espalhado na cama e o telefone tocava no andar de baixo insistentemente.

Da maneira que a casa havia sido construída, o escritório da minha mãe, onde estava o telefone, ficava exatamente embaixo do meu quarto. E o piso de ripas de madeira, sem forro, fazia parecer que ele tocava dentro da minha cabeça.

Estava quente no quarto, abafado. Era inverno em Brasília, o que quer dizer que não chovia há mais de 2 meses. Nessa época do ano, as noites são frias, os dias são quentes, e a umidade do ar é assustadoramente baixa. Em função disto – da baixa umidade do ar – não existem tantos aparelhos de ar-condicionado em Brasília como em cidades litorâneas do Brasil, já que o ar-condicionado precisa retirar água do ambiente para reduzir a temperatura, ao mesmo tempo que consome energia elétrica para levar adiante esse processo que nunca aconteceria de forma espontânea na natureza. Isso é um *trabalho*, feito por aquela máquina. O natural é que o calor do lado de fora tome conta do interior do quarto, até que o sistema entre em equilíbrio. Eu havia aprendido isso ainda no segundo grau, uma derivação da segunda lei da termodinâmica, e aquela ideia retornava à minha cabeça, ou ao meu corpo, melhor dizendo, todas as manhãs: "quando dois corpos com diferentes temperaturas entram em contato um com o outro, a tendência natural é que o corpo com maior temperatura transfira calor para o corpo com menor temperatura até que os dois corpos entrem em equilíbrio". Essa formulação nunca deixou meus pensamentos. Por mais simples e óbvia que ela parecesse, carregava algo de inexorável que havia se fixado em mim. Eu me lembrava daquelas palavras escritas em giz branco com a letra cursiva do professor no enorme quadro verde-escuro, que àquela altura chamávamos de "quadro negro". O corpo mais quente vai sempre ceder calor para o mais frio. Nunca o contrário. Não é possível ceder frio, eu pensava. E isso vai acontecer até que a diferença de calor entre os dois simplesmente desapareça. É inevitável que seja assim. Enquanto eu ouvia a explicação do professor, pensava no amor e na morte. Ou melhor, no sexo e na morte. Dois corpos que se encontram e se aquecem mutuamente até encontrarem o equilíbrio, era o que eu imaginava a respeito do sexo. E um corpo que necessariamente esfria depois que o coração para de bater, era a morte. A diferença entre os dois casos estava, para mim, na impressão de que o sexo parecia ser uma promessa impossível ao passo que a morte estava presente e me acompanhava a todo instante. Eu lutava contra isso, mas eu a via em tudo que *ainda* estava vivo. A vida era isso, como confirmava o professor de física com as palavras escritas ali, algo provisório que lutava para retardar o inevitável: mais cedo ou mais tarde, o corpo mais quente vai ceder calor para o corpo mais frio até que o sistema entre em equilíbrio. A vida era assim: um *trabalho* contra algo muito maior e muito mais forte. Um trabalho contra uma *lei* da natureza, que mais dia, menos dia, por exaustão e desgaste da máquina, chegaria ao fim. Aquela ideia me dava náusea, e eu lutava para que ele saísse da minha cabeça, mas aquilo era mais forte do que eu.

Naquele momento, provavelmente o meu quarto era mais quente do que o lado de fora. O sol atravessava a janela de vidro, o que faz a temperatura aumentar, e eu cedia parte do meu calor e das minhas calorias consumidas na véspera para o ambiente fechado, simplesmente por existir ali. Eu havia bebido muito na noite anterior, como era de praxe naquela época: eu tinha 22 anos e estava prestes a entrar no semestre de conclusão do curso de filosofia na Universidade de Brasília. Mas, naquele momento da minha vida, aquilo que menos me interessava era a filosofia. Eu havia terminado a primeira parte da monografia de conclusão de curso, a dissertação 1 – nessa época, a conclusão do curso de filosofia era composta de duas dissertações, uma primeira introdutória e uma segunda mais longa. Nesse primeiro trabalho, eu tentava demonstrar que a filosofia não era a nossa melhor ferramenta para compreender o sentido da vida. E, depois de cinco argumentos teóricos, eu chegava à conclusão "óbvia" de que o melhor instrumento de medição do sentido da vida era o frio na barriga. E que isso, o frio na barriga, não era assunto da filosofia, mas da vida em si. Ou seja, para compreender a vida, o melhor caminho seria a própria vida, e não algo separado dela. Nessa época, eu era tomado por paixões arrebatadoras a cada esbarrão nos corredores da faculdade ou nos bares da cidade. Aquilo que eu sentia parecia obviamente ser o sentido da vida. E o que realmente a filosofia poderia me revelar a esse respeito? A dissertação 1 havia sido festejada pelo meu orientador, que carregava, assim como eu, uma posição infantil de questionamento em relação à filosofia – exatamente por isso eu o havia escolhido –, era a "melhor monografia que ele já tinha recebido na vida". Eu, é claro, em consequência da expectativa que havia sido colocada em mim, não tinha a menor ideia de que caminho poderia seguir na dissertação 2. Eu tinha sido capaz de construir argumentos interessantes. Mas, logo depois, tudo aquilo pareceu vazio e sem sentido. Apenas um exercício retórico. Mais um.

 Enquanto eu apertava os olhos com força a fim de conseguir abri-los, pensava que estava sozinho em casa e que, se o telefone não parasse de soar, eu teria mesmo de atendê-lo. Àquela altura, eu morava praticamente sozinho. Era uma casa de cinco níveis, dispostos em uma espécie de diagonal, de modo que o quarto dos meus pais ficava em cima da sala, o quarto do meu irmão, em cima da cozinha, o meu, em cima do escritório da minha mãe e, o sótão, no topo da casa. Mas, nessa manhã, como em tantas outras desse período, não havia mais ninguém ali além de mim.

Meu pai foi embora de casa quando eu tinha em torno de 12 anos. Meu irmão mais velho se mudou para o Rio de Janeiro quando eu tinha 17. E minha mãe, nos últimos tempos, estava mais em São Paulo do que em Brasília, porque tinha decidido fazer mestrado e análise por lá.

Estar só na casa era bom e ruim. Eu me sentia livre e potente. Dono da minha própria existência. Sem ninguém para regular ou julgar absolutamente nada. Mas me sentia ao mesmo tempo muito sozinho e, miseravelmente, tinha muito medo do escuro e do ranger da madeira durante a noite – o medo sempre me acompanhou e me acompanha até hoje. Por essa ou por outra razão, só conseguia me deitar já estando completamente bêbado.

Ao me sentar na cama, tive a impressão de que o quarto rodava ao meu redor. Senti o peso dos meus pés no chão. E, se o telefone não insistisse de maneira tão intrusiva, eu não teria conseguido me levantar.

Caminhei pelo quarto, rodei as duas voltas da chave da fechadura da porta do quarto e a abri.

Apoiei a mão esquerda no corrimão de madeira enquanto a direita fazia um contrapeso deslizando pela parede.

Desci os oito degraus do primeiro nível e pisei no *hall* que ficava em frente ao quarto dos meus pais, agora vazio.

Segui o mesmo procedimento para descer o próximo lance de escada, mais oito degraus.

O telefone tocava e pouco se passava pela minha cabeça. Eu não sentia raiva. Apenas enjoo e uma sensação leve de apreensão, talvez causada pelo toque agudo e estridente do telefone.

Quando pisei no *hall* que dividia o espaço entre a cozinha e o escritório da minha mãe, uma forte náusea tomou conta de mim. Pensei que precisava ir ao banheiro e imaginei que seria isso que eu faria logo depois de atender ao telefone. Mais alguns passos até o escritório e finalmente puxei o telefone do gancho. Colei-o ao meu ouvido e disse "alô?".

Entre a minha pergunta e o que viria logo depois, a resposta, ouvi uma respiração do outro lado. Uma respiração entrecortada.

Nada além disso.

Hoje, tentando recuperar os detalhes, percebo que já havia ali algo de errado. Nesse período da minha vida, meu pai costumava me ligar todos os dias pela manhã. Em torno de 7h. Ele havia acabado de se mudar para uma pequena casa em Paraty, no Rio de Janeiro, e morava lá sozinho. Não era a primeira vez que ele morava sozinho. Era assim desde que tinha saído de casa. Mas, nesse período, parecia sempre muito solitário. Na época, eu não entendia muito bem a *sensação* de solidão. Hoje a compreendo um pouco melhor, mas, naquele momento da minha vida, eu simplesmente lutava para não *estar sozinho*. Nunca. E isso tinha a ver com o medo que eu sentia, e não com a solidão propriamente dita. Em razão disso, eu não compreendia muito bem a necessidade que ele tinha de falar comigo todos os dias mesmo que não tivéssemos na prática nenhum assunto. A conversa seguia mais ou menos do mesmo jeito a cada dia que passava: eu atendia, de modo geral enfrentando uma ressaca atroz, ele dizia do outro lado: "Bom dia, filhinho". Eu respondia: "Bom dia, pai". E ele completava com um: "Novidades?". Ao passo que eu retrucava: "Nada, pai".

A PRIMEIRA CENA DO AEROPORTO

Estávamos só nós dois em casa e passamos a tarde arrumando a sua mala. Ele iria viajar naquele dia para Paris, onde ia dar início ao pós-doutorado. Ele era professor de antropologia na Universidade de Brasília. A minha mãe estava no trabalho e meu irmão havia saído. Provavelmente estava na faculdade. Eu fiz uma lista das coisas que queria que meu pai trouxesse para mim da viagem. Escrevi os itens em uma folha do meu caderno, destaquei e entreguei para ele. Eu disse: "Essas são as encomendas, mas se você quiser me trazer algum presente, não tem problema". Ele sorriu e me deu um abraço. Nós éramos muito próximos nessa época, era a impressão mais sincera que eu tinha. Eu confiava muito nele e achava incrível tudo que ele me propunha. E me parecia que ele sentia o mesmo em relação a mim. Ele disse, dobrando a lista e colocando-a no bolso, que queria que eu o levasse ao aeroporto, mas que antes tinha de passar na universidade para pegar alguns papéis de que precisaria na viagem. Eu aceitei o convite, muito animado. Hoje percebo que não me perguntei como eu retornaria do aeroporto sozinho depois que ele embarcasse. Mas, como eu confiava cegamente no meu pai, imagino que devo ter pensado que ele daria "um jeito nisso", como sempre dava. E, ademais, me senti muito orgulhoso de levá-lo sozinho ao aeroporto.

Entramos no carro e seguimos até a universidade em silêncio. Não era comum o silêncio entre nós, sempre parecíamos ter algum assunto, mas também não era incômodo não falarmos nada.

Descemos do carro e caminhamos em direção ao departamento de antropologia.

Eu conhecia muito bem aquele caminho. Meu pai costumava me levar para assistir às suas aulas desde que eu tinha em torno de 8 anos.

Mais tarde, aquele seria o mesmo estacionamento que eu usaria para ir ao departamento de filosofia durante os 4 anos do curso.

Entramos no prédio do Instituto Central de Ciências, viramos à direita e seguimos para o departamento de antropologia, que ficava no primeiro andar. Meu pai cumprimentou a secretária do departamento e mais algumas pessoas pelo caminho até que chegamos à sua sala. Eu sempre achei incrível que ele tivesse ali uma sala com o seu nome na porta.

Pensando agora, eu não tenho certeza de que o seu nome estava de fato na porta, mas tenho uma memória muito vívida de que era esse o caso.

Ele abriu a porta, foi até a sua mesa, organizou alguns papéis e os colocou na sua pasta de couro marrom, que eu adorava. Foi até a estante e pegou alguns livros. Colocou-os também dentro da pasta.

— Pronto — ele disse. — Vamos?

Fiz que sim com a cabeça, ele abriu a porta e nós saímos.

Nos despedimos mais uma vez da secretária e seguimos de volta na direção do estacionamento onde o carro havia ficado. Logo que descemos as escadas, o meu pai disse que tínhamos agora de ir à pós-graduação da antropologia, que ficava em um outro lugar dentro do mesmo prédio. Eu nunca havia ido lá, mas segui ao seu lado.

Enquanto caminhávamos em silêncio, meu pai disse, sem aviso prévio:

— Sabe, filhinho, eu estou apaixonado por uma pessoa.

Eu olhei para ele literalmente sem entender o que aquilo queria dizer. Ele e minha mãe eram casados há mais de 25 anos. Eles já haviam brigado algumas vezes durante esse tempo. Brigas que eu preferia esquecer em função do seu conteúdo violento. Mas eu não poderia imaginar algo daquele tipo. Especialmente porque a maneira como o meu pai disse aquela frase simplesmente desconsiderava a existência da minha mãe. Ele sequer se deu o trabalho de dizer "estou apaixonado por *outra* pessoa".

A minha reação de espanto foi tão grande, e acho que ele não esperava por isso, que ele tentou se corrigir da pior maneira – ou pelo menos eu fantasiei que aquilo era uma tentativa de correção:

— Mas é uma coisa platônica. Não precisa se preocupar. Eu vou continuar com a sua mãe.

Eu fiquei tão confuso ouvindo aquela sequência de frases que não consegui responder nada. Pensei sobre o significado da palavra "platônico". Platônico queria dizer, para mim, àquela altura, algo que não se concretiza. E eu considerava que todos os meus amores eram platônicos, no sentido de que eu nunca tinha tido coragem de me declarar para ninguém, mas não no sentido de que eu não *queria* que aquilo acontecesse. Assim, o que ele estava me dizendo naquele momento era que ele queria que aquilo acontecesse, mas que não era possível. E só não era possível em função da minha mãe. O que o impedia era a minha mãe. Essa ideia, que parecia ter o intuito de me tranquilizar, àquela altura da vida, parecia simplesmente errada. Na minha cabeça, ou melhor, na cabeça daquele menino que caminhava com o pai antes de ouvir essa sequência de frases, um relacionamento e o desejo de estar em um relacionamento deveriam ser a mesma coisa. É o amor que vale. E o fato de dizer que o desejo dele estava em outro lugar que não na nossa casa, não com a minha mãe, já destituía o valor de verdade absoluta que a minha família tinha para mim. Tudo agora parecia um tipo de farsa que ele levava adiante em razão de uma imagem. Não por amor, por um acordo. Ou pior, por hábito.

Seguimos andando pelo longo corredor do Instituto Central de Ciências – até que ele virou à esquerda para descer um lance de escada. A pós-graduação da antropologia ficava no subsolo, bem perto de onde fica o departamento de filosofia.

Quando chegamos à porta do departamento, uma moça estava lá à nossa espera. Ou pelo menos parecia estar à nossa espera. Eu estranhei aquilo, nunca a havia visto. Ela sorriu e disse num tom jocoso:

— Oi, professor.

Eles se abraçaram, e ele disse:

— Esse aqui é o meu mais novo, o Emanuel.

Ela sorriu para mim e disse:

— Oi, Emanuel. Prazer. Eu já ouvi muito falar de você.

Eu não respondi nada, e meu pai emendou:

— Essa é a Isadora, filho.

Eu detestei aquilo com todas as minhas forças. Permaneci em silêncio. Tive vontade de gritar e de sair correndo dali. As lágrimas começaram a brotar dos meus olhos, mas segurei o choro com um nó na altura da garganta, como eu fazia muitas vezes. Por sorte, o subsolo era escuro e eu tive a impressão de que eles não notaram o que se passava no meu rosto.

— Vamos? — disse o meu pai para Isadora.

— Sim — ela respondeu.

E seguimos de volta na direção da escada por onde havíamos acabado de descer. Naquele momento, eu entendi que tínhamos ido até ali só para encontrá-la. Quando chegamos de volta ao térreo e encontramos a luz do dia, estacamos na saída da escada. Isadora disse:

— Meu carro está pra cá — apontando para a esquerda.

O nosso carro, a camionete branca do meu pai, estava do outro lado, mas ele respondeu:

— Tá bom, vamos por aqui, então, eu só tenho que pegar a mala na camionete.

E seguimos para a esquerda, na direção do carro de Isadora.

Eu me senti como uma *coisa* que eles poderiam levar para um lado ou para o outro e tanto fazia. Era como se eu simplesmente não estivesse ali. E me pergunto por que estava, afinal?

Caminhamos pelo estacionamento até que Isadora apontou para um Uno Mille preto e disse:

— O meu é aquele ali.

Ironicamente, aquele carro era quase idêntico ao Uno Mille que a minha mãe tinha naquela época. Eu adorava carros àquela altura da minha vida, de modo que esse não era um detalhe qualquer.

Ela abriu a porta do motorista com a chave, entrou no carro e se esticou para a abrir a porta do carona. Meu pai jogou a pasta marrom em cima do banco do carona enquanto ela abria a porta detrás para que eu entrasse.

— Vou buscar a mala e volto — disse o meu pai logo antes de bater a porta.

Eu entrei no carro e me sentei em silêncio. Isadora fechou a porta e ficamos os dois ali em silêncio. Não existiam celulares nessa época, então não havia como se esconder.

Ela virou o pescoço para trás e sorriu para mim, num misto de ternura e constrangimento. Eu me esforcei pouco para sorrir de volta e imagino que a expressão no meu rosto não deveria ser das melhores. O carro estava abafado, mas nenhum de nós dois abriu os vidros. Eu me lembro de ter olhado para o reflexo de Isadora pelo retrovisor e de ter pensado que ela era bonita e jovem. Muito mais jovem do que a minha mãe. E me odiei por ter pensado isso. Permanecemos em silêncio até que o porta-malas se abriu atrás de mim. Meu pai despejou a sua mala ali, fechou com força, como era de costume para ele, abriu a porta do banco do carona, jogou sua pasta marrom no banco de trás, ao meu lado, sentou-se, bateu a porta e disse:

— Vamos?

Isadora sorriu e deu a partida.

Eu não me lembro do que eles conversaram enquanto Isadora dirigia a caminho do aeroporto. É certo que não ficaram em silêncio, mas eu estava envolto em uma espécie de atmosfera de sonho. Eu não ouvia nada. De alguma forma, a distância entre a realidade que eu experimentava agora e aquela que eu havia experimentado meia hora atrás – quando estava sozinho com meu pai a caminho do aeroporto no papel de filho preferido, de única pessoa que importa no mundo para ele – era grande demais para que eu conseguisse continuar a ouvir a conversa.

Lembro de olhar pela janela e observar a monotonia tão comum das avenidas de Brasília. Talvez eu simplesmente estivesse buscando uma paisagem familiar para me afastar de onde eu estava.

Mas era inevitável que alguns pensamentos estúpidos atravessassem a minha cabeça. Como uma comparação entre a textura do banco daquele Uno Mille com o Uno Mille da minha mãe. Aquele era mais macio, eu pensava. Ou, ainda, uma ideia mais esdrúxula, hoje me parece, de por que o meu pai deixava que ela dirigisse o carro, o contrário do que acontecia com a minha mãe. Como se eles já fossem um casal. Como se aquilo fosse a minha realidade de fato. E era! É claro. Mas não fazia sentido normalizar aquilo.

Eu não disse uma palavra no caminho inteiro. E, até onde consigo me lembrar, nenhum dos dois disse nada dirigido a mim. O que é provável que não seja verdade. Pensando em retrospecto, é provável que o meu pai tenha tentado puxar algum assunto para quebrar o gelo. Ou será que ele nem mesmo percebia que existia gelo ali? Será que ele simplesmente não se dava conta do meu mal-estar?

Chegamos finalmente ao aeroporto. Descemos do carro. Meu pai buscou um daqueles carrinhos de metal destinado às bagagens. Colocou sua mala de tecido marrom escuro e alça de couro num tom de marrom um pouco mais claro na parte de baixo e a pasta de couro marrom no compartimento de cima e começou a empurrar.

Caminhamos os três para a entrada no saguão do aeroporto.

Eu me lembro de ter pensado que eu não queria ser visto ali.

Como se eu estivesse acompanhando aquele casal.

Como se eu fosse filho *deles*.

Como se fôssemos uma família!

Senti vergonha e raiva, dois sentimentos muito comuns para mim àquela altura da vida. E talvez ainda hoje.

Minha pele estava quente e eu só queria que aquilo acabasse logo.

Era um dia de semana, provavelmente uma quinta-feira, e o aeroporto não estava cheio. O ano era 1995. Nessa época, os aeroportos não eram tão cheios quanto hoje em dia. Mas, o mais importante, eu pensava, era que, por ser um dia de semana, no meio do período letivo, era muito pouco provável que algum conhecido meu pudesse estar ali. Crianças só viajavam nas férias. Pelo menos era isso que eu dizia para mim mesmo com o intuito de contrapor a fantasia que surgia espontaneamente de que a Roberta – a menina de quem eu gostava naquela época – pudesse aparecer ali com a sua mãe e eu tivesse que explicar aquilo que estava acontecendo.

Naquele período da minha vida, era muito frequente que eu imaginasse encontros fortuitos com as pessoas pelas quais eu estava apaixonado em quaisquer situações que estivesse vivendo. E construísse os diálogos que se seguiriam a partir dali, imaginando que justamente aquele encontro aleatório, causado pelo destino, seria o início da grande história de amor da minha vida. Eu fantasiava isso a todo o tempo, em todas as situações que crianças daquela época, da minha classe social, viviam – ir com a mãe fazer as compras do mês no hipermercado; comprar dez pães franceses e 1 litro de leite na padaria enquanto o pai espera no carro com o motor ligado; dar um pulo na banca de jornal a fim de ver se a edição daquela semana de tal revista já tinha chegado; ir a um dos dois *shoppings* da cidade em busca de um presente de aniversário para a festa de um dos colegas de turma. Em todas essas situações, na minha cabeça, eu me deparava por acaso com o grande amor da minha vida e aquele era o começo de tudo. Por conta disso, eu tinha que estar sempre preparado, de modo que eu nunca estava simplesmente vivendo a vida. Eu tinha de estar sempre atento. Isso era bom e ruim, é claro. Por um lado, a vida nunca era simplesmente a vida. Ela estava sempre preenchida de uma promessa. Ela sempre carregava um sentido maior, não era uma vida qualquer, era uma grande vida. E eu nunca estava sozinho. As mãos do destino estavam sempre ao meu lado. Por outro lado, exatamente por isso, eu nunca podia simplesmente andar por aí despreparado. Eu precisava ter o texto pronto, as melhores respostas. A frase perfeita para ser dita naquele instante tinha que estar já comigo para o momento do grande encontro. Do contrário, eu poderia perder a minha grande – e talvez a única, eu pensava – oportunidade de ser feliz.

Naquele momento, no aeroporto, toda essa expectativa em mim, que era regra na minha vida, parecia simplesmente insuportável. Eu não saberia o que explicar para a Roberta. Eu tentava repassar na minha cabeça os textos possíveis dentro do meu repertório limitado. Mas aquilo que estava acontecendo ali simplesmente não tinha explicação.

De modo que, quando chegamos ao balcão da Air France, eu tentei me manter afastado. Como se eu não estivesse com eles. É claro que eu sabia que também não conseguiria explicar isso – estar sozinho no aeroporto não era uma situação possível –, mas, por reflexo, eu me mantive longe e torci para que aquilo acabasse de uma vez.

Por sorte, o tempo era curto até o embarque e seguimos para o portão sem fazer outras paradas. Meu pai abandonou o carrinho já sem sua mala no meio do saguão e seguiu apenas com a pasta marrom na mão direita. Eu caminhei alguns passos atrás dos dois, como se estivesse disfarçado ali.

Aquilo ia finalmente acabar em alguns minutos.

Mas, nessa hora, e só nessa hora, um pensamento de horror atravessou a minha cabeça: eu ia ter de voltar para casa com Isadora depois que meu pai tivesse embarcado!

Na frente do portão de embarque, que estava razoavelmente vazio naquele horário, os dois estacaram e ficaram frente a frente. Meu pai deixou a pasta de couro marrom cair no chão e colocou as duas mãos na cintura de Isadora. A sua mão direita continuou pousada na cintura dela, mas a esquerda correu para o alto de suas costas enquanto ele se aproximou de seu corpo, e ela cedeu para trás e para a esquerda, dobrando-se como uma boneca de pano. Ela estava tombada para trás e o seu corpo era sustentado pela mão esquerda do meu pai. Ela levou as duas mãos aos ombros dele e as pousou ali. Os dois se olharam por um instante em silêncio até que ele beijou seus lábios.

A minha atenção estava concentrada nos lábios do meu pai, que faziam uma espécie de bico. Era como se aquele bico não se encaixasse com o resto do seu gestual, com o exagero romântico da cena. Aquele era o bico do meu pai. Eu conhecia aquele bico. Ele beijava as minhas bochechas todos os dias. Ele beijava a boca da minha mãe com aquele bico. Mas nunca com o resto daquele corpo, que avançava para frente. O que era aquilo, afinal? Eu senti nojo e vontade de sair correndo dali. Vontade de que aquilo simplesmente acabasse e que eu pudesse voltar para a minha vida normal, para a minha vida de antes, para a *minha vida*!

Era como se, naquele momento, ele tivesse me arrastado para dentro da vida *dele*. Como se eu tivesse sido enfiado dentro das suas revistas pornográficas que ficavam guardadas no alto do seu armário, no canto esquerdo, embaixo de caixas de presentes vazias, manchadas com gozo esparramado em páginas que eu sabia quais eram em cada revista. Mas aquilo era diferente, era muito pior. Olhar as revistas manchadas com o gozo do meu pai era escolha minha, ele as tinha "escondido". Aquela cena ele estava escolhendo me mostrar. Ele tinha me levado, me arrastado até ali, para o meio do mundo do desejo dele. Ou ele simplesmente havia esquecido que eu existia?

Eu me lembro de ter pensado que amor platônico não era aquilo. Não podia ser aquilo. Que ele não sabia o que queria dizer um amor platônico. Eu sabia! Eu que nunca havia beijado ninguém. Eu que nunca tinha tido coragem de me declarar para ninguém. Eu que simplesmente fantasiava cenas de encontro. Olhares e mãos dadas no recreio da escola. Eu que fantasiava o meu triunfo quando finalmente encontrasse meu grande amor e todos ficassem sabendo que eu tinha conseguido. Eu sabia o que era amor platônico, ele não, ele era um farsante. Ele se masturbava em cima de revistas velhas e beijava alunas no portão de embarque do aeroporto na frente do seu filho caçula. Eu queria que ele morresse. Eu queria que ele atravessasse aquele portão de embarque e simplesmente não voltasse nunca mais.

O beijo dos dois terminou depois de alguns segundos de paralisia do tempo, e ele veio na minha direção.

Ele se agachou e disse:

— Tchau, filhinho. Papai já volta.

A mesma sequência de frases que ele havia me dito desde sempre. Quando saía para trabalhar, quando ia encontrar algum amigo em uma tarde ociosa, quando ia para a fazenda e por alguma razão eu não podia ir com ele. "Tchau, filhinho. Papai já volta". Ele disse todas aquelas palavras que eu conhecia tão bem, mas ele parecia um autômato. Não era ele, eu pensei. Aquele não era o meu pai. Eu tive vontade de cuspir na cara dele. Que direito ele tinha de me chamar de filhinho depois daquilo?

Ele se manteve em silêncio por um breve instante com o rosto bem próximo ao meu. Eu não disse nada e continuei olhando nos seus olhos, completamente estático.

Até que ele, em um gesto automático, se aproximou um pouco mais e deu um beijo na minha bochecha direita, como fazia todos os dias.

Um arrepio correu e minha espinha e eu tive vontade de vomitar quando senti o mesmo bico tocando a minha pele.

Eu permaneci estático enquanto ele me abraçava. Como eu poderia ter sido tão estúpido? A minha adoração por ele era tão cega que eu sequer havia me perguntado, quando saímos de casa, sobre como eu retornaria sozinho depois que ele embarcasse. Eu não havia me perguntado porque ele sempre se preocupava comigo. Sempre. Eu era a coisa mais importante na vida dele – era o que ele repetia tantas vezes e o que parecia demonstrar tantas outras. E ele era a coisa mais importante na minha vida.

Ele se afastou de mim, foi até a Isadora. Pegou a pasta marrom que havia ficado no chão. Os dois se olharam, sorriram, mas não se tocaram. Meu pai fez que sim com a cabeça, como se em silêncio eles estivessem fazendo uma espécie de pacto. "Estamos juntos, não importa o que aconteça". Era o que me parecia. Ele atravessou o portão de embarque. As paredes do portão de embarque nessa época eram envidraçadas, de modo que eu ainda pude vê-lo colocando a pasta marrom no raio X e atravessando o detector de metais. Ele olhou para trás mais uma vez, em direção a ela, e depois seguiu caminho.

Eu fiquei no mesmo lugar onde estava e Isadora de aproximou de mim com um sorriso doce.

—Vamos? — ela disse.

O que eu poderia responder, afinal?

Fiz que sim com a cabeça e começamos a caminhar de volta em direção ao carro.

Estranhamente, depois daquela cena do beijo – porque era exatamente isso que parecia para mim, uma *cena* de horror – a minha afetação havia diminuído, assim como a minha preocupação em ser visto com alguém naquela situação. Aquilo me importava menos. Ou talvez já não me importasse mais.

Eu nunca havia me sentido daquele jeito na vida. A raiva era um sentimento comum para mim. Era bastante frequente que eu tivesse "uns acessos" de raiva, como poderia dizer a minha mãe. Eu gritava e quebrava coisas, em geral, repetindo a frase "olha o que vocês estão fazendo comigo!". O medo também era comum. Talvez o mais comum. Ele vinha todas as noites – o medo do escuro, o medo de ser abduzido, o medo de ser sequestrado, o medo da morte do meu pai, o medo da minha morte. E talvez o que eu mais sentisse fosse a vergonha, ou a preocupação com o olhar do outro em geral. Isso estava sempre em mim. Mas, aquilo que eu sentia naquele momento caminhando ao lado de Isadora em direção ao seu carro no estacionamento, acredito que eu nunca tinha sentido.

Era como se de fato morrer não fosse mais um problema. É claro que eu tomei cuidado ao atravessar a rua entre o saguão e o estacionamento, como um bom menino, como um reflexo do que deve ser feito. Mas eu não me importava. Inclusive, a própria ideia de percorrer os 30 quilômetros que separavam o aeroporto da minha casa no carro de Isadora já não me assustava.

Alguma coisa estava quebrada em mim.

Alguma coisa estava permanentemente quebrada em mim.

TELEFONE NO OUVIDO

Eu continuava de pé no escritório da minha mãe, com o telefone colado ao meu ouvido. Minha cabeça estava pesada e meus joelhos tremiam um pouco. Eu sentia um gosto amargo na boca, como um resto de vômito. Repeti o "alô" depois, e do outro lado do telefone não veio nada além de uma respiração entrecortada. Até que ouvi a voz do meu irmão mais velho:

— Papai morreu — ele disse.

E mais nada.

Minha cabeça latejou e caminhou para o branco.

Era como se dentro de mim eu estivesse envolto em um silêncio completo.

Como se a água tivesse parado de correr subitamente.

Tudo que havia em volta ficou em suspenso. A parede de tijolinhos brancos em frente à mesa do telefone ainda estava lá, mas era como se ela fosse só uma textura abstrata. A luz que entrava pela janela e antes me incomodava, agora era só uma luminosidade, eu não a percebia mais. Meu próprio corpo, de pé no chão, agora parecia ser apenas a coisa que sustentava a distância entre o branco dentro da minha cabeça e o marrom escuro do piso de madeira. Eu sequer respirava. Isso deve ter durado alguns segundos. Até que minha cabeça foi tomada pela imagem do corpo morto do meu pai, gelado, azul. Eu me lembro de contrair o rosto, principalmente o nariz, como se a imagem do corpo morto fosse algo que eu quisesse evitar, e o meu rosto dizia isso. Como algo para onde não se quer olhar. Como se eu quisesse desviar o meu olhar dali, com medo e nojo. Mas não era possível, a imagem estava dentro de mim. E é muito mais difícil desviar o olhar de uma coisa que está dentro de você. Eu permaneci em silêncio com o telefone colado no ouvido, o que de certa forma é assustador. Como é possível que a força da ordem e do hábito nos mantenha de pé? No meio do que se passava dentro de mim, a minha mão direita continuava erguida e colada ao meu ouvido por força do hábito. Porque eu havia atendido a um telefonema e a ligação ainda estava acontecendo, de modo que eu *deveria* ficar ali de pé. Ou será que se eu largasse aquele telefone, com a respiração do meu irmão do outro lado da linha, não me sobraria simplesmente mais nada?

Aquilo, aquele aparelho branco com duas partes – a que fica colada ao ouvido e a que se aproxima dos lábios – que se encaminha por um fio preto enrolado em anéis até uma base retangular com um teclado preto, teclas gordas e números gravados em branco, um asterisco e um jogo da velha e a pequena inscrição da palavra "equitel", e que se estende por um outro fio preto até uma tomada quadrada com quatro pinos, sendo que apenas um deles, o do alto no lado direito está deitado na vertical, diferente dos outros, desaparece na parede de tijolos brancos – aquilo era tudo o que eu tinha naquele momento. Se eu baixasse o braço e me afastasse do som da respiração do meu irmão, só restaria o silêncio absoluto e a imagem do corpo do meu pai.

De um jeito ou de outro, eu não mexi o meu braço e continuei em silêncio, até que meu irmão disse:

— Emanuel?

— Oi — eu respondi, talvez por reflexo, como se voltasse a estabelecer um contato com o lado de fora, ainda que de maneira automática.

— O Renato está indo aí — ele disse de maneira pausada. — E a mamãe já sabe.

— Tá bom — eu respondi com o corpo tomado de raiva.

Renato era um amigo do meu irmão, que tinha perdido o pai ainda adolescente, e isso havia marcado a sua vida de maneira permanente. Eu acredito que o meu irmão, que estava no Rio de Janeiro naquele momento, tenha pensado que eu não conseguiria lidar sozinho com aquela notícia e tenha decidido falar com o seu amigo e pedir a ele que fosse até a nossa casa, *antes* de me avisar da morte do nosso pai. É claro, eu sei, que ele havia feito isso com uma boa intenção, como de modo geral fazia, ou pelo menos eu acredito que era nisso que ele acreditava profundamente, mas aquilo me enchia de ódio. E, além de ter comunicado ao seu amigo, ele *já* tinha falado com a nossa mãe. De modo que eu era o *último* a saber da morte do meu pai, eu pensava. E isso me dava a sensação de estar ainda mais afastado do meu pai. Ao mesmo tempo que queria me livrar da imagem do seu corpo morto, eu queria que ele fosse meu!

Eu sabia que o meu irmão tinha feito aquilo com o intuito de cuidar de mim. Pelo menos acho que foi isso que passou pela cabeça dele: "O Emanuel não tem condições de lidar sozinho com essa situação". E eu não tinha mesmo. Eu sabia disso. Mas aquilo só aumentava a minha sensação de humilhação. Eu não era capaz de lidar com a morte do meu próprio pai e precisava da ajuda de alguém mais adulto do que eu. Eu não tenho certeza, é claro, se tudo isso se passou de fato pela minha cabeça naquele momento. É provável que não. Na verdade, é certo que não.

MEMÓRIA

A memória funciona de maneira que, a cada vez que retomamos um caminho perdido dentro dela, refazemos esse caminho com o que levamos para ele naquele momento. Como uma trilha na mata que literalmente é criada a cada vez que você passa por lá. A trilha não existe *em si*. Ela é decorrência da experiência de tentar chegar a algum lugar. Como já revistei esse momento na minha cabeça e em conversas mais de uma centena de vezes, eu sei por certo, que não foi assim que aconteceu *de verdade*. E eu sei por certo, ainda mais importante, que tal coisa – a verdade dos fatos – simplesmente não existe.

A memória, por incrível que pareça, é sempre uma tentativa de chegar a algum lugar. Vindo do passado e apontando para o futuro. A memória existe para que tudo que deu errado – e o que deu certo, talvez em menor escala – nos sirva de alguma coisa em um momento futuro. Assim, ela é uma coisa *do passado para o futuro*[1]. A cada vez que nos deparamos com um desafio na vida, com uma pergunta difícil de responder, com um dilema, com a necessidade de se fazer uma escolha, tudo o que temos é a memória. A articulação possível desses caminhos que já percorremos. Olhamos para eles, que vêm do passado, e pensamos em como seguir adiante, para um futuro possível. A isso damos o nome de presente. Ou de experiência consciente do presente: o momento em que uma memória é recuperada e trazida à consciência para que se tenha alguma ideia de como seguir adiante. Isso é razoavelmente fácil de se entender, eu acho.

O mais difícil de compreender é que a aplicação desses aprendizados, sobre como devemos ou não seguir adiante, acontece em nós, na imensa maioria das vezes, de forma inconsciente[2]. Não nos damos conta de que estamos acessando essas informações. Ou melhor, de que estamos acessando esses procedimentos que já foram aprendidos. Em geral, o que acontece na vida é que nós *já sabemos* o que fazer. E simplesmente fazemos.

Já sei que, se eu aproximar um copo cheio de água da minha boca e deixar o líquido escorregar para dentro da garganta, a minha sede deve ceder. Já sei que, se eu empurrar os meus dois pés contra o chão, inclinando em alguns graus o tronco para frente, eu me levanto da cadeira. E já sei que, se um pé for adiante, logo depois do outro, acompanhado de um certo balanço lateral do tronco e um balanço longitudinal do braço oposto àquele pé, o resultado é que eu me desloco no espaço: eu ando. Nada disso precisa ser pensado. Nada disso precisa ser lembrado. Tudo isso *já está* lá. Mas tudo isso é memória. Um tipo de memória que não precisa da sua consciência para acontecer[3]. Você não pensa em como dar o próximo passo. Não no sentido literal, pelo menos. Você não pensa em como fazer para enfrentar a enorme complexidade – que seria de fato enorme para uma criança de menos de 2 anos – de descer um lance de escada com oito degraus. Como eu fiz naquela manhã do dia 4 de agosto, você simplesmente desce a escada.

O problema acontece quando você erra. Você estica o pé direito à sua frente, logo depois de ter feito o mesmo com o pé esquerdo instantes antes, e o degrau não está lá. E o seu corpo afunda no abismo. Uma onda de pavor toma conta do seu corpo, um arrepio percorre a sua espinha, você se contrai e busca os corrimãos com as duas mãos. O pavor da queda. E, só então, *depois* que isso tudo aconteceu, é que você se dá conta de que estava descendo a escada. Antes, você pensava em quem será que estava tocando a campainha ou se preocupava com a panela que havia ficado no fogão, por exemplo, e descia rápido. Ou seja, naquilo que *realmente importava*[4]. A escada é uma coisa que se aprende a enfrentar cedo na vida. E, depois disso, ela vira um automatismo, como a imensa maioria das coisas que fazemos. A escada está prevista – no sentido de já ter sido vista muitas vezes antes e tudo aquilo que prevemos e se comporta como esperávamos, nós simplesmente deixamos de ver – ela já está lá, em algum lugar da sua cabeça, da sua memória. Mas você só se lembra dela quando essa previsão falha: o degrau não está lá. O frio na barriga quando você se dá conta de que deixou a chave na fechadura do lado de fora da porta da rua, a panela no fogo, a mensagem que você respondeu, mas não apertou "enviar", e o arrepio na espinha que te atravessa. "Merda, esqueci!". E você se pergunta, logo na sequência, se existe algo de errado com a sua cabeça. "Como é possível esquecer justamente uma coisa dessas, tão simples e que eu faço *todos os dias*?". A resposta está justamente aí, no hábito. A cada vez que você faz, aprende a fazer um pouco melhor, chegando a um ponto em que você já não precisa mais pensar em como fazer aquilo; depois disso, já não precisa mais sequer pensar que *está* fazendo aquilo. Assim, a sua cabeça pode se ocupar com coisas que realmente importam: fantasias, desejos, devaneios, culpas, medos, desejos. E é só quando você já está na metade do caminho para o seu compromisso muito importante que a imagem da chave balançando na fechadura do lado de fora da porta retorna à sua cabeça. A pele fica gelada ao mesmo tempo que o suor escorre pelas suas mãos de maneira involuntária. Você bate a mão no bolso e a chave não está lá – no bolso esquerdo, como sempre está – e é aí que você é jogado de volta nesse instante.

A FALHA

O presente, assim, é um *erro da nossa previsão*. Ou melhor, a nossa experiência consciente do presente tem origem em um erro da nossa previsão sobre ele. A cada instante que passa, a nossa cabeça, sem que a gente perceba, prevê o instante seguinte[5]. E, desde que tudo corra como combinado, a gente sequer percebe que as coisas estão acontecendo – uma infinidade de coisas – o tempo inteiro, incessantemente. É só quando a realidade não se comporta *como deveria* que nós a percebemos. Chega a ser engraçado, e até ingênuo, pensar que a realidade deveria se comportar de uma maneira ou de outra, mas é exatamente assim que a nossa cabeça funciona. É preciso que seja assim para que a nossa cabeça possa se dedicar às tarefas que realmente importam, quaisquer que sejam elas. A nossa cabeça não é infinita. Especialmente a parte da nossa cabeça destinada a pensar o presente. Ou talvez eu devesse dizer pensar *no* presente. Ela é um bocado limitada, na verdade. Só somos capazes de pensar, a cada instante que passa, sobre um pequeno punhado de coisas. Então, seria melhor que fizéssemos boas escolhas sobre *aquilo* que vamos pensar, não seria? Infelizmente, porém, essas escolhas não são feitas *por* nós, elas são feitas *em* nós. Elas simplesmente acontecem em função daquilo que é mais importante, daquilo que de fato importa para a nossa vida, para a nossa sobrevivência, em última análise. E é isso que emerge até a superfície da nossa consciência. E é isso que vamos pensar. Nesse sentido, é o pensamento que nos pensa, muito mais do que a ingênua ideia de que nós pensamos o pensamento. O que emerge, emerge em função dos *erros de previsão*, não em função das nossas escolhas. **A consciência só ocorre com os erros de previsão. E só a partir da consciência algum aprendizado é possível.** Isso quer dizer, paradoxalmente, que é só quando a realidade falha que eu tenho uma chance de pensá-la. E é só quando a realidade falha que eu tenho chance de aprender com ela. Mas isso não quer dizer, infelizmente, que eu vá de fato conseguir aprender algo novo, apenas quer dizer que eu tenho alguma chance. No resto do tempo, eu sigo de maneira automática.

Entretanto, eu não sou capaz de escolher quando e nem o que é que falha. Ou melhor, essa escolha não é minha. As falhas simplesmente acontecem. Os erros das minhas previsões. Eles acontecem porque somos suficientemente bons para prever uma enorme parte da realidade, de modo que a imensa maioria da nossa vida se passa em um automatismo de previsões que se confirmam, o que nos leva a não mais percebê-las; porém, a realidade é sempre maior e mais complexa, e os erros vão surgir. Ou será que a realidade é também mais simples e inexorável: o seu pai vai morrer, é natural que seja assim. Mais ainda: é necessário que seja assim e é insuportável que seja assim. Isso não é a sua escolha, mas é nisso que você está obrigado a pensar.

A imagem do corpo imóvel do seu pai. Os lábios finos entreabertos. Os olhos fixos, congelados. Enquanto o dia continua andando do lado de fora do quarto. Essa imagem não é uma escolha sua. Não é você que a pensa, você é pensado por ela, como uma tela fixa que encobre todo o seu campo de visão.

Dentro de mim, a imagem do corpo do meu pai. O coração inerte. Os lábios entreabertos. O calor fugindo de dentro dele para o lado de fora. Não havia mais como evitar aquilo. Aquilo *já* tinha acontecido.

Eu fiz um breve instante de silêncio e disse:

— Tchau, eu vou desligar.

— Tá bom — ele disse.

E eu baixei a mão como se simplesmente cedesse ao peso.

PRIMEIRO PRINCÍPIO

A consciência só ocorre com os *erros de previsão*. E só a partir da consciência algum aprendizado é possível.

CAPÍTULO 2
Resistir à *entropia*

O CANIVETE

Eu estava sozinho no meu quarto e lutava para abrir um canivete suíço que havia ganhado do meu pai pouco tempo antes. Eu puxava a parte de trás da lâmina, no espaço marcado em baixo relevo no formato de unha, pressionando o dedão e o indicador com toda a minha força, mas a coisa simplesmente não se movia. Eu devia ter em torno de 8 anos. Fazia pouco tempo que havíamos nos mudado para aquela casa e eu ainda não tinha me acostumado com a ideia de dormir sozinho em um quarto, o meu quarto, já que na casa anterior eu o dividia com o meu irmão mais velho. Em função disso, um canivete vinha a calhar. Ou qualquer outra arma que eu pudesse encontrar. Mas esse canivete não era uma coisa qualquer. Eu havia acabado de ganhá-lo do meu pai, que o trouxe para mim de uma viagem. Meu pai viajava muito nessa época. E, na minha cabeça, entrar em um avião e ir até um outro país, um lugar onde as pessoas falavam uma outra língua, e depois voltar, era uma coisa simplesmente extraordinária. E tudo que estava ligado a isso também me parecia extraordinário. Aquele não era um canivete qualquer, era um canivete vindo do outro lado do mundo. É verdade que ele havia trazido um idêntico para o meu irmão, como era de praxe em tudo o que ele trazia: as coisas vinham sempre em duplas idênticas, ou quase idênticas. Muitas vezes aquilo me incomodava, por não me sentir suficientemente especial. Mas, em outras, aquilo fazia com que eu me sentisse enorme, já que o meu irmão tinha 6 anos a mais do que eu e estávamos ganhando exatamente o mesmo presente. O presente era ainda mais especial por ser uma "arma". Ou melhor, uma ferramenta de defesa muito poderosa, capaz de me proteger de qualquer ameaça. O caso, infelizmente, era que eu, com meus pequenos dedos, não conseguia fazer a coisa abrir. E era muito humilhante pedir ajuda para alguém "maior" que eu. Ao mesmo tempo, eu tinha muito medo de forçar a coisa, abri-la de uma vez e acabar me cortando. Era uma lâmina, afinal de contas, de modo que eu me via encerrado em um dilema. Puxar a lâmina ou não puxar a lâmina. Eu tentava me acalmar e respirar falando comigo mesmo em voz alta: "Calma, Emanuel, respira, Emanuel, você vai conseguir abrir". Mas eu não conseguia. E, àquela altura, eu já começava a sentir o calor da raiva subir pelo meu rosto e a minha mão suar. A solução era simples e eu sabia: ir até o quarto do meu pai e pedir que ele abrisse para mim. Afinal, ele não poderia ficar tão decepcionado comigo. Eu era uma criança, era natural que eu não desse conta de algumas tarefas mais difíceis sozinho. Não era? Eu tentava me convencer que sim. Para mim, talvez a coisa mais importante do mundo era não tirar do meu pai a impressão de que eu era capaz de tudo. E, ainda que ele não tivesse essa impressão, eu acreditava que era isso o que ele pensava. Então, o mais seguro seria colocar a coisa toda como se fosse um mistério. Algo como: "Pai, olha que estranho, o canivete não tá conseguindo abrir". Como se o canivete fosse uma coisa com vontade própria e *ele* não estivesse abrindo. Sim, aquilo parecia uma excelente ideia! Mas era preciso ter muito cuidado para não parecer que eu estivesse dizendo que o canivete estava com defeito. Não, jamais!

Segurei firme o canivete vermelho com a mão direita, saltei da cama, saí do quarto e desci de uma vez os oito degraus do lance de escada que separava o meu quarto do quarto dos meus pais. Dei os três passos no *hall* que separavam a escada da porta do quarto deles e estaquei embaixo da soleira da porta quando vi, pelo reflexo do espelho da penteadeira que se encontrava com o reflexo do espelho do banheiro, o meu pai sentado no vaso, lendo o jornal. Essa era uma visão frequente na minha vida. Da porta do quarto deles, era possível ver a penteadeira da minha mãe. No alto da penteadeira, um espelho. Eu simplesmente adorava aquele móvel. Quando não tinha ninguém por perto, eu me sentava ali em frente ao espelho e fingia me arrumar com as joias e os perfumes da minha mãe. Aquilo era incrível, entre outras coisas, porque estava preenchido de uma sensação de transgressão e risco que era simplesmente grande demais. Mas eu adorava aquela sensação. Ainda que só levasse aquilo adiante por poucos segundos e apenas quando tinha certeza de que todos estavam na sala, que ficava a dois lances de escada do quarto deles. Ou seja, eu tinha tempo para me livrar daquela situação no caso de alguém subir de repente.

O ponto é que, em função de uma diagonal, se você estivesse parado na porta do quarto e olhasse para o espelho da penteadeira, era possível ver a porta do banheiro dos meus pais. E, se a porta do banheiro estivesse aberta, era possível ver o espelho do banheiro. Estranhamente, a porta do banheiro dos meus pais tinha um defeito e não fechava direito. Nunca. Havia sempre uma fresta aberta. Assim, duas cenas se repetiam com muita frequência diante dos meus olhos: o reflexo da minha mãe tomando banho no chuveiro e o reflexo do meu pai sentado no vaso com o jornal na mão. As duas carregavam para mim algo de proibido, mas é fato que o meu pai no vaso com o jornal era menos ameaçador do que a nudez da minha mãe debaixo d'água.

Naquele momento, com o canivete na mão direita, a cena que eu via era o meu pai sentado, com jornal. Eu respirei fundo e repassei o meu texto sobre a vontade do canivete de não abrir, dessa vez em voz baixa. Tinha que dar certo.

Pisando de leve, entrei no quarto. Num primeiro momento, via meu pai pelo reflexo da penteadeira e, logo em seguida, poderia vê-lo diretamente pelo reflexo do espelho do banheiro, mas, para isso, eu teria de fazer uma trajetória um pouco mais aberta do que a trajetória mais curta até a porta do banheiro. Era isso que eu fazia em geral e foi isso que fiz naquele momento: caminhei em duas linhas retas que formavam um ângulo agudo entre elas, e não em uma linha só, até a porta do banheiro – a primeira linha me levava até a penteadeira e a segunda me levava da penteadeira até a porta do banheiro. Era mais longe dessa maneira, mas por que arriscar justo agora?

Durante o percurso da primeira linha, correu tudo bem. Meu pai continuava lá, aparentemente imóvel, com o jornal aberto na sua frente. Cheguei até a penteadeira e me virei. Eu agora via diretamente o espelho do banheiro e a imagem continuava a mesma. Ótimo! Agora era só seguir um pouco mais. Fui em frente, mas, quando eu estava a poucos passos da porta do banheiro, meu pai fez um movimento súbito de mudança de página.

O que, além de me assustar pelo barulho do papel sendo balançado, abriu uma janela para que ele me visse pelo espelho enquanto fechava o jornal para que as suas duas mãos se encontrassem e ele passasse uma das páginas que estava contida entre os dedos da mão direita para a esquerda. Eu estaquei e prendi a respiração. Não haveria de fato um problema se ele me visse ali, eu acho. O problema é que isso não era o que eu tinha planejado. E isso em si me deixava confuso e ameaçado, porque indicava que a coisa já podia começar a não funcionar desde ali. Mas não aconteceu: o jornal se fechou e se abriu, uma página foi trocada entre as duas mãos e, finalmente, a jogada do jornal para a frente a fim de desamassar as dobras. Aquela jogada era o ponto alto da coisa toda de ler o jornal, na minha perspectiva. Ela fazia um barulho alto, como se você quisesse dizer para os outros: vejam, eu estou lendo o jornal, eu sou capaz de entender tudo o que está escrito aqui, eu sou um adulto. Aquela jogada poderia me assustar em função do barulho, mas, como eu já tinha visto essa mesma sequência de ações feitas de maneira quase maquínica, eu sabia que ela chegaria. E o que mais me preocupava durante todo o percurso não tinha acontecido. Meu pai não havia feito a passagem do vaso para o bidê, de modo que estava indo tudo bem, de acordo com o que eu havia previsto.

Cheguei até a porta do banheiro e segui com o planejado, sempre mantendo a imagem do meu pai no meu campo de visão através do espelho. Bati de leve na porta e falei com a voz baixa e doce que só é possível para uma criança de 8 anos, que ainda é uma criança pequena, mas já compreende objetivamente a manipulação dos tons da própria voz:

— Pai? — eu disse.

E respirei por um instante em suspensão.

Ele respondeu, sem sequer baixar o jornal da sua frente:

— Oi, filho.

— Posso entrar? — eu completei.

— Entra.

Empurrei a porta do banheiro e fiz, finalmente, a passagem da imagem do espelho para a imagem real. Lá estava ele, muito parecido com o que eu estava vendo até aquele momento, mas agora era o seu corpo e não apenas um reflexo instável. Ele baixou o jornal e disse:

— Que foi, filhinho? Quer ficar aqui com o papai?

Tomei coragem e emendei direto, quase sem respirar, mostrando o canivete para ele:

— O canivete que você me deu não tá querendo abrir.

No momento em que essas palavras saíram da minha boca, eu me arrependi. O tom não tinha sido ideal. Da maneira como eu havia planejado, a ênfase ficava no fato do canivete não estar querendo abrir, ou conseguindo abrir, melhor ainda. Como se ele estivesse tentando, mas não estivesse conseguindo. E não como se ele estivesse de má vontade. Além disso, a frase começava com um "olha que estranho...", como se aquilo fosse um tipo de mistério. E eu simplesmente não tinha falado essa parte. E o pior, por alguma razão estranha, eu acrescentei um "que você me deu", como se ele tivesse me dado um canivete quebrado, como se a culpa fosse dele! Isso era horrível! Eu tinha estragado tudo. Nada pior para o meu pai do que botar a culpa nos outros de uma coisa que era minha responsabilidade. Eu sabia disso, mas, ainda assim, por reflexo, aquela frase tinha saído da minha boca. Fiquei gelado por um instante, mas, para a minha sorte, ele seguiu direto:

— Deixa eu ver.

Ele fechou o jornal, dobrou e deixou que caísse no chão à frente dos seus pés. E estendeu a mão esquerda na minha direção para que eu o entregasse o canivete.

Pronto, ia funcionar.

Eu entreguei o canivete para ele e respirei aliviado.

Meu pai segurou o canivete com as duas mãos e olhou para ele, procurando o lugar onde se encaixa a unha para puxar a lâmina. Por fim, encontrou. Apertou aquele pequeno espaço entre o indicador e o polegar da sua mão direita. Com os seus dedos enormes, a proporção entre dedos e lâmina era radicalmente distinta daquela do mesmo gesto feito por mim. Mas a coisa não abriu. Tentou de novo. Fez tanta força que o seu braço tremeu. Parecia que ia abrir, mas os seus dedos escorregaram, e a lâmina continuava imóvel. Ele emitiu um grunhido de raiva, que era comum para ele naquele tipo de situação. Eu pensei em dizer que ele poderia deixar para lá, mas provavelmente isso seria ainda pior. Ele tentou mais uma vez. Puxou com toda a força, e a lâmina abriu de uma vez, de modo que a ponta da lâmina entrou no meio da palma da mão direita dele. Por reflexo, meu pai soltou o canivete, e ele caiu com a lâmina virada para baixo, exatamente em cima da unha do dedão do seu pé direito. A unha abriu no meio, como se fosse um pedaço de manteiga, e o sangue começou e escorrer por cima do dedo até o chão, que era feito de uma pedra bege. Eu nunca tinha visto tanto sangue. Meu pai não gritou. Emitiu apenas um grunhido abafado, como que um susto. Eu continuei imóvel, sem saber o que fazer.

    Ele se levantou e entrou no chuveiro que ficava ao lado do vaso. O chuveiro daquele banheiro ficava dentro da banheira, de fibra bege. O banheiro inteiro era bege. E não tinha *box*. A coisa era totalmente aberta. Ele abriu a torneira do chuveiro e a água começou a cair. Aquele banheiro era muito melhor do que o banheiro que ficava entre o meu quarto e o quarto do meu irmão – ele tinha uma banheira e um bidê, afinal – mas ele tinha um problema, na minha perspectiva: enquanto o chuveiro do meu banheiro era o pior da casa porque ficava exatamente embaixo da caixa d'água, o chuveiro dos meus pais tinha o problema de as gotas serem grossas demais.

    Eu não me aproximei nem me afastei. Cheguei a pensar em me afastar, mas achei que aquilo poderia ser mal interpretado por ele, de modo que me mantive exatamente no lugar em que estava desde que tinha entregado o canivete na mão dele. E dali onde eu estava foi possível ver o exato momento em que a primeira gota atingiu a piscina de sangue vermelho muito escuro da unha aberta. O sangue espirrou por todos os lados, e a fibra bege da banheira foi tingida pelo vermelho do sangue, que fazia muitas voltas antes de encontrar o seu caminho até o ralo, bem no meio da banheira.

    Meu pai abriu mais a torneira do chuveiro, e a água agora batia com muita força na sua unha aberta. Com isso era possível ver a carne por trás do sangue que escorria. Por que ele está fazendo isso? Ele não deveria estar tentando *conter* o sangue? Por que ele quer que o sangue *saia*? Era isso o que eu pensava naquele momento, sem conseguir compreender muito bem a atitude do meu pai.

Com a quantidade de água, tudo ficava cor de rosa, e não mais o vermelho intenso de alguns instantes antes. Um cor de rosa mais escuro em uma região mais próxima da unha. E um rosa mais claro no resto do espaço da banheira. Era como se a água estivesse disfarçando o sangue, mas ele continuava lá. Eu sabia. Quando eu olhava diretamente para a unha, era possível ver a carne e o veio vermelho que continuava a jorrar, como a nascente de um rio. Aquilo nunca ia parar! Aquilo ia seguir até que não tivesse mais nenhum sangue dentro do meu pai. O sangue não era uma coisa infinita, eu sabia. E nós precisávamos do sangue para viver, eu também sabia, de modo que era necessário que ele ficasse *dentro* do nosso corpo. E não fora do nosso corpo, na banheira de fibra, escoando pelo ralo para onde quer que fosse. O sangue tinha que ficar dentro de nós, e não do lado de fora!

Eu comecei a sentir falta de ar. Uma pressão no peito. Um nó na garganta que eu conhecia bem: em alguns instantes, eu ia explodir em choro. E o meu pai detestava isso. E iria detestar ainda mais naquele momento. Como eu poderia chorar depois do que *eu tinha feito*? Eu me virei de uma vez, sem pensar muito nas consequências daquela ação e subi correndo para o meu quarto. Bati a porta atrás de mim para que ninguém ouvisse o que estava prestes a acontecer e me joguei na cama. O choro saiu como uma descarga. Como se não fosse eu quem chorava. Como se o choro estivesse apenas me usando como veículo para sair do lado de dentro para o lado de fora. Como se o choro só precisasse de mim para ir até o mundo do lado de fora. Eu chorei tanto que tive medo de vomitar. Na minha cabeça, a única coisa que existia era a imagem do sangue se espalhando pela banheira. Meu pai vai morrer, eu pensei. Eu tenho certeza de que ele vai morrer. Não existe outro jeito.

Até onde consigo me lembrar, aquela foi a primeira vez na qual eu pensei isso.

Na morte.

E isso me seguiu desde então. Todas as noites, quando eu me deitava para dormir, aquilo voltava dentro de mim. Como se subisse do fundo de algum lugar e aparecesse na superfície. A imagem do sangue e a frase: meu pai vai morrer. E eu chorava em desespero. Aquilo passou a ser, então, o meu maior medo, no meio de tantos outros que eu tinha. Nada era comparável ao pavor do desaparecimento do meu pai. E eu rezava todas as noites para que aquilo não acontecesse. O problema é que eu tinha de rezar escondido, já que a religião era uma coisa proibida na minha casa. De modo que a minha mãe me cobria na cama, dizia-me boa noite, apagava a luz e saía do quarto. Eu esperava para ter certeza de que ela tinha entrado de volta no próprio quarto, descia da cama, punha-me de joelhos e tentava conversar com Deus. Eu não acreditava de fato na existência de Deus, mas era preciso que existisse alguém acima do meu pai. Alguma força maior, como se diz. Alguém que pudesse impedir aquilo de acontecer. Alguém que pudesse manter a ordem das coisas, e a ordem das coisas dizia que o meu pai não poderia nunca morrer. E, se tinha que existir uma força maior, alguém que organiza as regras do jogo, esse alguém deveria ser Deus.

ENTROPIA

Muitos anos mais tarde, eu me deparei com a ideia de *entropia*[6] no segundo grau, quando estávamos aprendendo sobre as leis da física, da termodinâmica. E a segunda lei dizia que a entropia tende sempre a aumentar. Mas o que era entropia, afinal? A definição que o meu professor colocou no quadro foi a seguinte: entropia é a quantidade de desordem dentro de um sistema. Aquilo ressoou em mim de alguma forma, em função de como eu me sentia. Mas eu não conseguia compreender a importância real daquele conceito. Ainda não. Foi na frase seguinte, que não foi escrita no quadro, mas dita em voz alta, que as coisas começaram a mudar: "A entropia do universo tende sempre a aumentar, a entropia nunca pode diminuir". Como é que é? A quantidade de desordem do universo está sempre aumentando? Não importa o que a gente faça, não importa o nosso esforço, não importa a ética, não importa o bom comportamento, não importa a religião, a desordem sempre aumenta? Aquilo me pareceu um conceito mágico. Assustador, mas mágico. De alguma forma, eu estava liberado. Arrumar o quarto, cuidar das plantas no jardim, ordenar o meu material escolar dentro da mochila. Não. Nada daquilo importava já que a desordem ia sempre aumentar. Porque, aparentemente, para que uma coisa fosse ordenada, algum trabalho tinha de ser feito. E, isso, em última análise, acabava também por aumentar a entropia. Mas o que queria dizer desordem, afinal? Quem poderia afirmar que uma coisa está ordenada ou desordenada? A ordem é sempre a mesma, não importa quem esteja olhando para a coisa?

Já na idade adulta, eu encontrei o conceito de entropia dentro da física estatística. E entendi o que *de fato* a coisa queria dizer. Era assustador. O que a lei da termodinâmica diz é que a entropia realmente tende sempre a aumentar. Mas o que é entropia? No fundo, não tem nada a ver com desordem, pelo menos não necessariamente. Entropia é a quantidade de configurações nas quais uma mesma coisa pode existir ou acontecer.

Por exemplo, imagine três dados normais. Você joga os dados para o alto e observa-os cair. De quantas formas você diria ser possível somar o número 3 com os dados assim no ar? Apenas uma: 1 + 1 + 1. Ótimo. Agora, você joga de novo os dados para cima e observa-os cair. De quantas formas você poderia somar 10? Muitas! 3 + 3 + 4. 2 + 2 + 6. 2 + 3 + 5. 4 + 4 + 2. 5 + 4 + 1. 5 + 2 + 3... e assim segue. São muitas maneiras. Isso quer dizer que é muito mais provável que, quando você joga os dados para cima, consiga a soma 10 do que a soma 3. Simplesmente porque o 10 pode acontecer de várias maneiras. Ao passo que o 3 só pode acontecer de uma única maneira. E isso quer dizer que a entropia da soma 10 é muito maior do que a entropia da soma 3, já que a soma 10 pode acontecer em diversas configurações, de diversas formas. Vinte e sete maneiras, para ser exato.

Até aí, tudo bem. Os dados são interessantes, mas eles não são exatamente assustadores. Foi o exemplo das moléculas de gás que me deixou de fato apavorado.

Imagine que você tem 500 moléculas de um gás contidas em um pequeno pote. Um pote de molho de tomate, por exemplo, que está em cima da mesa da sala. Elas estão ali guardadas. Alguém as colocou ali como que para cuidar delas, para saber muito bem onde encontrá-las. Elas se movimentam lá dentro, é claro. Mas elas têm um limite, elas têm um contorno. Logo, a quantidade de configurações nas quais elas podem se organizar também tem um limite. Agora, imagine que você decide pegar esse pote de molho de tomate que, em vez de estar preenchido com molho, está preenchido com as moléculas de gás, e você o leva para o seu quarto. Fecha a porta atrás de você. E abre o pote. Agora, as moléculas não têm mais o contorno do pote e elas se espalham por todo o volume do seu quarto. Agora, elas têm todo o volume do quarto para se espalhar. O que quer dizer que elas podem existir em uma quantidade muito maior de configurações. E isso quer dizer que a entropia aumentou. E isso quer dizer, também, que é extremamente improvável que elas retornem espontaneamente para dentro do pote. Simplesmente não vai acontecer. Em algum momento, você vai sentir calor dentro do quarto e vai abrir as janelas. Com isso, as moléculas de gás vão se espalhar pelo mundo. E a entropia delas, a quantidade de maneiras nas quais essas mesmas moléculas podem existir, com todo esse espaço, vai aumentar assustadoramente. Ou seja, a entropia trata da dispersão das coisas. Do seu espalhamento. E ela diz que tudo isso acontece de maneira irreversível. Nesse momento, eu me lembrei do sangue que saía da unha de meu pai se espalhava pela banheira de fibra. Sem o contorno da unha, o sangue saía do corpo e se dispersava pelo mundo de maneira irreversível, para nunca mais voltar. O corpo funcionava como o pote de molho, que tenta conter algo que é inevitável, ou seja, a dispersão das coisas. Em última análise: a morte. Mas a dispersão das nossas moléculas era algo inexorável. Em algum momento, mais cedo ou mais tarde, aquilo iria acontecer.

Um copo que cai no chão e se quebra.

Uma gota de sangue que escorrega para fora do corpo em direção ao mundo.

Um filho que sai de casa na época da faculdade.

A fumaça que se espalha de uma queimada.

Alguém que dá a partida em um carro.

Uma risada que passa de repente a ser ouvida.

O choro de uma criança.

Uma folha que cai da copa da árvore.

Um casal que se separa depois de 20 anos juntos na mesma casa.

Tudo, absolutamente tudo, que acontece naturalmente no mundo é uma imagem da entropia acontecendo. Nesse sentido, ela é tão poderosa porque é simplesmente a constatação da realidade. Ela é a constatação da imagem do tempo que passa. Da seta do tempo que aponta sempre em uma mesma direção. Ninguém nunca viu um copo "se desquebrar" depois de ser jogado no chão. O tempo, infelizmente, não volta atrás.

OS DOIS EXTREMOS

Os dois exemplos mais radicais de entropia que eu consigo imaginar na nossa vida estão justamente nos seus extremos.

Um bebê no momento do parto. O nascimento. Antes, contido no útero e alimentado pelo cordão. Tudo é controlado e determinado por isso. A quantidade de maneiras, de configurações, nas quais a vida dele acontece é extremamente limitada. Útero e cordão. Acolhimento e nutrição. Tudo é contido. Tudo é razoavelmente previsível. A partir do momento em que ele sai do útero, a entropia, as configurações nas quais a vida daquele bebê pode acontecer, aumenta assustadoramente. A imprevisibilidade das configurações da existência dele. Ele vai respirar ou não? Ele vai chorar ou não? Ele vai mamar ou não? Ele vai dormir ou não? Ele vai se manter aquecido ou não? Ele vai ser levado para casa ou não? Ele vai ser amado ou não?

E isso são apenas os primeiros momentos depois que ele sai do útero. Uma série de alternativas que antes simplesmente não existiam. A imprevisibilidade.

Do outro lado, o outro extremo. A morte. Antes as moléculas contidas naquele contorno. Naquele corpo. É ali que a vida daquele sujeito acontece, dentro daqueles limites. A casa onde ele mora. O que come de café da manhã. O telefonema para o filho todas as manhãs. O jornal que lê sentado no vaso. Colocar a roupa. Entrar no mesmo ônibus. Sempre o 409. Tentar se sentar na janela. O trabalho. As frases repetidas. As mesmas piadas com os colegas. A busca pela felicidade nos encontros amorosos. Tudo é hábito. Tudo é previsível. Depois da morte, a dispersão completa. O espalhamento.

Nada mais é previsível. Você agora faz parte do resto do universo, de tudo aquilo que não é mais você. A maior imprevisibilidade possível. A maior entropia possível.

ZONAS DE EQUILÍBRIO

A entropia é sempre o caminho natural das coisas. Nesse sentido, ela é justamente o sinal de que a vida está acontecendo. E que existe sempre um percurso sendo feito ali, na direção do aumento de entropia. No final, a tendência ao aumento de entropia vai ser tão grande, que a morte simplesmente vai ter de acontecer. É nesse sentido que a vida se sustenta enquanto resiste à entropia. E é por isso que precisamos de limites para conter a imprevisibilidade. Nós não os escolhemos. Os limites, eles já estão lá, em nós.

De todas as temperaturas possíveis, nós temos que existir dentro de uma faixa muito específica, em torno dos 36,5 graus Celsius. A coisa pode variar um pouco, mas não muito. E, com isso, lutamos para reduzir a imprevisibilidade. Lutamos para reduzir a entropia. Mas é justamente isso que acontece, uma luta. Um trabalho. E precisamos sempre consumir energia para levar isso adiante.

De modo que, se estamos em um lugar mais frio, precisamos encontrar uma maneira de nos aquecer. E, se estamos em um lugar mais quente, precisamos encontrar uma maneira de nos resfriar.

A faixa específica na qual nós temos de permanecer para resistir ao aumento de entropia é chamada *homeostase*[7]. No que se refere à temperatura, a zona entre 36 e 37 graus Celsius é a prevista para o nosso equilíbrio.

A luta para que isso se mantenha – procurar um abrigo se está muito frio ou um banho gelado se está muito quente – é chamada de *alostase*[8].

Mas, feliz ou infelizmente, como complexos que somos, não temos apenas uma zona homeostática. Temos várias. Além da temperatura, a pressão sanguínea, a glicose no sangue, a hidratação, a proporção entre oxigênio e gás carbônico... Na verdade, você poderia imaginar que, quando recebe o resultado de um exame de sangue, aquelas zonas de referência desejável são justamente as zonas homeostáticas – bilirrubinas, ferritinas, creatininas, protrombinas, triglicérides, plaquetas, cortisol, insulina, hemoglobina glicada, colesterol, ácido úrico... é ali que você *tem que* estar. Isso é a tentativa de aumentar a previsibilidade do sistema e conter a entropia. E é justamente daí que vem a ideia do *erro de previsão*[9]. O *erro de previsão*, no sentido mais básico da coisa, começa a acontecer quando desviamos das nossas zonas previstas ou homeostáticas nas quais a nossa existência é possível. E, nesse momento, algo *precisa* ser feito para que o pior não aconteça. E é justamente aí que entram os *afetos*[10]. Os afetos são aquilo que nos diz que algo precisa ser feito.

AFETOS

Uma série dessas regulações, de manutenção das zonas homeostáticas, acontece de maneira absolutamente autônoma. Você não percebe a sua pressão sanguínea se alterando e se regulando. Você não percebe a troca entre gás carbônico e oxigênio acontecendo dentro de você. Você não percebe o momento no qual o seu fígado quebra glicogênio para liberar glicose na sua corrente sanguínea. Mas, se isso passa de um certo limite, e não existe mais glicogênio para ser quebrado, algo de incrível acontece: você *sente* fome. A fome, assim, é um sinal afetivo de algo que não vai bem, de um desequilíbrio na sua homeostase que está para além das possibilidades de regulação autônoma do seu corpo. A fome é um sinal de que algo precisa ser feito imediatamente. A fome é um afeto. Do contrário, é possível que a imprevisibilidade aumente a ponto de que você simplesmente deixe de existir e as suas moléculas possam se dispersar livremente pelo universo. A entropia venceu. Ou melhor: a tendência ao aumento de entropia venceu.

De maneira que as partículas que compõem o seu corpo, os átomos e a energia que existem em você, nunca desaparecem. Isso não é possível, mas ela deixa de estar *em* você e passa a poder se distribuir pelo universo como um todo.

○

Um *afeto* é, desse modo, um sinal perceptível de que algo está se movendo fora da zona homeostática. Assim, um afeto é *sentido* no presente por você como sinal de algo. Ele é uma *experiência* do presente. Ou seja, uma primeira e fundamental forma de consciência[11]. *Eu sinto* fome. *Eu sinto* sono. *Eu sinto* sede.

Se esse algo está se movendo para longe da zona de equilíbrio homeostático, ou seja, se o *erro de previsão* está aumentando, o afeto é negativo, como a fome. Se algo está se movendo de volta para a zona de equilíbrio homeostático, o afeto é positivo, como o alívio ao se enfiar debaixo das cobertas em uma noite gelada. Ou de finalmente comer um prato de comida.

Ou de finalmente ir ao banheiro depois de muito tempo apertado. Desprazer de um lado, prazer do outro. Quando algo está se afastando de uma zona homeostática, você sente desprazer. Quando algo está retornando para uma zona homeostática, você sente prazer. Essa é a definição mais simples e talvez mais precisa que poderíamos encontrar da ideia de prazer: sensação de retorno para uma zona homeostática. Ou seja, o prazer não é só uma coisa "boa", ele é uma coisa fundamental na nossa vida. Sem ele, não saberíamos se estamos nos aproximando da nossa zona homeostática. Ou seja, não saberíamos se é provável que continuemos a existir. E poderíamos dizer o mesmo, do outro lado, sobre o desprazer: sem ele, não saberíamos que estamos nos afastando da nossa zona homeostática, da zona de previsibilidade da nossa existência. Se você conhece alguém que, por alguma razão, nunca tenha febre, você entende o risco que isso é. Assim, o desprazer é algo pelo menos tão fundamental quanto o prazer. Imagine se você simplesmente não sentisse fome. Nunca. Quais você acha que seriam as suas chances de sobrevivência?

Desse modo, os afetos funcionam literalmente como um guia de como estamos nos saindo no nosso trabalho de manutenção da nossa existência, na nossa luta contra a entropia. Como no jogo de tentar achar algo escondido por alguém em casa com a ajuda do "tá quente..." ou "tá frio...". Sem essas dicas, seria muito mais difícil. Sem os afetos, teríamos que contar apenas com a nossa regulação autônoma – com a quebra do glicogênio armazenado no fígado, por exemplo – ou com a ideia de que poderíamos *por acaso* encontrar um prato de comida pelo caminho e que poderíamos *por acaso* decidir comê-lo. Ou seja, não parece uma estratégia bem-sucedida de sobrevivência. Os afetos são, assim, uma ferramenta fundamental da nossa sobrevivência no mundo. Eles não são só uma coisa que a gente sente *enquanto* segue com a nossa vida. *Eles são o nosso guia para seguir com ela.*

TRABALHO

É interessante pensar que uma das coisas que eu mais escuto no consultório é a ideia de que sentir é um problema. Como se o sentir – especialmente afetos negativos, mas não só – fosse algo que tem de ser corrigido. Como se o ideal fosse que nós não sentíssemos e apenas funcionássemos "racionalmente", o que quer que isso queira dizer. Eu sinceramente não consigo pensar em uma estratégia mais estúpida de sobrevivência. Os afetos são uma vantagem evolutiva tremenda. Mas, estranhamente, tenho muitas dificuldades em conseguir explicar que esse é o caso. É claro que sentir um afeto negativo não é uma experiência boa. E é exatamente essa a ideia, já que não sentir afeto negativo algum seria infinitamente pior, seria a morte!

Em síntese, **com o erro de previsão decorrente do desvio homeostático, surge a experiência afetiva negativa**. **E só é possível a correção do desvio se a experiência negativa for reconhecida.** Sem esse reconhecimento, nos manteríamos no desvio e caminharíamos fatalmente para a dispersão entrópica. Ou seja, uma péssima opção.

●

O fato de que os afetos simplesmente existem e surgem em nós de maneira absolutamente descontrolada, de que eles acontecem *em* nós, apresenta pelo menos dois problemas com os quais temos de lidar todos os dias das nossas vidas.

    O primeiro se refere à ideia muito fundamental de que os afetos negativos – aqueles que representam os desvios das nossas zonas homeostáticas – indicam que um trabalho no mundo precisa ser feito para retornar à zona homeostática, já que a coisa não vai ser resolver sozinha. O trabalho que precisa ser feito é a alostase. E isso em si é desgastante. Precisar se levantar no meio da noite, sair debaixo do edredom, para ir até o banheiro aliviar a pressão na bexiga não é uma sensação agradável. E muitas vezes é frustrante. Precisar ir em busca de alimento é simplesmente trabalhoso. Mas, lembre-se, se quisermos tentar conter a entropia, um trabalho precisa ser feito. Isso pode ser uma coisa simples, como ir até o banheiro que está a apenas alguns passos de distância. Ou pode ser bem mais complicado, como tentar encontrar um banheiro no meio de um bloco de carnaval, por exemplo. Ou satisfazer a sua necessidade de dormir *enquanto* a reunião com o chefe está acontecendo. Saciar a sua fome pode ser um esforço pequeno, como ir até a geladeira e pegar alguma coisa. Ou pode ser muito mais complexo, como ter que arranjar um emprego, ganhar um salário, comprar comida e cozinhá-la... O caso é que, se sentiu algo desviando do equilíbrio homeostático em você, um trabalho precisa ser feito. Seja ele maior ou menor. E trabalhar nunca é bom!

    O segundo problema, que já deve ter ficado claro a esta altura, é que inúmeras vezes os afetos entram em conflito entre si. Tenho sono ao mesmo tempo que tenho sede. E não é possível satisfazer as duas necessidades *ao mesmo tempo*. Logo, temos de escolher. E isso gera, fatalmente, um certo grau de frustração. Eu vou ter de me levantar e ir até o banheiro, não há outro jeito. Pelo menos, não há outro jeito na idade adulta, já que, quando crianças, fazer xixi enquanto dormíamos não representava problema algum. Assim como para um bebê, dormir enquanto mama pode ser uma parte frequente e até desejável em seu cotidiano. Um bebê tem menos conflitos que um adulto, já que ele tem menos regras. Assim, um bebê funciona dentro do registro do *princípio do prazer*[12] – ele trabalha para retornar às homeostases da maneira mais rápida possível. Já um adulto trabalha em um *princípio de realidade*[13], tendo que fazer constantes adiamentos ou negociações entre as necessidades que ele experimenta e o meio no qual está inserido. E ter que negociar nunca é bom. O ideal seria que tivéssemos tudo do nosso jeito, na hora exata em que as necessidades surgem. Mas não é assim que a coisa funciona, já que estamos submetidos a uma série de regras. Essas regras variam de acordo com a sociedade na qual estamos inseridos, é claro. Mas essas regras existem, de um jeito ou de outro. E isso cansa. É por isso que "ficar adulto" é tantas vezes uma promessa furada. E é por isso que a gente vê tantas crianças "crescidas" por aí: porque aceitar a ideia de que você vai ter que negociar e adiar as suas necessidades muitas vezes parece simplesmente insuportável. Não é à toa que inventamos drogas que simplesmente diminuem a presença das regras sociais na nossa cabeça, como o álcool, por exemplo, ou o cigarro, que nos traz o alívio de esquecer qualquer pessoa e qualquer regra. O mundo de Marlboro, onde as regras são só as suas. Ou, já que as regras agora nos impedem de fumar, outras ferramentas que nos tragam a ilusão de que a vida é feita das nossas regras e não das regras do mundo, como as redes sociais. Ali, vivemos tomados tantas vezes pela impressão de que podemos dizer o que quisermos ou desaparecer quando quisermos ou fazer o outro desaparecer quando quisermos.

Lidar com as regras é sempre ruim. O que gostaríamos mesmo seria poder berrar e ter os nossos desejos atendidos naquela hora, sem que a realidade sequer tivesse tempo de titubear. Mas as regras estão lá. E, por mais que possamos espernear contra elas, isso tende a mudar muito pouco a ordem das coisas. As regras continuarão lá. Dormir enquanto o seu chefe está falando com você provavelmente não é uma boa ideia. E você simplesmente precisa daquele emprego.

É por isso que pegar o celular nos causa alívio. Ali, você pode colocar o filtro que quiser na realidade, inclusive na sua própria imagem, e deixar de fora qualquer pessoa que te contrarie. As regras agora são as suas. Pelo menos essa é a impressão que você tem. As regras continuam sempre sendo do outro. Nesse caso, as regras são da própria rede, mas o tempo pelo menos é seu. Ou não é? Se o cigarro só era permitido na hora dos intervalos do trabalho, que são ditados pelas regras, e o álcool só em momentos recreativos, o celular está sempre liberado. Você pode dormir e acordar com ele. Se você fizer isso com o álcool, você está fora das regras, mas com o celular essa é a regra. Assim, a cada 2 minutos do mundo real, uma pausa dentro do virtual. E lá o outro é seu. E não é você que é do outro. É o *outro* quem te segue e não *você* quem está dentro da estrutura do outro. Lá você é o centro do mundo. Do seu mundo. O outro é só um número dentro desse mundo.

Paradoxalmente, quando somos obrigados a nos conformar às regras do mundo, as nossas necessidades têm as suas satisfações adiadas. E isso aumenta a nossa entropia e a nossa imprevisibilidade, pelo menos de maneira momentânea. Mas, por outro lado, se não lidamos com as regras do mundo e com o adiamento das nossas necessidades, simplesmente somos incapazes de satisfazê-las. Isso porque a sua satisfação acontece no mundo, e não em outro lugar. O que causa, em última análise, um aumento da entropia.

O problema inicial se mantém: se quisermos satisfazer os nossos desvios homeostáticos, um trabalho no mundo precisa ser feito. Um trabalho no mundo real. E o mundo real é composto pelos outros e por suas regras. Não há outra maneira. De modo que precisaremos lidar com os outros. E, quanto mais enfiados nos nossos espelhos portáteis estivermos, menos capazes somos de fazer isso. E os desvios homeostáticos só aumentam em nós. Nesse processo de negação das regras, a entropia sempre cresce. O trabalho precisa ser feito. O trabalho é a luta contra a entropia.

A boa notícia, se é que existe alguma, é que, se o trabalho for realizado de maneira eficaz, ele nos empurra de volta à zona homeostática. E voltar à zona homeostática gera prazer. Ou seja, a manutenção da vida implica trabalho constante. Mas esse trabalho é prazeroso.

PESSOAS NA COZINHA

Eu estava de pé na varanda e olhava pela janela em direção ao quintal. Estava ao lado da rede onde meu pai costumava deitar quando ainda morava naquela casa. A varanda tinha um formato de "L" e ficava atrás do quarto dos meus pais, de modo que, para chegar até lá, era preciso passar por dentro do quarto. Eu raramente ia até aquele espaço. Ela não tinha paredes, apenas janelas. Vidro dos pés à cabeça. E, em função disso, era sempre alguns graus mais quente do que o resto da casa, já que o sol batia ali do começo até o fim do dia. Depois que eu desliguei o telefonema do meu irmão, eu simplesmente subi um lance de escada e fui até lá. Eu não sei dizer se fiz isso porque, de alguma forma, aquela varanda havia sido, no projeto original da casa, pensada para ser o escritório do meu pai ou se fui até lá porque era o canto da casa mais afastado do escritório da minha mãe. Ou seja, o lugar onde eu estava agora de pé era o lugar mais longe de onde eu havia acabado de receber a notícia da morte do meu pai.

Eu simplesmente senti como se algo me empurrasse até ali.

A imagem do corpo morto do meu pai com os lábios entreabertos se misturava com o calor daquele ambiente e com a visão das poucas árvores frutíferas, da grama seca e do cata-vento abandonado. Tudo o que compunha o nosso jardim. As duas mangueiras, o abacateiro, o limoeiro, as duas laranjeiras e uma pitangueira.

Eu sentia como se alguém tivesse enfiado um pedaço de ferro no espaço entre a minha garganta e o meu peito. No buraco de pele desprotegida pelos ossos que fica entre as duas clavículas. Respirar era muito difícil. Eu passava longos períodos sem que nenhum ar entrasse dentro de mim. Até que num ruído agudo, ele conseguia finalmente passar. Em uma dessas vezes, depois que o ar entrou e eu enchi meus pulmões no meio de algo que parecia uma série de soluços ou engasgos, ele saiu de volta em um som estridente, e as lágrimas escorreram pelo meu rosto. Eu me dobrei ao meio e tive que me apoiar na janela para não cair no chão. Meu pai havia morrido. Ele nunca mais iria falar comigo. A sua voz havia desaparecido por completo. O resto do corpo ainda existia em algum lugar, mas a voz havia desaparecido permanentemente. Eu agora era uma daquelas pessoas que não tinha mais pai. E eu sabia, com todo o meu corpo, que eu não poderia lidar com aquilo. Eu ainda precisava da voz dele.

Desde a cena do sangue escorrendo pela banheira, aquele era o momento que eu mais havia imaginado durante a minha vida. A morte do meu pai. Eu bolei uma série de sistemas mágicos, de superstições e frases repetidas na cabeça três vezes para "evitar" que aquilo pudesse acontecer. Não é possível dizer que era inesperado. Não era. Na minha vida, não havia nada mais esperado do que aquele momento. Mas, ainda assim, aquilo simplesmente não era possível. Não era possível que estivesse acontecendo.

De todas as coisas que poderiam acontecer no mundo, não era possível que justo aquela coisa estivesse acontecendo.

Eu gritei de raiva enquanto as lágrimas se misturavam com o catarro que saía do meu nariz.

Naquele momento, eu ouvi uma voz que vinha da cozinha, no andar de baixo, do outro lado da casa. Alguém havia chegado.

Minha casa tinha várias janelas que não fechavam completamente e meus amigos sabiam disso. O portão da garagem, que não era elétrico, abria com um simples empurrão, de modo que era relativamente comum algum conhecido simplesmente entrar na casa caso eu demorasse muito a aparecer. Em função disso, as vozes não me assustaram. Mas elas me trouxeram de volta à minha autoimagem. Eu precisava limpar meu rosto. Será que alguém havia ouvido o meu grito? Naquele momento, eu senti vergonha. Não exatamente por estar chorando, já que isso era relativamente comum. Mas sim por ter perdido meu pai. Eu me senti ridículo aos olhos dos outros. Mais uma dessas pessoas que perderam o pai. Até que eu ouvi uma voz me chamando, hesitante, no andar de baixo:

— Manuca?

Era Diego. Meu melhor amigo naquela época. Tínhamos cursado juntos o segundo grau e, naquele momento, cursávamos a graduação em filosofia, de modo que nos víamos literalmente todos os dias. Ele morava perto da minha casa e ia até lá todas as manhãs para que fôssemos juntos até a universidade. Passávamos o dia inteiro juntos. Assistíamos às aulas da manhã. Almoçávamos. Assistíamos às aulas da tarde. E depois bebíamos até de madrugada. Como ele tinha mais facilidade para acordar de manhã do que eu, era comum que ele fosse até a minha casa, desse bom dia para a minha mãe, quando ela estava lá, e fosse até o meu quarto literalmente me tirar da cama. E era essa mesma voz que eu ouvia várias vezes pela manhã: "Manuca".

Essa rotina havia se sustentado até o último ano, quando comecei a fazer a minha dissertação de conclusão de curso e já não fazíamos juntos todas as disciplinas. Mas, de qualquer forma, eu poderia dizer que não existia nada que pudesse ser mais familiar naquele momento do que ouvir da varanda a voz dele me chamando no andar de baixo. Caminhei pelo quarto do meus pais até a porta como que atraído pela possibilidade de não estar mais sozinho e já ali percebi que havia outras vozes na cozinha.

Diego estava parado no *hall* em frente à entrada da cozinha e, logo atrás dele, estavam seus pais. O pai estava com o braço passado por cima do ombro da mãe dele. Em uma espécie de sinal de carinho entre os dois que eu nunca havia visto antes. Como se a morte do *meu* pai fizesse os dois ficarem mais carinhosos um com o outro. Eu congelei ao ver aquela imagem e tive vontade de voltar atrás. De alguma forma, aquilo era a maior humilhação possível naquele momento. Não só eu não tinha mais um pai, como eu também não tinha a minha mãe ali comigo. Além disso, meus pais eram separados há muito tempo, enquanto os dois ali não só continuavam juntos, como continuavam demonstrando carinho um pelo outro. Coisa que nunca tinha acontecido entre os meus pais, mesmo nos anos em que eles ainda eram casados.

Eles me olharam com olhar de compaixão. Eu vi um olhar de pena.

Eu poderia ter voltado atrás. De todas as situações no mundo, aquela na qual eu estava metido era justamente a situação que poderia justificar qualquer comportamento menos adequado ao que se espera socialmente de alguém. Mas eu não voltei atrás. Eu desci as escadas, porque era aquilo que esperavam de mim. Ou talvez porque, mesmo que eu sentisse vergonha de estar naquela situação, eu *precisava* estar com alguém. As duas coisas aconteciam *ao mesmo tempo em mim*.

Desci os oito degraus enquanto eles me observavam imóveis. Antes de completar a descida do último degrau, Diego, que estava mais próximo da escada, avançou com o seu braço esquerdo e me abraçou. Eu me desfiz em lágrimas. A mãe dele começou a chorar também. Ouvir o choro dela como que amplificou a minha dor e eu chorei muito mais forte, de maneira descontrolada. Ela colocou a mão no meu ombro enquanto eu e Diego continuávamos abraçados. Aquilo doía de uma maneira absolutamente completa. Era bom que eles estivessem ali comigo. E, ao mesmo tempo, era humilhante que eles estivessem ali comigo. A mãe dele disse:

— A gente tá aqui com você.

Eu fiz que sim com a cabeça enquanto contorcia o rosto empapado em lágrimas. E emiti um som agudo que vinha direto da minha garganta. Eu chorava com o meu corpo inteiro.

O pai dele continuava em silêncio, o que era comum. Ele não fez nenhum gesto de aproximação. E eu não senti falta que ele tivesse feito. Era ele que fazia com que eu me sentisse mais humilhado. Um homem sério. Um marido confiável. Um pai que estava lá. Tudo o que o meu pai não era. E, mais importante, um pai que continuava vivo. Ao contrário do meu, que tinha simplesmente morrido.

Poucas semanas antes, o meu pai tinha decidido me dar um jipe de presente. Um jipe velho que o meu pai insistia estar em excelentes condições e se tratar de uma barganha. Fui orgulhoso com o meu jipe até a casa deles, e o pai de Diego, que estava por acaso saindo para o trabalho com sua camionete nova, decidiu fazer a gentileza de inspecionar o chassi do jipe que eu acabara de ganhar do meu pai. Com muita doçura e calma, o que era de praxe em seu comportamento, ele disse que o veículo estava em péssimas condições e que não era uma boa ideia comprá-lo. Eu sorri e agradeci, com o rosto ardendo de vergonha. O meu pai já tinha comprado o jipe e me dado de presente.

Alguns dias depois, enquanto fazíamos uma viagem, eu, Diego e um outro amigo, Leo, o jipe quebrou no meio da estrada e tivemos de ser rebocados. No momento em que o motor parou de funcionar, eu me lembrei do pai de Diego e tive vergonha do meu pai.

Ali, de pé no *hall*, enquanto chorava abraçado com o filho dele, eu me lembrei do jipe e pensei que ele devia ter pena de mim. "Agora, como se não bastasse, não tem mais pai".

Finalmente, eu me desfiz do abraço e caminhei até a cozinha. Eu ouvia as outras vozes sussurrando e queria ver quem mais estava ali.

Todos os rostos eram conhecidos. Renato, Daniel, Marcos, Thiago. Eles estavam reunidos perto da geladeira e fizeram silêncio quando me viram entrar.

Renato tinha sido o primeiro a receber a notícia, pelo meu irmão. Logo eu sabia que ele estaria ali. Os outros três eram meus amigos de muito tempo. Daniel e Marcos desde o ensino fundamental, que na nossa época recebia o nome de primeiro grau, e Thiago desde o segundo grau, ou ensino médio atualmente. Eu era muito próximo dos três. Eles estavam sempre na minha casa. Já que a minha casa era a única do nosso grupo de amigos que não contava com a presença dos pais desde o fim do segundo grau, ela havia se transformado no ponto de encontro em muitas das noites. O que era um alívio para mim, porque quando eles finalmente iam embora, em geral de madrugada, eu já estava completamente bêbado e era menos difícil encarar o meu medo de ficar sozinho.

De modo que não era estranho vê-los ali. Mas, ao mesmo tempo, o fato de que estivessem ali em função da morte do meu pai conferia à presença deles um caráter deslocado. Não era essa a nossa relação, por assim dizer. Não nos encontrávamos para isso. A nossa vida não girava em torno da morte. Muito menos em torno da morte do meu pai. E, mesmo na noite anterior, aqueles três estiveram ali naquela mesma cozinha, e havíamos bebido juntos até a madrugada. Talvez, por causa desse caráter de deslocamento da situação, o silêncio deles tivesse uma qualidade de constrangimento. Talvez esse constrangimento tenha gerado um certo titubeio, e eles não vieram imediatamente na minha direção ao me verem entrar. Como se por dentro da cabeça deles a pergunta "como devemos agir numa situação como essa?" não parasse de ecoar.

Esse não parecia, por outro lado, ser o caso de Renato, que foi o primeiro a se aproximar de mim e pareceu mais confortável ao me dar um abraço e dizer:

— Tamo aqui, meu velho.

Eu chorava e fazia que sim com a cabeça. E simplesmente tentava puxar o ar para dentro do meu corpo depois que ele saía com força a cada descarga. O ar acabava entrando de volta de maneira entrecortada.

O segundo a me abraçar foi Thiago, que era uma das pessoas mais próximas de mim nos últimos tempos, desde o segundo grau. Nós dois éramos muito diferentes. Ele era uma pessoa extremamente objetiva. Tudo na sua cabeça parecia operar de maneira prática. Como se ele computasse constantemente os dados de entrada e fornecesse a resposta mais eficaz para os questionamentos que surgiam. E as repostas muitas vezes vinham antes que as perguntas fossem feitas. Tudo parecia precisar ser resolvido imediatamente. De modo que nada era suficientemente complexo para ser deixado no ar. Para mim, era exatamente o contrário. Tudo na minha cabeça parecia terminar com um "será?". Eu nunca soube muito bem o que o angustiava. Várias vezes eu tentei fazer com que ele se abrisse, sem sucesso. Comigo era o contrário, já que eu estava sempre tratando da minha angústia, dos meus medos, de tudo que me deixava em dúvida. Era como se ele fosse um bloco sólido e eu uma massa amorfa e suscetível a tudo. Em todas as fases da minha vida, algo que sempre me acompanhou foi a impressão de que eu era poroso demais, tanto em relação ao que vinha de fora quanto em relação ao que vinha de dentro de mim. Em função dessa diferença, era no mínimo curioso que conseguíssemos ser tão próximos, há tanto tempo. E, mesmo que ele cursasse Engenharia Elétrica e eu Filosofia, a nossa amizade continuava tão intensa como nos tempos de colégio. E nos encontrávamos praticamente todos os dias. Se a minha casa era o lugar onde nos reuníamos à noite, a casa dele era o lugar onde passávamos muitas das nossas tardes. Os pais dele trabalhavam fora e, mesmo quando chegavam em casa, não ofereciam nenhum constrangimento à nossa presença ali. Os dois gostavam muito do filho e pareciam felizes de vê-lo em casa. Mesmo que ele estivesse tomando uma garrafa de vodca com os amigos em uma terça-feira à tarde. Em muitos sentidos, a lógica do nosso vínculo estava conectada ao álcool. Thiago bebia tanto quanto eu. Nós dois nos orgulhávamos disso. E várias vezes sentamos só nós dois e bebemos duas garrafas de um destilado qualquer até ficarmos impressionados por ainda conseguirmos conversar depois daquilo. Pelo menos essa era impressão que tínhamos. Para a minha mãe, isso era um problema enorme. O álcool. Para os pais dele, não tanto. Eles não ficavam satisfeitos, é claro, mas o fato de que o filho estivesse em casa parecia ser mais importante. Por essa razão, a minha casa só era ocupada quando a minha mãe não estava lá.

— Ô Manuca, que bosta. — Foi o que ele disse quando me abraçou.

Eu fiz que sim com a cabeça a não disse nada. De alguma forma eu sabia que aquela frase era o que ele poderia dizer. Logo em seguida, Daniel se aproximou de mim enquanto Thiago continuava com a mão direita pousada no meu ombro esquerdo e disse:

— Eu sinto muito, Manuca.

Aquela sequência de gestos e a quantidade de estímulos, toques no meu corpo e frases sendo ditas fez com que eu me afastasse do canto onde a minha consciência estava metida. E foi como se eu voltasse à superfície das coisas. A impressão era que eu tinha saído da dor por um breve instante e voltado a respirar. Eu continuava anestesiado, mas a imagem do corpo do meu pai havia saído do centro dos meus pensamentos. Ou melhor, a imagem do corpo dele havia parado de sugar tudo em direção a ela. Havia uma certa artificialidade em tudo aquilo. Nos cumprimentos. Nada daquilo fazia muito sentido. Nada daquilo era capaz de se aproximar do que eu sentia, e talvez isso tenha me trazido de volta à posição de observador da cena. Marcos se aproximou e disse de maneira formal:

— Meus pêsames, Manuca.

Ele era o único dos meus amigos que havia perdido o pai ainda na adolescência. Os dois estavam sozinhos em casa quando o pai dele teve um infarto fulminante enquanto tomava banho. Ele ouviu o barulho do pai caindo no chão e foi até o banheiro. Arrastou o corpo do pai desacordado e o colocou em cima da cama. Por um longo período, ele tentou fazer massagem cardíaca a fim de reanimá-lo. Só depois o seu irmão mais velho contou a ele que nada daquilo faria a menor diferença, já que não era eficaz levar adiante um procedimento de massagem cardíaca em alguém que está deitado em um colchão, que cede à pressão a cada empurrão. Marcos ficou marcado de maneira permanente por esse evento. E se tornou muito difícil manter uma relação com ele em função da agressividade que surgia em seu comportamento nos momentos mais imprevistos. Após alguns meses, nós, os amigos, decidimos que a única saída era que nos afastássemos dele para que pudesse viver o luto à sua maneira. No momento em que ele se aproximou de mim e me deu um abraço, o que eu senti foi uma vergonha atroz por tê-lo deixado sozinho naquele período. E olhei para ele como se tentasse pedir desculpas. Mas, de fato, não sei se era possível compreender que era isso o que se passava dentro de mim.

Ouvi um barulho do portão da garagem se abrindo e olhei pela janela, que estava aberta. Vi que os pais de Thiago acabavam de entrar. Olhei para trás e vi mais uma vez Diego junto com seus pais. Uma onda tomou conta do meu corpo e eu senti como se estivesse cercado e precisasse sair imediatamente dali. Atravessei a cozinha em direção ao jardim do fundo da casa. Desci a escada que levava a uma varanda externa da cozinha ao quintal quase sem conseguir respirar. E caminhei para o fundo do quintal tentando recuperar o fôlego. Mas não melhorou. A minha garganta continuava fechada. E agora eu sentia uma enorme pressão no peito e a minha cabeça girava. Eu olhei em direção à cozinha e vi que todos estavam na pequena varanda do lado de fora, me observando. Eu detestei aquela sensação. Eu parecia um animal em um zoológico. O menino que acabou de perder o pai. Vejam ele ali, jogado. Uma coisa qualquer. Mas também com um pai como aquele talvez seja melhor assim.

 Eu olhei para eles e desejei que todos desaparecessem. Senti ódio por eles me olharem daquela forma. Senti ódio do meu pai por ter feito isso. Senti vergonha por ter um pai como o meu. Eu não tinha como me esconder deles. No lugar onde eu estava, à vista de todos, eu tinha me tornado uma presa ainda mais fácil ao julgamento deles.

 Tive a impressão de que eu ia desmaiar. Senti minhas pernas ficando geladas e pensei que eu precisava de ajuda. Que eu não conseguiria lidar com aquilo sem que alguém me ajudasse.

 Eu olhei de volta na direção deles. Todos estavam lá. Abraçados uns com os outros, em silêncio. Vi o sorriso da mãe de Thiago. Talvez ela não estivesse me julgando. Talvez eu não fosse tão patético assim. Eu era só uma criança que havia perdido o pai. A culpa era dele que tinha morrido. Isso sim. Toda a culpa era dele.

 Eu decidi me reaproximar deles. Fiz o trajeto de volta, mas me mantive a alguns metros. Uma distância que me parecia mais ou menos segura. Eu não me sentia cercado por todos e, ao mesmo tempo, não me sentia observado de longe como um bicho. Não era bom, mas era o melhor que eu podia fazer. Eu só precisava me concentrar em continuar respirando para não cair.

SEGUNDO PRINCÍPIO

Com o *erro de previsão* decorrente do desvio homeostático, surge a experiência afetiva negativa. E só é possível a correção do desvio se a experiência negativa for reconhecida.

ENUNCIADO PROVISÓRIO PARA UMA VIDA POSSÍVEL [1 + 2]

1. A consciência só ocorre com os erros de previsão. E só a partir da consciência algum aprendizado é possível.
2. Com o erro de previsão decorrente do desvio homeostático, surge a experiência afetiva negativa. E só é possível a correção do desvio se a experiência negativa for reconhecida.

CAPÍTULO 3
Necessidades *emocionais*

INCÊNDIO

A consciência eclode nos erros de previsão. Mais especificamente, quando nos afastamos das zonas homeostáticas, que são as nossas zonas de sobrevivência, e aquilo que seriam as respostas automáticas do nosso corpo não dão mais conta.

Ao longo da nossa vida, desde o nosso nascimento, respiramos sem nos dar conta. Ar entra e ar sai. Não precisamos pensar nisso. O nosso corpo leva adiante o trabalho sem que precisemos nos ocupar com essa tarefa. E a regulação entre oxigênio e gás carbônico está garantida. Essa regulação é precisamente a nossa zona de equilíbrio. E a respiração é o trabalho que deve ser feito para que ela se mantenha. Na absoluta maioria dos momentos da nossa vida, um trabalho inconsciente.

○

Agora, vamos imaginar que você esteja preso em um quarto que começa, pouco a pouco, a ser tomado por fumaça. Como sabemos, isso não é uma boa notícia para a regulação do equilíbrio entre os gases do seu corpo, e algo vai precisar ser feito.

A primeira coisa que deve acontecer é o seu olfato cumprir a função de te trazer a notícia de que algo novo está em curso. Algo está se deslocando para fora daquilo que é o previsto na sua casa. E não é o cheiro delicioso do bolo que a vizinha assa às terças-feiras quando a sua neta vem visitar. Não, é cheiro de fumaça. De modo que essa informação ganha espaço na sua consciência para que você pare de pensar no *e-mail* que deve enviar para o seu chefe antes do fim do dia e se ocupe de algo mais importante: de onde vem esse cheiro de fumaça.

Uma boa alternativa para a resolução desse cenário seria abrir a janela e ver uma nuvem de fumaça que se ergue no céu dois quarteirões adiante. Assim, você estaria de novo seguro e poderia voltar à sua procrastinação cotidiana.

Mas não. Você abre a janela e não vê nada. E o cheiro de fumaça está cada vez mais forte. Você, então, vai até a cozinha e percebe que o cheiro ali é mais intenso. Você não havia colocado nada no forno. E o cheiro que você sente não é de algo que está queimando no forno, é de plástico queimado ou algo assim. Um estalo de preocupação toma conta de você. O seu coração começa a bater mais rápido. Você sente medo.

Você, então, vê a fumaça entrando por debaixo da porta da cozinha. Ela parece estar vindo do corredor.

Você caminha rapidamente até a sala e percebe que a fumaça também entra por debaixo daquela porta e, a essa altura, já tomou todo o ambiente. O cheiro é horrível, os seus olhos ardem, o seu coração está disparado.

Nesse momento, você sequer se lembra do *e-mail* que deveria mandar. E mesmo o seu chefe perdeu espaço nos seus pensamentos. Você olha para a porta da sala e percebe que a chave não está na fechadura. "Merda!

A minha mãe levou a minha chave de novo!". Sim, além de tudo, você ainda mora com a sua mãe.

Nessa hora, estranhamente, aquilo que deveria acontecer de maneira automática e despercebida – respirar – toma conta da sua consciência: você sente falta de ar. A regulação autônoma da concentração de oxigênio e gás carbônico no seu corpo não é mais suficiente. Você tem que *sentir* para que possa fazer alguma coisa a respeito disso. E fazer alguma coisa a respeito disso quer dizer fazer alguma coisa no ambiente no qual você se encontra. Ou seja, encontrar uma saída do seu apartamento sem a chave que desapareceu no caos da bolsa da sua mãe. E nada disso poderia ser feito de maneira automática. A natureza não seria tão eficiente a ponto de prever uma saída específica para todos os cenários possíveis nos quais todas as nossas vidas pudessem estar metidas ao longo dos nossos milhares de anos de existência. Você vai precisar fazer alguma coisa e, para isso, precisa estar consciente para poder pensar em uma saída. Sentir o desvio é o primeiro passo dessa consciência. E isso foi o melhor que o processo de seleção natural conseguiu encontrar no seu tortuoso caminho: uma parte de nós sente que algo está errado e outra parte deve buscar soluções naquele ambiente específico.

De forma que só você seria capaz de pensar na possibilidade de descer pela janela do quarto. Já que só você sabe que você mora, por sorte, no primeiro andar do prédio. Todo o restante da sua espécie não sabe desse detalhe. Ufa. Você se salvou e ainda teve tempo de enfiar o seu computador na mochila antes de se dependurar, com sucesso, no parapeito de madeira e deixar o corpo ceder à gravidade para ser recebido pelo chão, sem nenhuma fratura. De modo que, se você encontrar um café com *wi-fi*, pode ainda levar adiante o seu sofrimento particular com aquele *e-mail*. Mas o mais provável é que a desculpa do prédio em chamas seja suficiente para te livrar da entrega. Isso se alguém acreditar nela, depois de tantas que você já usou. É claro que você, pensando nisso, tratou de tirar uma dezena de fotos do prédio em chamas e mandar pelo grupo de WhatsApp do trabalho, além de postar no Instagram. Afinal, não é todo dia que temos um evento como esse em nossas vidas.

De um jeito ou de outro, você está vivo e esse era o objetivo de toda a sua experiência de sentir: te manter vivo, te afastar do aumento de entropia, da imprevisibilidade.

Assim, você sente primeiro para depois pensar em uma solução no seu ambiente específico. A natureza não poderia ter dado conta de outra maneira. Sentir foi o melhor caminho que ela pôde achar. Ainda que eu entenda que esse caminho possa ser tantas vezes frustrante, ele é o melhor que temos. O outro seria morrer queimado. E isso nunca é uma boa ideia.

AS SETE NECESSIDADES EMOCIONAIS[14]

Acredito que seja fácil compreender que não existe nada mais imprevisível, tortuoso e específico de cada ambiente do que a nossa relação com outros sujeitos.

A cada momento, precisamos pensar em um caminho para tentar seguir em busca de nos manter vivos. A complexidade é gigantesca. E, antes de pensar, ou melhor, para saber que precisamos pensar, devemos sentir.

A infinidade de cenários possíveis de cada encontro humano torna inviável a possibilidade de que tudo isso seja regulado de forma automática. Os erros de previsão são, por assim dizer, a regra. A todo instante, você precisa sentir para pensar em um caminho. Especialmente para a nossa espécie, que está, ou pelo menos costumava estar, sempre em contato com os outros.

Literalmente, precisamos dos outros para existir. De forma que precisamos de boas ferramentas para lidar com esses outros. E essas ferramentas são as nossas *necessidades emocionais*. Aquilo que sentimos na relação com os outros e que nos demanda atenção para encontrar caminhos de solução. E esses caminhos também acontecem na relação com os outros. Mais uma vez, desvio homeostático e caminhos de solução alostática.

Justamente a esse tipo de necessidade, ligada a esse tipo de desvio, damos o nome de necessidades emocionais. Elas surgem não de desregulações internas – como a falta de glicose no sangue gerada pelo fim da reserva de glicogênio no fígado ou o desequilíbrio entre as concentrações de sais e água –, elas surgem de desregulações no mundo relacional, no campo das nossas relações.

O que diferencia as necessidades emocionais das outras necessidades fisiológicas mais elementares é justamente o fato de que as necessidades emocionais podem ter como causadores dos seus desvios homeostáticos e como objetos de satisfação e retorno à zona homeostática *outros sujeitos*. Ou seja, pessoas.

E isso tudo acontece enquanto os outros também estão buscando caminhos para solucionar os seus desvios na relação com os outros. Afinal, todos nós somos os outros dos outros.

Ou seja, a complexidade do processo aumenta de forma exponencial. Um sanduíche nunca diz não para uma pessoa. Ao passo que uma outra pessoa pode, e várias vezes, é esse o caso, dizer coisas terríveis a uma outra. Talvez por isso o mercado de pets cresça tanto a cada ano que passa. Cachorros são em geral mais simples do que humanos. Pelo menos é o que se espera ao adotar um vira-lata.

Em função disso, **parte fundamental dos erros de previsão e das nossas experiências afetivas está ligada às *necessidades emocionais*. E é só na relação com os outros que nossas necessidades emocionais podem ser satisfeitas**.

Partilhamos as necessidades emocionais com todos os outros mamíferos[15], mas a sua manifestação ganha muitos outros níveis de desdobramento em nossa espécie, já que somos uma espécie que ocorre dentro da cultura.

As necessidades emocionais são a base daquilo que chamamos de emoções e sentimentos.

"Emoções" compreendidas aqui como os sinais físicos de que algo está trafegando para fora das zonas de equilíbrio – como o coração acelerado no momento em que sentimos medo.

E "sentimentos" compreendidos aqui como as interpretações e os nomes que damos a esses sinais físicos em cada situação específica – como o nome "medo".

AS NECESSIDADES "SIMPLES"

A necessidade de mais fácil compreensão, em função da frequência na qual está presente em nossas vidas, é a *necessidade de fugir*. Qualquer coisa que nos ameace e que pareça grande demais para que possamos enfrentar desencadeia o desvio homeostático da necessidade de fugir.

Quando ela tem um objeto claro, que pode ser uma pessoa ou não, nós tendemos a dar à sua manifestação o nome de medo.

Assim, podemos ter medo de aranha, de cachorro, de avião, de altura, de lugares fechados. Ou podemos ter medo dos nossos próprios pais, por exemplo.

Quando ela tem um objeto de mais difícil identificação, tendemos a dar o nome de ansiedade, chegando ao limite do tal transtorno de ansiedade generalizado, que aponta para uma constante necessidade de fugir, mesmo que não se saiba do quê.

A necessidade de fugir desencadeia duas soluções alostáticas básicas: uma delas é, claro, fugir e a outra é se paralisar a fim de que o objeto ameaçador não perceba a sua existência.

Uma outra possibilidade é que tenhamos como objeto desencadeador dessa necessidade algo que ocorre dentro de nós, como um pensamento intrusivo, o que complica um tanto mais as coisas, já que não conseguimos fugir de nós mesmos.

A experiência emocional, ou seja, o fenômeno corpóreo desencadeado pelo desvio homeostático da necessidade de fugir está ligada à taquicardia, à contração dos músculos, ao suor, ao mal-estar intestinal. Todas essas são respostas ancestrais conectadas à preparação do corpo para a fuga.

Na nossa vida atual, temos o enorme problema de ainda ter essas respostas ancestrais conosco, mas, ao mesmo tempo, não temos clareza dos objetos dos quais deveríamos fugir. Ou sequer possibilidade de fugir deles. Se o que me ameaça, por exemplo, é a minha própria inadequação no contato com os outros, como é que eu posso fugir disso? E eu termino por fugir dos outros, o que é uma péssima solução.

○

Uma segunda necessidade de fácil compreensão é a *necessidade de brigar*. Ela ocorre também de maneira muito frequente em momentos nos quais você tem alguma outra das suas necessidades, fisiológicas ou emocionais, não satisfeitas. Ou seja, a necessidade de brigar com aquele objeto que frustra alguma satisfação possível de uma necessidade.

O nome que costumamos dar a isso é raiva. Mas frustração, irritação, ira e ódio também servem.

A experiência emocional também é de contração e de aceleração dos batimentos cardíacos assim como na necessidade de fugir. Mas, em vez do suor gelado, temos o calor da pele como sinal mais frequente. Essas diferenças estão ligadas, mais uma vez, àquela que é a solução alostática da necessidade de brigar: esses sinais corpóreos são uma preparação para o ataque. A destruição do objeto que se coloca no nosso caminho de satisfação é a solução alostática básica da satisfação do desvio homeostático ligado à necessidade de brigar. Entretanto, na vida humana, esses objetos muitas vezes são os objetos dos quais mais dependemos, como a mãe, o pai, o namorado. Assim, a possibilidade de levar adiante o ataque fica comprometida. Mesmo que a sua raiva se apresente na fila da renovação da carteira de identidade porque a funcionária está no celular em vez de atender as cinco pessoas que estão na sua frente, você sabe que atacar um funcionário público no exercício do cargo pode ter consequências legais. De modo que, em geral, o ataque não é uma opção. Em função disso, ruminamos em nossa cabeça as cenas de destruição e criamos as narrativas de vingança.

É importante também notar que o objeto que te impede de conseguir o que você precisa, ou deseja, pode ser, infelizmente, você mesmo. Em função disso, temos, em muitos momentos da vida, raiva de nós mesmos. E, assim como é com a necessidade de fugir, nada pior do que precisar atacar a si mesmo.

○

A terceira necessidade é, no fundo, a mais simples das sete. Entretanto, em nossas vidas humanas, ela termina se relacionando com as outras necessidades emocionais de formas quase indissociáveis, aumentando enormemente a sua complexidade. Estou me referindo à *necessidade de gozar*.

O sentimento indistinto ligado a esse desvio homeostático é aquilo que poderíamos chamar de tesão. Simples assim. E os sinais emocionais são marcados pelo aumento de volume nas regiões genitais.

A sua solução alostática é também de muito simples realização e pode depender ou não do outro: uma estimulação da área genital até que se atinja o orgasmo, que reduz a elevação de tensão causada pelo desvio homeostático. De modo que tanto o sexo quanto a masturbação podem satisfazer essa necessidade.

Em parte, a complexidade ligada a essa necessidade está conectada a duas formações das quais trataremos no *capítulo* 8 do livro, os chamados *supereu* e *ideal do eu*. Com eles, há duas funções muito importantes no impedimento da nossa necessidade de gozar: aquilo que eu *não posso* fazer e aquele que eu *deveria ser* para poder fazer. Em relação à necessidade de gozar, essas duas funções se manifestam nas figuras da repressão sexual e da ideia de ter que estar à altura de algum parâmetro para finalmente se sentir capaz de buscar a satisfação da sua necessidade de gozar.

Mas nada disso, no fundo, tem a ver com a necessidade de gozar. Essas formações estão ligadas à necessidade da qual trataremos logo a seguir, a necessidade de ser amado.

Essas três necessidades, de mais fácil compreensão, apontam para as próximas quatro. As mais complexas.

AS NECESSIDADES "COMPLEXAS"

Começaremos a tratar das necessidades mais complexas por uma dupla inseparável: a *necessidade de ser amado* e a *necessidade de cuidar*.

○

A dor que sentimos no momento em que o ser amado se afasta de nós. A dor do abandono. A dor da rejeição. O aperto no peito. A impressão de morte. A solidão que deriva daí. Todas essas manifestações estão ligadas à *necessidade de ser amado*.

A cena mais explícita de sua ocorrência é o choro do bebê quando separado da mãe. Ou o choro de qualquer filhote de qualquer espécie de mamífero separado de sua mãe. Sim, todos os filhotes de mamíferos choram nessa situação. O desvio homeostático é causado exatamente por esse afastamento. A solução alostática para ele é, ou pelo menos deveria ser, simples: a aproximação. E o prazer que acontece quando nos vemos mais uma vez em contato com esse outro que nos acolhe. O problema é que, de modo geral, não somos capazes de controlar o desejo do outro de se aproximar de nós.

Em função dessa dificuldade específica, o desejo do outro de nos amar, a evolução acabou encontrando uma solução bastante eficaz, pelo menos em um primeiro momento: a *necessidade de cuidar.*

O estereótipo mais claro da necessidade de cuidar é aquilo que a mãe sente em relação ao seu bebê. O pai também é atravessado por essa necessidade, mas talvez em menor intensidade. É claro que dizer isso é suspender, ainda que por um período, a enorme complexidade que existe naquilo que podemos chamar de função materna e função paterna nos diversos modelos sociais ao longo da história, como veremos de maneira mais aprofundada nos *capítulos 5, 6 e 7*. De qualquer forma, assim como as outras seis necessidades emocionais, a necessidade de cuidar existe em nós, bem como em todos os outros mamíferos, e o seu desvio homeostático aponta para a dor intensa da incapacidade de cuidar e a culpa que deriva dessa incapacidade.

A união dessas duas forças de atração forma aquilo que iremos chamar aqui de *campo do vínculo*[16]. De um lado, a necessidade de cuidar por parte das figuras parentais e, de outro, a necessidade de ser amado por parte do bebê. É dentro desse campo que as outras necessidades podem ser satisfeitas, especialmente durante o gigantesco período no qual somos dependentes das nossas figuras parentais, também conhecido como infância. Se existisse apenas uma dessas necessidades e não as duas juntas, a nossa chance de sobrevivência não seria muito animadora. Imagine um bebê que chora insistentemente sem que ninguém sinta necessidade de cuidar dele. Ou uma mãe que sente necessidade de cuidar desse bebê, mas ele não emite sinal algum de que precisa dos seus cuidados.

Porém, a partir desse desenho simples de forças de atração, surgem inúmeras possibilidades de desvio na nossa vida humana, como veremos mais adiante. Afinal, não somos apenas mamíferos, somos mamíferos culturais.

A sexta necessidade da nossa lista é, no fundo, bastante óbvia, mas temos uma enorme dificuldade de reconhecê-la. Trata-se da *necessidade de dominância*. E ela aponta para o fato simples de que buscamos, por tendência, estabelecer uma mesma lógica no encontro com os outros sujeitos do mundo – que são, além de sujeitos, nossos objetos: uma situação na qual estamos por cima. Ou seja, vamos ao encontro com o outro buscando que as coisas sejam do nosso jeito. O nosso intento, ainda que isso esteja nublado por diversas camadas de repressão e culpa, é que em qualquer encontro se estabeleça uma hierarquia e que seja você mesmo o que manda nesse jogo.

O desvio homeostático dessa necessidade está associado às impressões de humilhação, injustiça, inveja. E essa frustração, assim como qualquer outra frustração de uma necessidade, ativa frequentemente um outro desvio intenso, o da necessidade de brigar.

A solução alostática para ele é simples: estar por cima. E a primeira sensação dessa resolução está ligada ao orgulho da vitória, seguida de um breve momento de relaxamento para que logo adiante se monte em uma próxima disputa.

A necessidade de dominância, como veremos no *capítulo 8*, tem tempos breves de satisfação e constantemente encontra novos desvios, especialmente em nosso modelo social capitalista. E ela é intensamente impulsionada pela última das necessidades emocionais, a *necessidade de buscar*.

Aqui ela aparece em último em função do seu caráter específico e desviante, mas, em termos evolutivos, a necessidade de buscar é a mais antiga das necessidades e é partilhada por nós não só com os outros mamíferos como também com uma infinidade de outros animais, inclusive os répteis.

O impulso para a busca. A curiosidade. O interesse. O apetite para a novidade. A expectativa positiva de que, na realidade, do lado de fora, algo de bom possa existir. A necessidade de buscar é o nosso modelo padrão de funcionamento. Quando nenhuma outra necessidade está aflorada, é ela que está funcionando. Mesmo enquanto dormimos. Mesmo nos nossos sonhos.

A necessidade de buscar nos faz pesquisar de maneira descompromissada o mundo à nossa volta. E, nessa pesquisa, descobrimos, mesmo sem saber, inúmeras oportunidades de satisfação para futuros desvios das outras necessidades. Essa é uma das suas enormes vantagens evolutivas.

Quando surge algum outro desvio que demande a nossa atenção, seja ele fisiológico ou emocional, seja falta de comida ou de amor, precisamos da necessidade de buscar para acreditar que, se fizermos um trabalho no mundo, conseguiremos encontrar a satisfação para esse desvio. Ela é, assim, uma espécie de motor para qualquer busca. Em função disso, a sua alostase é o próprio movimento de busca. E o seu desvio homeostático se origina na impossibilidade ou na restrição desse movimento.

Assim, o desvio da necessidade de buscar está ligado à impressão de aprisionamento, de proibição. E a sua satisfação reside na própria possibilidade de buscar, no próprio movimento de busca. Seja ele interior, em formato de pensamentos e fantasias, seja ele exterior, quando ativamente nos engajamos em deslocamentos exploratórios no mundo.

A satisfação dessa necessidade ocorre na busca em si, e não no encontro com os objetos que essa busca revela. A satisfação no encontro com esses objetos está, de modo geral, ligada a outras necessidades em desvio.

A necessidade de buscar nunca para e ela precisa de novidade. A repetição, a noção de previsibilidade tão fundamental para reduzir os riscos dos erros de previsão, é o seu próprio erro de previsão. O seu desvio é causado por aquilo que já se sabe. O tédio da mesma vida de todos os dias.

Em larga medida, a nossa vida entediada e repetitiva, aprisionada nas mesmas telas com os mesmos conteúdos, levando adiante trabalhos cujas razões de ser muitas vezes sequer somos capazes de explicar, aponta para um desgaste intenso da nossa necessidade de buscar. Nossa atenção e interesse pelo mundo acabam perdendo força: por que devo olhar para o mundo interessado e atento se ele é sempre o mesmo? Todos os dias, eu acordo, abro o mesmo celular, entro no mesmo computador, participo das mesmas reuniões, entrego os mesmos relatórios. O mundo é, desse modo, radicalmente previsível. E nada pior para a necessidade de buscar do que a previsibilidade. Assim, a nossa própria atenção às coisas perde força. Algo muito próximo daquilo que hoje em dia chamamos de Transtorno do Déficit de Atenção com Hiperatividade (TDAH). A necessidade de buscar precisa da imprevisibilidade da vida, e não da repetição da mesma semana cinquenta vezes em um ano.

○

De maneira aparentemente contraditória, o que seria lido pelo nosso sistema como um erro de previsão e como algo que nos ameaça – qualquer mudança dos nossos campos do conhecido – acaba sendo interpretado pela necessidade de buscar como um dado positivo e, assim, aponta para a satisfação homeostática da busca. Com isso, somos capazes de estar abertos para a novidade em vez de nos fechar para tudo que aponte a um possível desvio daquilo que já sabíamos, uma vez que essas mudanças tenderiam a aumentar a imprevisibilidade em si. Assim, a necessidade de buscar garante que não nos encerremos em uma vida absolutamente determinada pelos nossos hábitos. Já que essa estratégia seria, em última análise, pouco eficaz para a nossa sobrevivência no mundo. É na busca que nos deparamos com inúmeras possibilidades de satisfação ainda desconhecidas por nós.

É a necessidade de buscar que garante que vamos sair ao mundo em busca de todas as nossas satisfações. E o desligamento dessa necessidade está conectado, de maneira talvez indissociável, àquilo que chamamos no nosso mundo atual de depressão. Quando a necessidade de buscar não está em atividade, qualquer busca perde o sentido, a razão de ser e o impulso para ser. Olhamos para o mundo sem a esperança de que ele possa nos satisfazer. Sair da cama não faz sentido. Tudo parece apenas trabalho. Ou pior, sofrimento e frustração.

Em última análise, a vida em si perde o sentido. Não há porque seguir se não há satisfação do lado de fora. E sequer somos capazes de fantasiar satisfação. A fantasia cumpre um duplo papel. Em um primeiro momento, ela traz uma impressão de satisfação interna: eu fantasio o momento do encontro com o meu objeto de satisfação. Seja ele qual for. Seja ele um prato de macarrão, o novo emprego sonhado ou o grande amor. Mas, como sabemos, devemos ir ao mundo em busca das nossas satisfações para que elas resultem no retorno à zona homeostática. Assim, a fantasia pode servir como uma orientação de que caminho devemos seguir. Porque a fantasia indica a necessidade em desvio. A fantasia não será concretizada, mas ela é um começo de caminho. O caso é que, com o desligamento da necessidade de buscar que ocorre na depressão, não há sequer a capacidade de fantasiar. Muitas vezes, nem de sonhar somos mais capazes. A busca é a base fundamental de todos esses processos. De modo que a própria possibilidade de se imaginar ou se fantasiar superando a depressão é, para aquele que está deprimido, inviável.

Teoricamente, na nossa organização evolutiva, a necessidade de buscar só deveria ser desligada em um momento ao longo da nossa vida: quando o filhote se vê separado da mãe e, em pânico, ele grita por socorro. O grito por socorro é uma forma de busca, e ele depende da necessidade de buscar e do impulso gerado pela dopamina – principal neurotransmissor responsável pela necessidade de buscar –, mas, quando a mãe não retorna, o melhor que o filhote tem a fazer é parar de gritar e ficar quieto. Sem se mover, sem emitir ruídos. Desse modo, estando no mesmo lugar e em silêncio, ele aumenta as chances de ser encontrado por ela e, ao mesmo tempo, diminui as chances de ser encontrado por algum predador. É nesse momento específico que ocorre um desligamento da necessidade de buscar. No momento em que o seu vínculo fundamental foi rompido, os seus gritos não resultaram em nada, e você se percebe desamparado no mundo. O filhote passa do desespero para a desesperança. Esse cenário seria o que existe de mais próximo na natureza daquilo que convencionamos chamar de depressão no nosso mundo atual. Ou seja, a ruptura do vínculo – ameaçando a satisfação da necessidade de ser amado – que termina, em um segundo momento, gerando um desligamento da necessidade de buscar. Mas por que esse cenário é tão comum nos nossos tempos atuais? É exatamente disso que os *capítulos 6* e *7* tratam.

De qualquer forma, o exemplo da depressão aponta para aquilo que se configura, na multiplicidade das nossas vidas, a partir das interações entre as necessidades emocionais.

INTERAÇÕES ENTRE NECESSIDADES

Nesse breve apanhado sobre as sete necessidades, tentamos tratar de cada necessidade emocional de um ponto de vista isolado, na medida do possível. Mas, se observamos a nossa vida com um pouco mais de atenção, fica claro que as necessidades raramente ocorrem em seu estado "puro", por assim dizer. Na grande maioria dos momentos, o que ocorre é uma interação entre as necessidades. De modo que a nossa experiência emocional do dia a dia é causada por mais de um desvio homeostático concomitante a cada instante que passa. O que dificulta ainda mais a nossa capacidade de encontrar caminhos satisfatórios. E isso termina nos empurrando para uma tentativa de nos livrar dessas experiências em vez de encontrar soluções mais satisfatórias, literalmente, para elas.

○

Um primeiro ponto mais simples é o de que todas as necessidades em desvio acabam sempre formando uma dupla com a necessidade de buscar no processo de tentativa de solução alostática. E aqui estou me referindo às necessidades emocionais ou às necessidades fisiológicas básicas. Assim, para sair pelo mundo em busca de um prato de comida ou de um encontro sexual, eu preciso do impulso gerado pela necessidade de buscar.

Se eu penso em buscar proteção porque tenho medo de um enfrentamento, estamos falando de uma interação entre a necessidade de buscar e a necessidade de fugir.

Se eu penso em buscar amor, estamos falando de uma interação entre a necessidade de buscar e a necessidade de ser amado.

Se eu penso em buscar ser o melhor, estamos falando de uma interação entre a necessidade de buscar e a necessidade de dominância.

Poderíamos entender essa repetição o quanto fosse, e o resultado de qualquer combinação dependeria sempre de uma participação da necessidade de buscar. Isso, mais uma vez, aponta para a enorme importância da necessidade de buscar em nossas vidas. Já que dela depende a satisfação de qualquer outra necessidade. Ou seja, se nos vemos com a nossa necessidade de buscar comprometida, estamos em sérios apuros.

○

Um próximo passo seria pensar sobre a presença tão frequente da necessidade de fugir na interação com as outras necessidades. Se eu compreendo que qualquer ameaça tende a desencadear a ativação do desvio homeostático da necessidade de fugir, é fácil compreender que o próprio desvio das outras necessidades deve ser compreendido pelo nosso sistema como uma ameaça. Ou seja, qualquer desvio homeostático e a experiência desagradável que ele traz deve ser interpretado como algo de "onde" devemos fugir.

Assim, se eu penso na necessidade de fugir, manifestando-se na figura mais comum do medo, eu posso imaginar o medo do abandono. E o abandono está ligado à necessidade de ser amado. Assim, o medo do abandono acaba se apresentando como uma das condições fundamentais para as montagens dos relacionamentos abusivos em nossas vidas.

Eu posso imaginar o medo da exclusão social, causado pela minha inadequação, que também está conectado à necessidade de ser amado. Ou no medo de perder alguém próximo no caso de uma doença grave ou na simples imagem da possibilidade da morte de um ente querido. Aqui, além da necessidade de fugir, podemos encontrar a necessidade de ser amado e a necessidade de cuidar. Ou seja, uma montagem ainda mais complexa.

Ainda falando das interações entre a necessidade de fugir e a necessidade de ser amado, eu posso ter medo de não estar à altura da expectativa do meu pai. Ou medo de decepcionar alguém. Ou medo de falhar. E tudo isso colocaria em ameaça a minha necessidade de ser amado. O medo é justamente o sinal dessa ameaça.

Por outro lado, eu posso ter medo de perder ou medo da humilhação. E isso já nos leva a pensar sobre a necessidade de dominância. Além, é claro, das consequências que a humilhação pode trazer para a nossa necessidade de ser amado. Assim, temos a vergonha, por exemplo.

Em um exemplo mais complexo, podemos pensar que é a interação entre o desvio crônico da necessidade de ser amado e da necessidade de fugir que tende a montar os quadros de ansiedade generalizada. Se eu acredito que não existe acolhimento em canto algum, se eu tenho a sensação de que todos me julgam e estão contra mim, se eu carrego uma impressão intensa da minha inadequação e insuficiência, é muito natural que eu tenha medo de toda e qualquer experiência. É natural que eu tenha medo sempre. E nada é mais comum na nossa vida atual do que esse exato cenário de desamparo generalizado.

○

De uma forma similar à interação da necessidade de fugir com as outras necessidades, podemos pensar que a frustração causada pela não satisfação de qualquer uma das necessidades emocionais tende a nos causar a necessidade de brigar. A palavra mais comum é a raiva. Mas poderia ser outra.

Eu tenho raiva de não ser amado, em uma interação óbvia com a necessidade de ser amado.

Eu tenho raiva de perder, em uma interação com a necessidade de dominância.

Eu tenho raiva de não poder transar com a minha parceira, porque ela está mais interessada em qualquer coisa que esteja do outro lado da tela do seu celular, em uma interação com a necessidade de gozar.

Eu tenho raiva de não poder viajar o mundo em função dos valores exorbitantes das passagens aéreas, em uma interação com a necessidade de buscar em sua forma pura.

Ou ainda em uma dobra mais complexa, tenho raiva de mim mesmo por sentir medo de não ser amado. Raiva do medo que sinto do abandono. Necessidade de brigar, necessidade de fugir, necessidade de ser amado.

○

Como já vimos no cenário da depressão, a necessidade de buscar ocorre em interações complexas com as outras necessidades.

Paradoxalmente, pelo seu caráter sem parada, a necessidade de buscar está intimamente ligada àquilo que a psicanálise chamou de compulsão à repetição: ela funciona como uma espécie de motor constante de busca mesmo quando só conseguimos repetir o mesmo modelo alostático insatisfatório. Seja colocando um objeto de satisfação de uma outra necessidade mais simples no lugar do objeto de satisfação de uma necessidade mais complexa – chocolate no lugar do amor, ou qualquer outro tipo de adição em alguma substância. Seja insistindo na busca por um objeto que não nos satisfaz, mas que acreditamos profundamente poder vir a satisfazer. Como vemos nas cenas de insistência de relacionamentos adoentados. Nesses dois casos, a necessidade de buscar, mesmo sendo movida pela novidade, acaba impulsionando a repetição. Isso ocorre porque ela nunca cansa de buscar. E, enquanto o nosso sistema e a nossa fantasia ainda estiverem investidos naquele objeto, a necessidade de buscar impulsiona uma nova empreitada. E assim repetimos o ciclo mais uma vez: tentativa de satisfação, frustração, raiva e medo da própria compulsão se montam mais uma vez. Por fim, a repetição. Esse mecanismo fica mais claro ao longo do *capítulo 5*, quando discutimos o desejo e a repetição.

○

Em um outro sentido, podemos nos colocar a pensar em uma outra classe de exemplos de interações entre as necessidades. Um modelo no qual elas não estejam em sinergia, mas lutando entre si.

Se eu imagino a raiva que eu sinto, estando casado, por não poder transar com outras pessoas em função da grande vilã monogamia. Eu sou obrigado a me perguntar: mas então por que você não pode se separar? E eu teria de responder, se fosse minimamente sincero: porque tenho medo de ficar sozinho.

E, nesse caso, temos além de uma interação em formato somatório entre as necessidades emocionais, algo de outra ordem. Temos duas forças opostas. Temos aquilo que chamaremos de um *conflito*.

A SEGUNDA CENA DO AEROPORTO

De todas as imagens que eu guardo daquele dia de maneira indistinta, não é claro para mim o trajeto entre a minha casa e o aeroporto. Eu me lembro de não ter dirigido até lá. Ou melhor, eu sei que não dirigi. Simplesmente porque não teria condições de fazê-lo. Mas a verdade é que eu não me lembro de nada entre o momento em que estava de pé no jardim e o momento em que me percebi na área de *check-in* do aeroporto.

Também não é claro exatamente quem é que estava lá comigo. Provavelmente os mesmos amigos que estavam na cozinha. Mas não todos. Não faria sentido que todos tivessem ido até lá, me parece.

Eu me lembro das pessoas com as suas malas. A voz da locutora no alto-falante do aeroporto anunciando as chegadas e partidas dos voos. As filas para os guichês. Eu me lembro de não ter entrado na fila. Alguém fez isso por mim. Eu me lembro de entregar minha carteira de identidade na mão de alguém que foi até o guichê. Eu me mantive afastado. Eu não me lembro de estar chorando. Não nesse momento.

Eu me lembro do momento em que a minha namorada chegou ao aeroporto. Ela me abraçou. Eu chorei. Então tentei conter o choro. Eu não me lembro do porquê. Por que eu teria tentado conter o choro no abraço com ela? Justamente com ela. Acredito que não tenha sido por vergonha de chorar no saguão do aeroporto. Alguma outra coisa me impediu de chorar.

Ela não tinha ido até a minha casa. E eu não sei exatamente o porquê. Esse foi o primeiro momento em que a vi. Eu também não tinha ligado para ela nem nada do tipo. Eu não sei sequer como foi que ela recebeu a notícia da morte do meu pai. Ou quem foi que deu a notícia. Estávamos juntos há alguns anos e nos conhecíamos desde que tínhamos quinze. Mesmo assim, por alguma razão, eu não tinha falado com ela até aquele momento. O que me pareceu estranho.

Ela então me perguntou se eu queria que ela fosse comigo até Paraty. Eu me lembro de dizer que não. De todos os momentos, esse é o mais claro para mim. Eu disse que não. Aquilo não seria necessário. Eu só iria até lá e traria o corpo do meu pai de volta. Ele seria enterrado em Brasília. Eu estaria de volta no dia seguinte. Era isso o que eu pensava. O meu pai deveria ser enterrado em Brasília porque era lá que eu estava. Era lá que eu tinha estado com ele a minha vida inteira. Era lá que ele tinha sido meu pai. De modo que era lá que ele deveria ficar.

Assim, eu iria sozinho e traria meu pai de volta comigo. O seu corpo, pelo menos. Eu não tinha ideia de como faria isso, mas seria isso que deveria acontecer. Ele voltaria comigo em algum voo no dia seguinte. Dentro de uma câmara refrigerada no porão de bagagens do avião. As sacolas dos outros passageiros empilhadas e o corpo do meu pai. Era assim que eu imaginava.

Eu não fazia ideia dos trâmites legais para que isso fosse feito, mas era exatamente isso que eu imaginava. Eu deveria conseguir fazer isso sozinho. Mesmo que eu não fosse, naquele momento, sequer capaz de entregar a minha própria identidade no guichê da companhia aérea para embarcar no avião, eu acreditava que seria capaz de trazer sozinho o corpo do meu pai de volta para casa.

Foi isso que eu disse que faria, ela fez que sim com a cabeça e concordou. Aquilo deve ter me dado alguma força. Eu não era uma massa amorfa jogada no mundo, eu tinha uma missão a cumprir. E eu deveria ser capaz de cumpri-la. De modo que eu não seria simplesmente um qualquer. Um menino que perdeu o pai antes da hora. Eu não estaria mais humilhado. Eu seria aquele que trouxe o pai de volta para casa.

Eu me lembro que ela continuou a me olhar sem saber mais o que dizer. Ela não fazia ideia do que estava se passando comigo. Ela simplesmente não tinha como saber. De modo que fazia algum sentido que ela acreditasse na minha fantasia. Ou talvez fosse mais fácil assim.

Alguém se aproximou com a minha passagem, meu documento e me entregou. Eu dobrei o bilhete e enfiei no bolso do lado esquerdo. Coloquei a minha identidade de volta na minha carteira e a enfiei no meu bolso traseiro. Eu tinha uma mochila nas costas. Eu me lembro de ter uma mochila nas costas. Eu não me lembro do que eu tinha colocado dentro dela. Provavelmente uma muda de roupa e um casaco. De um jeito ou de outro, eu sempre levava um casaco para qualquer viagem. Meu pai tinha me ensinado que sempre deveríamos levar um casaco em qualquer viagem. Mesmo que estivéssemos viajando para um lugar de clima quente. E eu levava isso adiante. Como se o casaco fosse capaz de conter a imprevisibilidade que a viagem carrega consigo. E não deve ter sido diferente naquela vez. Certamente, eu tinha colocado um casaco na mochila.

As pessoas estavam à minha volta e eu deveria agora me despedir delas para que pudesse seguir até o portão de embarque. Ou elas iriam até lá comigo? Aquilo não estava claro para mim. A verdade é que eu não tinha condições de tomar nenhuma decisão. Parecia estranha a ideia de que eles seguissem comigo em uma espécie de procissão. Eu sabia que a minha namorada seguiria até lá. E eu talvez quisesse seguir sozinho. Mas eu não saberia dizer isso ali. Se eu me despedisse dos outros e não me despedisse dela seria como se eu os estivesse colocando para fora daquilo que estava acontecendo. E eu não saberia como fazer isso. De forma que eu me virei devagar na direção do portão de embarque e comecei a caminhar. Eles seguiram comigo e a cena do cortejo estava configurada.

○

Na frente do portão de embarque, eu sentia um certo constrangimento acima de tudo. Não por qualquer outra pessoa que poderia observar uma roda cercando um rapaz com uma mochila nas costas. Mas pelos meus amigos que estavam ali. Ficava claro que eles não sabiam como lidar com aquilo. E me parecia que eles estavam contando os instantes para que eu entrasse de uma vez pela porta de vidro. Eles poderiam acenar com as mãos. Observariam o meu caminhar até o momento em que eu desapareceria dentro do túnel que levava até a sala de embarque e poderiam seguir com as suas vidas. É claro que aquilo seria de alguma forma uma marca no dia deles. Mas estar comigo deveria ser pior. Estar comigo trazia o peso de não saber o que dizer. O peso de não saber como agir. Estar comigo causava um certo desconforto. Eles estavam ali porque tinham de estar, mas não era bom. Pelo menos, era assim que eu me sentia. E, ainda que isso fosse apenas um reflexo projetado daquilo que estava dentro de mim, a minha impressão era de que eu era um estorvo. De que eu estava destacado deles, separado. Como se eu fosse uma coisa que sobrava naquele que era o tecido normal das suas vidas. Algo que precisamos anular o mais rápido possível para poder seguir adiante com a sequência normal das coisas. E por isso eu queria atravessar o portão de embarque de uma vez por todas. Eu queria que eles se vissem livres de mim o mais rápido possível.

○

Eu dei um abraço em cada um deles. E, por último, abracei a minha namorada. Ela me olhou e perguntou se eu tinha certeza de que não queria que ela fosse comigo. Eu respondi que tinha certeza.

O mais rápido que pude, eu me virei e entrei pela porta de vidro. Escolhi uma das filas do raio X e estaquei atrás da última pessoa. O procedimento maquínico daquilo organizou algo em mim. Era isso que eu tinha que fazer: esperar a minha vez, colocar a minha mochila em cima da esteira, esvaziar os bolsos e passar pela moldura retangular. Caso ela não apitasse, eu pegaria a minha mochila do outro lado e seguiria adiante. Sim, eu era capaz de fazer isso. E foi o que eu fiz. A máquina não apitou, a luz não ficou vermelha e eu segui adiante. Naquele momento, a vida era apenas um procedimento, não havia afeto. E isso era bom.

Eu coloquei a mochila nas costas e olhei para trás. Eles continuavam lá. Eu fiz menção de acenar, mas me senti ridículo. De modo que a minha mão se moveu um pouco para cima, mas meu braço permaneceu estático. O que resultou em um gesto um pouco ridículo. O braço colado ao corpo e apenas uma mão levantada. Como se o movimento tivesse perdido o seu próprio impulso, ou sua razão de ser. Eu me virei e caminhei pelo túnel.

    Enquanto eu seguia em um ritmo normal de caminhada, outras pessoas me ultrapassavam apressadas com as suas malas de rodinha. Como se a vida delas dependesse daquela aceleração, daquela urgência. O aeroporto causa isso às pessoas. Uma impressão de tudo ou nada. De que algo muito sério está se passando na vida de cada um. O voo não é uma coisa que vai acontecer e da qual você participa de alguma forma. O voo é o "seu voo". E ninguém pode perder o "seu voo". Nada mais grave do que perdê-lo. Eu, por outro lado, caminhava simplesmente colocando um pé depois do outro. Por hábito e repetição. Em outros momentos, eu estaria apreensivo e com medo de voar. Mas naquele momento eu sequer sentia isso. Eu era apenas um corpo que caminhava.

○

    Eu me sentei em frente ao portão previsto para o voo do Rio de Janeiro, coloquei a mochila entre os meus pés e olhei em volta. Algumas pessoas folheavam revistas. Outras tinham livros. E poucos falavam ao telefone. No ano de 2004, o celular ainda não cumpria a função que cumpre hoje. Ele existia, sim, mas a sua utilização ainda era a de um telefone. Se você quisesse utilizar o celular para enfrentar o vazio e o tédio de existir, você ia ter que ligar para alguém. E isso trazia a consequência de lidar com o outro. De modo que, na maioria das vezes, o vazio terminava por ser incorporado na vida, já que assim se evitava o desgaste da conversa imprevisível com um outro sujeito. Usávamos o celular apenas em último caso, por assim dizer. Quando o vazio se tornava insuportável e o outro era a única saída.

Meu celular estava dobrado no meu bolso direito. Mas não fazia nenhum sentido pegá-lo naquele momento. A minha sensação de anestesiamento me fazia ser capaz de apenas olhar para o mundo a minha volta e perceber as formas que se moviam nele. Sem que nada daquilo me causasse nenhuma impressão mais forte. Eu estava separado das coisas. Eu era apenas um corpo sentado que recebia pelos olhos abertos as alterações da imagem à minha frente: alguém que cruza da esquerda para a direita carregando uma mala, uma mulher de meia-idade lendo uma revista, um homem que anda de um lado para o outro com as mãos na cintura, uma fila que se forma, outra que se esvazia, a luz que atravessa pela janela e atinge o piso de carpete marrom.

TERCEIRO PRINCÍPIO

Parte fundamental dos erros de previsão e das nossas experiências afetivas está ligada às necessidades emocionais. E é só na relação com os outros que nossas necessidades emocionais podem ser satisfeitas.

ENUNCIADO PROVISÓRIO PARA UMA VIDA POSSÍVEL
[1 + 2 + 3]

1. A consciência só ocorre com os erros de previsão. E só a partir da consciência algum aprendizado é possível.

2. Com o erro de previsão decorrente do desvio homeostático, surge a experiência afetiva negativa. E só é possível a correção do desvio se a experiência negativa for reconhecida.

3. Parte fundamental dos erros de previsão e das nossas experiências afetivas está ligada às necessidades emocionais. E é só na relação com os outros que nossas necessidades emocionais podem ser satisfeitas.

CAPÍTULO 4
A vida é *conflito*

PORTAS EM AUTOMÁTICO

Uma voz anunciou o momento do embarque do voo para o Rio de Janeiro. Em poucos instantes, a fila estava formada. Eu me levantei, fui até lá e me coloquei na última posição. Agora, todos os corpos estavam parados aguardando a sua vez de seguir. Algumas pessoas falavam ao celular e avisavam que estavam prestes a embarcar. Será que eu deveria fazer o mesmo?

A minha impressão era a de que as pessoas faziam isso pelo medo que sentiam de se enfiar em um tubo de metal que andaria a 10 mil metros de altitude, a 900 quilômetros por hora. De modo que a ligação que dizia "em uma hora e meia estou chegando, te encontro no desembarque" era, ao mesmo tempo, uma tentativa de garantir que elas chegariam do outro lado e, num lugar mais escondido nas suas cabeças, uma despedida, as últimas palavras antes do desconhecido.

Meu irmão seria a pessoa para quem eu poderia ligar e avisar que o voo estava prestes a decolar. Ele estaria no aeroporto do Rio de Janeiro me esperando para que seguíssemos até Paraty, de modo que isso faria sentido. Mas eu não fiz nenhuma ligação. A ideia de ouvir a minha própria voz naquele momento parecia estúpida. Por que eu precisaria dizer qualquer coisa? Ele poderia simplesmente olhar o aviso de chegadas no aeroporto do Rio. A minha ligação não faria diferença. No fim, eu não fiz nenhuma ligação.

Chegou a minha vez de entregar o cartão de embarque. A funcionária da empresa aérea conferiu meu nome no cartão com aquele que estava na minha carteira de identidade. E, logo em seguida, a minha imagem com aquela que estava colocada no documento. Sim, eu era a mesma pessoa que estava ali, eu pensei. No momento em que ela me olhou, algo de estranho aconteceu comigo. Normalmente, eu daria um sorriso como quem diz com alguma ironia: sim, sou eu mesmo, veja que coisa. Mas, naquele momento, sorrir não fazia sentido algum. De modo que eu era apenas uma imagem. Nada além disso. E nada na minha imagem dizia qualquer coisa a respeito do que estava se passando comigo. Para ela, o meu rosto colado ao corpo e o meu rosto colado ao documento tinham o mesmo valor. Eles precisavam simplesmente ser os mesmos, ou ser parecidos o suficiente, para que ela pudesse seguir com o seu trabalho. Era isso. Então, uma onda de calor tomou conta da minha pele enquanto eu sentia o meu coração martelar o meu peito pelo lado de dentro. Era isso? Ela não me via? Eu era apenas uma imagem a ser conferida?

"Obrigada", ela me disse enquanto entregava de volta o meu documento e o meu cartão de embarque. E eu segui pelo túnel suspenso que levava até a porta do avião.

Enquanto eu caminhava, o meu coração batia cada vez mais forte dentro do peito e o suor começava a escorrer pela minha testa e pelas minhas costas. Eu sempre tive medo de avião e até aquele momento, não havia sequer pensado sobre isso. Mas aquilo que eu estava sentindo ali não era exatamente medo. Ou era? Eu levei a mão direita até o corrimão metálico e, quando toquei a superfície gelada, ela escorregou em função do suor. Então, eu fechei os dedos com força e agarrei o tubo como se quisesse evitar o desequilíbrio.

Eu pensei que tinha que seguir. Faltavam apenas alguns passos e eu estaria dentro do avião. Mas esse pensamento fez o meu coração acelerar ainda mais. E a minha mão se mantinha agarrada ao corrimão. Algumas pessoas passaram por mim. Será que elas tinham percebido o que estava acontecendo comigo? Eu tinha que conseguir entrar no avião. Era isso que eu pensava. Eu não poderia simplesmente voltar atrás. Isso não era uma opção. Eu tinha que entrar no avião, chegar ao Rio de Janeiro, ir até Paraty para reconhecer o corpo do meu pai e trazê-lo de volta para Brasília. Eu era um adulto. Eu tinha de ser capaz de fazer isso. E, nesse momento, só o que me cabia era que eu conseguisse dar mais alguns passos, sentasse em uma poltrona e respirasse em silêncio por cerca de uma hora e meia.

Nesse momento, o olhar da mulher da companhia aérea retornou à minha cabeça. Eu era uma imagem. Só. E eu pensei no rosto do meu pai. Os seus lábios roxos entreabertos. A minha visão ficou nublada e eu agarrei mais forte o corrimão com medo de cair. O que aconteceria se eu desmaiasse ali? Será que alguém cuidaria de mim?

Eu coloquei as duas mãos no corrimão e tentei respirar fundo enquanto as lágrimas começavam mais uma vez a escorrer pelo meu rosto. Eu tinha que conseguir entrar no avião. Meu irmão estaria do outro lado, eu pensei. Eu só tinha de sobreviver até lá.

Esse pensamento me trouxe algum tipo de alívio e eu consegui voltar a me mover.

Algumas pessoas ainda se aglomeravam na porta do avião enquanto a comissária de bordo cumprimentava cada um que passava por ela. Finalmente, eu entrei. Minha poltrona era no meio do avião, à esquerda, na janela. O assento 12F.

Meu coração continuava martelando dentro do peito enquanto eu andava pelo corredor do avião. Mas eu pensava que aquilo iria durar pouco mais de uma hora. Era isso. Depois eu estaria com meu irmão. E ele também tinha perdido o pai. De modo que eu não estaria absolutamente sozinho. Essa, afinal, me parecia ter sido a razão em função da qual eu escolhi que ninguém me acompanhasse no voo: eu *já* me sentia completamente sozinho. E estar com alguém parecia amplificar essa sensação. Assim, estar sem ninguém, por mais doloroso que fosse, parecia mais justo. Parecia não apontar constantemente para o fato de que algo de muito errado tinha se passado comigo.

Mas, agora, já sentado na poltrona do avião, com a mochila enfiada embaixo dos meus pés e sem ninguém ao meu lado, a sensação de solidão era insuportável. Eu levantei a cabeça e olhei por cima do encosto dos assentos e vi o alto da cabeça das pessoas sentadas nas fileiras à minha frente. Ninguém ali sabia o que estava se passando comigo. Não havia como saber. Não havia nada em mim que dissesse o que estava acontecendo. Meu rosto estava inchado e as lágrimas ainda brotavam de forma intermitente nos meus olhos, como soluços, num ritmo um pouco aleatório para quem olha de fora. Era isso. Era essa a minha imagem. E isso não era a tradução inequívoca do que se passava comigo. Não havia como ser. E, mesmo que alguém soubesse, será que alguém se importaria? Todo dia alguém perde o pai. Aquele era o meu dia. Era isso. A relação inexorável e terrível entre o surgimento das lágrimas e cada pensamento que as fazia eclodir era só minha. Não havia como ser de outra maneira. Esse pensamento fez a palpitação que eu sentia no peito aumentar. De novo, o suor voltou a escorrer pelo meu rosto e pelo resto do meu corpo. Eu sentia a nuca gelada. Eu estou sentado, eu pensei. Eu não tenho como cair agora. Mesmo que eu desmaie, nada vai acontecer. E o que importa se eu desmaiar? O avião deve seguir o seu curso de uma maneira ou de outra. Eu serei apenas um passageiro desmaiado. Isso não muda o rumo das coisas. Isso não muda nada. Ele deve estar com uma queda de pressão, alguém vai dizer. Ou isso passará mesmo despercebido. Desde que o meu cinto esteja colocado e a minha poltrona esteja na posição vertical. Era isso que eu era ali, apenas um procedimento que tinha de ser seguido. Eu, no fundo, não existia.

Esse pensamento me fez sentir como se um punho se fechasse em torno do meu coração, por dentro do meu peito, e tentasse impedi-lo de continuar batendo. A dor era intensa. Ao mesmo tempo que ele estava disparado, algo o comprimia, como uma espécie de prensa. Eu senti dificuldade de respirar. A minha garganta parecia estar fechada. Era como se a dor aguda que eu tinha sentido antes, ainda na minha casa, entre a garganta e o peito, agora tivesse tomado conta de tudo. E, dessa vez, ela parecia vir de dentro de mim. Não como se algo me perfurasse de fora, mas como se me suturasse por dentro.

Eu olhei a porta do avião no momento em que ela estava prestes a ser fechada e tive vontade de fugir dali. Eu posso me levantar e correr para o lado de fora. Eu preciso me levantar e correr para o lado de fora. Minha barriga ardia por dentro e eu sentia minhas pernas contraídas. Eu preciso sair daqui.

Mas eu simplesmente não podia. Eu tinha que ficar ali. Algo me impedia. Algo que simplesmente se colocava sobre mim como um bloco, uma ordem. Você não pode se mexer. Você não pode fugir. Você não pode pedir ajuda. Você é ridículo. Você é patético. Você não dá conta nem de si mesmo. Você não deveria ter sequer o direito de ter vontade de se levantar. Eu me sentia apavorado. E sentia horror de me sentir assim. Eu fiquei paralisado.

A porta se fechou e o comandante anunciou pelo alto-falante que, a partir de agora, as portas estavam em automático. O que queria dizer que, mesmo que eu as forçasse, elas não se abririam. Era isso?

O avião finalmente começou a se mover para trás, antes de começar o seu percurso para a decolagem. Eu não tinha mais como sair.

O choro nesse momento veio acompanhado de um som agudo. E eu senti vergonha que alguém ouvisse. Mas, se ninguém se importava comigo, por que eu me importava com aquilo? Por que eu sentia vergonha? Eu não era nada e ainda assim tinha que tentar conter aquela onda. Eu não podia existir ali. Eu não devia existir ali. Por que ninguém cuida de mim? Socorro, eu pensava, eu preciso de alguém que cuide de mim. E, ao mesmo tempo, você tem que conseguir chorar em silêncio. Ao menos isso você tem que conseguir. Você é um adulto. Não existe ninguém para cuidar de você. O próximo passo é a sua própria morte. É só isso. O horror do lábio arroxeado do meu pai invadia a minha cabeça. Eu sentia como se ele se aproximasse de mim. Ao mesmo tempo em que eu o via caído no chão, morto. E eu pensava: eu vou precisar carregar o seu corpo. Eu não sou capaz de carregar o seu corpo. Eu não sou capaz de nada. Eu sequer dou conta de me manter respirando.

Então, a voz do comandante anunciou que o tempo previsto de voo até o Aeroporto Santos Dumont era de 1 hora e 40 minutos. Eu imaginei o meu irmão no portão de embarque. Imaginei o olhar dele quando me visse. Imaginei que ele me reconheceria entre as outras pessoas. Então, eu voltaria a existir. Eu só precisava continuar respirando. Era isso. Eu precisava tentar respirar.

O avião levantou voo enquanto uma onda de formigamento atravessou o meu corpo inteiro. Talvez desmaiar fosse afinal mais simples. E se eu me deixasse ir? Talvez fosse mais fácil se eu parasse de lutar e apenas cedesse àquilo? Mas eu tinha medo. Eu tinha medo de tudo. Eu sempre tive medo. Eu tinha medo até de não estar lá.

O QUE SÃO OS CONFLITOS?

De modo geral, conflitos são definidos por interesses antagônicos em relação a um mesmo assunto, a uma mesma realidade. O conflito costuma acontecer entre duas partes, pelo menos. Um conflito entre dois grupos políticos, um conflito entre dois países, um conflito entre torcidas de times rivais, um conflito entre dois vizinhos, um conflito entre mãe e filha. Mas os conflitos podem ocorrer, e muitas vezes é esse o caso, *dentro* de uma mesma pessoa. Nesse caso, as duas partes fazem parte de uma só: um conflito entre necessidades fundamentais. Todas elas lutando para retornar à *homeostase*. Todas elas lutando para diminuir os seus *erros de previsão*.

Existem conflitos muito simples dentro de nós. Tenho fome ao mesmo tempo que tenho sono. As duas coisas são importantes. Nenhuma delas é falsa. Nenhuma delas pode ser simplesmente desconsiderada. As duas partes têm a sua razão na história. Nesse caso, não é possível dizer, como dizemos quando observamos um conflito entre duas pessoas, que tal pessoa tem razão. Em algum momento da sua vida, você vai precisar comer *e* em algum momento da sua vida você vai precisar dormir. É razoavelmente simples compreender que a escolha não tem um lado certo, como gostaríamos que fosse o caso.

Mas, quando tratamos das nossas necessidades emocionais, a coisa se complica um tanto mais. E os conflitos se dobram sobre si mesmos.

Sinto necessidade de descobrir o mundo, de viajar, mas, ao mesmo tempo, sinto necessidade de ficar em casa e cuidar da minha mãe, que é tão importante para mim. Este é um exemplo de conflito entre a nossa *necessidade de buscar* e a nossa *necessidade de cuidar*, que faz parte da sustentação dos campos de *vínculo*.

Sinto necessidade de sair de casa e encontrar pessoas pelas quais eu me sinta amado, mas, ao mesmo tempo, tenho medo de me acidentar no trânsito ou ser assaltado. Esse é um exemplo de conflito entre a nossa *necessidade de buscar* e a nossa *necessidade de ser amado* de um lado e a nossa *necessidade de fugir*, do outro lado.

Sinto *necessidade de fugir* da prova do vestibular em função do medo que eu sinto de não conseguir passar e acabar deixando de ser amado pelo meu pai por conta do meu fracasso, ao mesmo tempo que tenho medo de deixar de ser amado pelo meu pai caso eu não tenha coragem de fazer a prova. Nesse caso, a *necessidade de fugir* e a *necessidade de ser amado* aparecem duplicadas, em ambos os lados do conflito. Essa duplicação das necessidades explica parte da força que a procrastinação ocupa em nossas vidas: a *necessidade de fugir* e a *necessidade de ser amado* estão presentes nos dois lados da equação. Preciso realmente fazer aquilo e preciso realmente fugir daquilo. Preciso fazer por medo de deixar de ser amado caso não o faça e preciso não fazer por medo de deixar de ser amado caso eu o faça e não seja bem-sucedido na minha tentativa.

Esses são alguns exemplos simples que acontecem a cada dia que passa em nossa vida. E, em todos esses casos, as necessidades têm a sua "razão de ser". Não existe uma necessidade que seja em si mais importante do que uma outra necessidade. Em alguns momentos, você vai se levantar para comer alguma coisa, em outros, você vai continuar dormindo.

O LADO CERTO DA HISTÓRIA?

De modo geral, tendemos a olhar torto para necessidades que parecem "obviamente" ruins, como a *necessidade de brigar*, que está ligada ao sentimento[17] da raiva. Brigar no trânsito é obviamente estúpido e não vai te levar a nenhum lugar mais vantajoso para a sua sobrevivência e para a manutenção da sua homeostase. Mas, em outros momentos da sua vida, certamente, brigar já foi fundamental e provavelmente ainda voltará a ser.

Assim como poderíamos pensar que a *necessidade de ser amado* parece "obviamente" boa. Mas, quando nos vemos submetidos a relacionamentos abusivos, seja com figuras parentais ou nos campos relacionais da idade adulta, em função da nossa *necessidade de ser amado* que não pode nunca ser ameaçada, percebemos que ela nem sempre é positiva.

A *necessidade de fugir* parece "obviamente" ruim porque aponta para o escapismo e para a covardia, mas é possível pensar em inúmeras vezes na vida em que a *necessidade de fugir* foi justamente a coisa que garantiu a sua sobrevivência e a sua integridade.

De modo que simplesmente não é possível separar as necessidades boas de um lado e as ruins de outro. Muito embora façamos isso de um ponto de vista moral. Moralmente, pelo menos no nosso recorte cultural, as boas necessidades são aquelas que garantem os campos de vínculo – *necessidade de ser amado* e *necessidade de cuidar*; e ruins são aquelas que justamente ameaçam os campos de vínculo. Várias vezes a *necessidade de buscar*, como no exemplo da viagem e do possível abandono da mãe. Várias vezes a *necessidade de fugir*, como no medo de sair de casa para ver os amigos. Várias vezes a *necessidade de dominância*, que pode dificultar a estabilidade do vínculo. Várias vezes a *necessidade de gozar*, que tende a ameaçar a monogamia. E, como estrela das necessidades "ruins", a *necessidade de brigar*. A violência parece ser a maior ameaça para o vínculo, pelo menos em termos gerais. A violência da criança é punida com a ameaça da perda do amor e do castigo desde o início como tentativa de anular a *necessidade de brigar* que existe nela. Assim, passamos o resto da vida tentando controlar a nossa raiva, sem compreender que ela está conectada a uma necessidade fundamental. Ela não precisa ser levada às últimas consequências, mas não pode ser anulada da nossa existência. É literalmente impossível fazer isso.

O caso da dominância parece ser um tanto mais confuso na nossa vida. Por um lado, quando a dominância ameaça o vínculo – especialmente representada pela figura da inveja: eu quero ser melhor do que aquele que eu amo, seja ele meu pai, meu irmão, meu marido –, ela é absolutamente execrável. Por outro lado, é justamente a dominância que parece ser a pedra fundamental da narrativa falaciosa do capitalismo: "você pode ser o melhor". O que simplesmente não é o caso. E, de maneira curiosa, ao mesmo tempo que acontece esse movimento de inflação da *necessidade de dominância* no capitalismo, aparece uma depreciação da *necessidade de ser amado*. Ser carente é ruim. Ser independente é bom. Logo, vamos em busca da tal solitude. O que quer que isso queira dizer.

No fundo, todas as necessidades têm os dois lados. Elas são boas *e* ruins. E isso tem a ver, mais uma vez, com a homeostase.

Quando estamos nos aproximando da zona homeostática daquela necessidade, da zona prevista, sentimos prazer. Logo, ela é boa. Ela me faz sentir bem. O afeto é positivo. Isso acontece justamente porque nos afastamos do *erro de previsão* que botava a nossa sobrevivência em risco. Com algum trabalho que fizemos no mundo, conseguimos reduzir a imprevisibilidade, retornar às faixas previstas do nosso funcionamento e diminuir a entropia. Ou pelo menos contê-la.

Quando estamos nos afastando da zona homeostática daquela necessidade, da zona prevista, sentimos desprazer. Logo, ela é ruim. Ela faz com que eu me sinta mal. O afeto é negativo. Isso acontece porque o *erro de previsão* aumenta. E isso coloca a nossa existência cada vez mais em risco. Aumenta a imprevisibilidade do nosso sistema. Cada vez menos temos certeza de onde estamos pisando. A cada instante que passa, a entropia aumenta, assim como a incerteza sobre a nossa existência. De modo que o afeto negativo cada vez mais intenso é um sinal de que alguma coisa *precisa* ser feita.

Assim, a *necessidade de ser amado* provoca um afeto positivo no momento em que eu encontro a minha figura de acolhimento, com uma liberação bioquímica de prazer ligada a um *mu opioide*[18], uma endorfina. E você relaxa. Você sente prazer. O *erro de previsão* diminuiu.

Por outro lado, é a mesma *necessidade de ser amado*, que quando não satisfeita, provoca um tipo de desprazer muito específico, ligado a uma dor no peito e impressão de morte, que convencionamos chamar no seu extremo de ataque de pânico. No momento em que você percebe o seu abandono, uma sensação de morte iminente toma conta do seu corpo. Essa sensação é comum a todos os mamíferos e ela é gerada pela descarga de um tal *kappa opioide*[19], que, em resumo, causa uma dor intensa e bastante específica. Essa dor tem a função de te dizer que você está se afastando demais da sua previsão de acolhimento, da sua zona homeostática. E isso aumenta a imprevisibilidade, colocando em risco a sua sobrevivência.

A *necessidade de fugir*, que parece à primeira vista uma coisa ruim, também tem os seus dois lados. Quando, aos oito anos de idade, entramos com nossos amigos no quintal do vizinho e nos deparamos com o pastor-alemão que avança rosnando em nossa direção, a sensação é terrível, a elevação de tensão é enorme. O afastamento da homeostase é instantâneo. Ao mesmo tempo, quando conseguimos pular a cerca e escapamos da fera, caímos em uma gargalhada e nos abraçamos em êxtase. Poucas coisas são mais prazerosas do que essa experiência. Isso acontece porque você acabou de fazer uma passagem muito intensa entre uma enorme imprevisibilidade e o retorno para uma zona de previsão, para a zona de homeostase da sua necessidade. Ou seja, você fez o trabalho de pular a cerca, que reduziu a entropia de maneira radical. Se você tivesse permanecido no quintal com o pastor-alemão, você estaria literalmente entregue à imprevisibilidade. Isso porque a sua sobrevivência dependeria da boa vontade de um pastor-alemão. Esse exemplo simples nos ajuda a entender uma das razões pelas quais buscamos experiências de risco: a experiência de prazer é enorme *quando* conseguimos escapar.

Ou seja, necessidades satisfeitas equivalem ao retorno à homeostase, o que resulta em uma experiência de prazer. E necessidades não satisfeitas equivalem a um afastamento da homeostase, o que resulta em uma experiência de desprazer.

TUDO AO MESMO TEMPO, MAS CADA COISA É UMA COISA

Todos sabemos, ou pelo menos sentimos, que cada experiência de prazer tem a sua própria qualidade específica. E o mesmo acontece com as experiências de desprazer.

Sentir-se acolhido pelos seus familiares não é igual ao orgasmo sexual. E nenhuma dessas duas sensações é igual a sentir-se vitorioso em uma disputa no trabalho. A bioquímica é diferente dentro de nós. E os campos simbólicos e cognitivos também são diferentes.

Do outro lado do espectro, as sensações de desprazer também têm cada uma delas uma especificidade.

Sentir medo de alguém não é igual a sentir raiva de alguém. A experiência em si é distinta.

Sentir pânico quando alguém que amamos ameaça partir não é igual a sentir pavor quando alguém ameaça nos açoitar fisicamente.

Humilhação é diferente de abandono.

Aprisionamento é diferente de vergonha.

Depressão é diferente de fobia.

Cada uma dessas experiências emocionais está justamente ligada ao desvio homeostático de uma necessidade emocional específica. E elas tem de ser distintas umas das outras, porque do contrário não cumpririam a sua função evolutiva: servir de guia para que você possa se encaminhar na direção de resolver aquele desvio homeostático. O que nós temos de fazer para resolver o abandono não é igual ao que nós temos de fazer para resolver o aprisionamento, muito pelo contrário. E é exatamente por isso que essas sensações têm de ser distintas uma da outra. Para que, dessa forma, você saiba o que está se passando e faça alguma coisa a respeito antes que seja tarde demais.

Um bom exemplo dessa diferença está naquilo que chamamos de ansiedade. Quando usamos a palavra ansiedade – e usamos muito essa palavra nos dias de hoje –, podemos nos referir a pelo menos duas coisas radicalmente distintas e que, por isso, pedem igualmente soluções diferentes, e até antagônicas uma da outra.

Por um lado, a ansiedade pode estar ligada à *necessidade de fugir* das ameaças. Existe algo que ameaça a sua integridade. Esse algo pode estar dentro ou fora de você. Podemos estar falando de uma possível ameaça de violência física ou de algo que você tem medo de pensar, por assim dizer. E a sua resposta é de defesa em relação a essa ameaça. O seu corpo se enrijece, o seu coração acelera, o suor escorre pelas suas mãos. Essa ansiedade está ligada à *necessidade de fugir*. E, nesse caso, você *precisa* se afastar da ameaça.

Por um outro lado, a ansiedade pode estar ligada aos campos de vínculo e à *necessidade de ser amado*, naquilo que chamamos de ataque de pânico. Você sente ansiedade porque se percebe separado da sua figura de vínculo. Pode ser a sua mãe na origem dos tempos. Pode ser a sua melhor amiga na época da escola. Pode ser o seu namorado na idade adulta. Ou pode até ser uma casa que *representa* um vínculo com a sua história e de onde você vai ter que se mudar. Nesses casos, a experiência emocional é radicalmente distinta daquela anterior. Você sente dor no peito. Muitas vezes uma pontada. Outras vezes uma pressão intensa. Muita dor. Falta de ar. Tontura. A impressão é de morte iminente.

Ou seja, essas duas modalidades de ansiedade têm causas completamente distintas e pedem soluções também completamente distintas: em uma delas, a solução é se afastar do objeto que a causa, na outra, se aproximar dele. E a nossa própria existência depende muitas vezes de perceber essa diferença. Isso, mais uma vez, aponta para a importância dos afetos no nosso processo de sobrevivência. O que reforça a ideia de que tentar negar os próprios afetos, especialmente os negativos, é simplesmente uma estratégia estúpida.

E é por isso que entender *como eu me sinto quando...*[20] carrega tanto valor. Como eu me sinto quando tal coisa acontece. Como eu me sinto quando encontro tal pessoa. Como eu me sinto quando me lembro de tal evento. Como eu me sinto quando imagino que tal coisa no futuro pode vir a ser. Se somos capazes de compreender o que nos causa cada experiência afetiva, nossa vida passa literalmente a fazer mais sentido. Entendemos como viemos parar na experiência subjetiva na qual nos encontramos e temos alguma ideia de como sair dela. Somos capazes, de uma maneira razoavelmente simples, de buscar mais campos de prazer e menos campos de desprazer.

AMBIVALÊNCIAS E PRIORIZAÇÃO

Tudo caminharia bem desde que soubéssemos identificar os nossos afetos e como nos sentimos em relação a cada objeto do mundo. De modo que pudéssemos orientar nossa conduta na relação com esses objetos. Certo?

Infelizmente, não.

Os problemas surgem quando sentimos *ao mesmo tempo* um retorno *e* um afastamento de nossas zonas homeostáticas em diferentes necessidades. O conflito entre as necessidades.

Quero me aproximar daquele objeto, mas isso implica colocar em risco a minha relação com outro objeto. Como no conflito clássico das narrativas de adultério no universo monogâmico.

Ou, ainda, preciso me afastar desse objeto ao mesmo tempo que preciso estar próximo dele. Estou apaixonado, mas apavorado que ele perceba o quanto eu sou patético.

Nesse caso, duas experiências afetivas simultâneas em relação a um *mesmo objeto*. O que ocorre quando um mesmo objeto é causador de um desvio homeostático e solução alostática para a satisfação de um outro desvio. Um objeto que nos causa *ao mesmo tempo* a necessidade de se afastar *e* de se aproximar dele.

Sinto *necessidade de fugir* do meu pai ao mesmo tempo que sinto *necessidade de ser amado* por ele.

Sinto *necessidade de brigar* com a minha mãe ao mesmo tempo que sinto *necessidade de ser amado* por ela.

Sinto *necessidade de ser melhor* que o meu irmão e derrotá-lo de uma vez por todas, estabelecendo a minha *dominância*, ao mesmo tempo que sinto *necessidade de ser amado* por ele.

Sinto *necessidade de brigar* com o meu filho porque ele não se comporta da maneira que eu gostaria que ele se comportasse ao mesmo tempo que sinto *necessidade de cuidar* dele e protegê-lo das violências do mundo, inclusive da minha própria violência. E a esse tipo de situação damos o nome de ambivalência[21], o que ocorre quando um objeto no mundo causa em você ao mesmo tempo sinais positivos e negativos nos seus processos de homeostase.

Mais uma vez, os conflitos. Talvez não por acaso, em todos esses exemplos, os conflitos ocorram entre as necessidades de vínculo e as outras necessidades. E, como já vimos, isso acontece literalmente o tempo todo.

O problema em situações como essas é que qualquer que seja o caminho que você decida seguir, ou seja, qualquer que seja a sua estratégia alostática[22], você vai acabar sentindo um aumento no desvio da sua zona homeostática em alguma necessidade. Ou seja, qualquer que seja a sua ação, ela vai causar uma sensação de desprazer. Qualquer que seja a sua escolha, ela vai causar uma impressão de desconforto. E é esse detalhe aparentemente tão simples que negligenciamos todos os dias das nossas vidas: em situações de conflito, as nossas atitudes irão causar necessariamente uma sensação de prazer e de desprazer, simultaneamente.

E é por negligenciar esse simples fato que temos tantas vezes a impressão de que não estamos fazendo a "escolha certa" nas nossas vidas, de que deve haver algo de errado em nossa conduta. Afinal, só isso poderia explicar o desconforto que tantas vezes sentimos levando adiante as escolhas que levamos adiante.

O fato é que, se estamos enfiados em situações de conflitos entre necessidades fundamentais, seja entre dois objetos distintos – quero viajar com os meus amigos, mas não me sinto bem em abandonar a minha mãe – ou em uma ambivalência em relação ao mesmo objeto – sinto *necessidade de fugir* dos ataques da minha mãe ao mesmo tempo que sinto *necessidade de ser acolhido* por ela –, seja qual for o caminho que você escolha tomar, ele vai causar um afastamento de alguma zona homeostática e, com isso, alguma sensação de desprazer.

A compreensão disso é fundamental para que deixemos de pensar que estamos literalmente fazendo escolhas erradas a cada instante que passa em nossas vidas, mas, por outro lado, ela levanta uma pergunta talvez mais angustiante: como é que, sabendo disso, podemos escolher os caminhos a seguir se em todos eles estão contidos perdas e ganhos, por assim dizer?

A resposta para essa pergunta ganha o nome de *priorização*[23]. Ou seja, acontece *em nós* um cálculo a respeito de qual caminho parece mais fundamental para a nossa sobrevivência. Nesse cálculo, nosso sistema analisa qual desses desvios homeostáticos parece possível suportar e qual deles parece por demais arriscado. O que quer dizer que o nosso sistema faz uma projeção de qual caminho em face do conflito parece ser mais vantajoso para a nossa sobrevivência. E assim o caminho a se seguir é definido. E é *só depois* que essa priorização é definida *em você* que você fica sabendo que, para o seu sistema, parece mesmo mais importante engolir o medo dos ataques da mãe e ficar próximo a ela. E você sente raiva de *não ter conseguido*, mais uma vez, agir de outra forma. Mas, acredite, nos seus critérios de priorização, era aquilo mesmo que você *tinha que* fazer. Aquele era o *único* caminho.

Naquele ambiente, o seu sistema priorizou a necessidade de ser amado em detrimento da necessidade de brigar. A necessidade de ser amado pareceu mais importante *em você* do que a necessidade de brigar.

Isso aponta para as regras que regem o universo no qual estamos inseridos e as condições dentro das quais nos vemos obrigados a buscar a satisfação das nossas necessidades. As regras do ambiente, assim, geram os critérios de priorização.

Na nossa vida, em função das regras que regem o nosso ambiente, quando as necessidades emocionais entram em conflito, nos vemos obrigados a priorizar a satisfação de uma necessidade em detrimento de outra.

ESCOLHAS DE OBJETO

Além da questão a respeito dos critérios de priorização utilizados pelo nosso sistema para escolher este ou aquele caminho de acordo com o nosso ambiente, surge uma outra, talvez tão importante quanto a primeira: como são constituídos, ao longo da minha história, os meus objetos de satisfação? Por que é que eu não posso escolher por quem eu sinto tesão e acabo sentindo tesão por *aquela* pessoa? Ou por que é que eu não sinto necessidade de ser amado por alguém que me pareça razoável, mas sim por *aquela* pessoa específica que insiste em me maltratar?

A escolha de objetos de satisfação das nossas necessidades é decorrência de uma longa história de aprendizado que está *em nós*, por assim dizer. Todos temos as nossas necessidades que devem ser satisfeitas por objetos do mundo. Mas, a depender do ambiente no qual a nossa vida acontece, essas necessidades vão ser satisfeitas por objetos radicalmente distintos. É como se tivéssemos em nós as fechaduras abertas e buscássemos constantemente as chaves que se encaixam nessas fechaduras. As fechaduras abertas são as necessidades, e as chaves os seus respectivos objetos de satisfação. Mas o ponto fundamental é que o formato das fechaduras não está pré-determinado. Isso seria uma péssima estratégia evolutiva. O formato das fechaduras vai se estruturar em função das chaves que ele encontra pelo caminho. E a cada vez que enfiamos ali uma chave que roda a fechadura, a própria fechadura se altera e já não aceita qualquer chave na próxima vez. O que quer dizer que as necessidades são inatas e filogenéticas[24], mas os aprendizados de satisfação são ambientais e ontogenéticos[25]. Ou seja, dependem da história de cada um. E isso, é claro, coloca uma importância gigantesca na nossa infância, porque é lá que os primeiros encontros com os objetos de satisfação irão acontecer. E é a partir de lá que as nossas fechaduras irão começar a definir o seu formato.

De um ponto de vista adaptativo, isso é uma estratégia brilhante: a satisfação das nossas necessidades fundamentais – sejam elas necessidades emocionais ou não – vai depender dos próprios objetos que estejam disponíveis para nós no ambiente no qual se passa a nossa vida. Não existem objetos específicos que nós *temos de* encontrar desde o princípio. Isso seria muito arriscado e implicaria uma diminuição radical das nossas chances de sobrevivência. Nós vamos ter de nos satisfazer com o que quer que seja que encontremos pelo caminho. E isso vai moldar as nossas *modalidades de satisfação*. Literalmente. Os nossos sistemas bioquímicos, cognitivos e simbólicos irão se estruturar a partir desse processo de aprendizado muito profundo de *como* as nossas necessidades são satisfeitas no mundo. E, considerando que o nosso córtex nasce absolutamente aberto para as inscrições ambientais, isso é uma coisa muito determinante na nossa vida, que vai se desenrolar a partir dos nossos primeiros encontros com os objetos do mundo. Das primeiras vezes que as nossas fechaduras encontram as chaves possíveis pelo caminho.

Seria muito mais fácil, é claro, se fosse de outra maneira. Se pudéssemos de fato escolher a maneira que desejamos ou deixamos de desejar. Mas, infelizmente, esse não é o caso.

○

Esse processo acaba, lentamente, determinando a forma dos objetos de satisfação de cada uma das necessidades. Por que *aquilo* me causa medo, e não outra coisa? Por que *aquilo* me dá tesão, e não outra coisa? Por que *aquilo* me provoca raiva, e não outra coisa? Por que *aquilo* satisfaz a minha necessidade de ser amado, e não outra coisa? E como cada um desses objetos que se conecta conosco e nos ativa afetivamente é tão diferente de uma pessoa para outra.

CADA UM DE NÓS

Compreendendo o fato de que, quando existe um conflito entre as necessidades emocionais, em função das regras que regem o nosso ambiente, tendemos a uma determinada priorização; e o fato de que, quando isso acontece, nós buscamos objetos similares àqueles que um dia satisfizeram esses desvios, parte do comportamento humano passa a fazer mais sentido. Nós não somos simplesmente estúpidos, nós temos necessidades e aprendizados a respeito de quais dessas necessidades devem ser satisfeitas primeiro e de como podemos satisfazê-las no nosso ambiente com os objetos que conhecemos. Isso aponta para um caminho de compreensão da gigantesca complexidade humana.

Olhando o mundo é impossível não perceber que cada pessoa atua de uma maneira no final. E mesmo que existam similaridades, existem também diferenças fundamentais. Ainda que as zonas homeostáticas sejam as mesmas, os modos de tentativa de satisfação são distintos em cada um de nós.

Em face daquele que seria aparentemente um mesmo conflito entre necessidades, uma pessoa tende a priorizar uma das necessidades e uma segunda pessoa tende a priorizar uma outra necessidade. Para alguém, fugir parece inevitável. Para outra pessoa, atacar se monta como uma lei. Eu preciso fugir, eu tenho de atacar. Para uma pessoa, continuar em um relacionamento mesmo que ele esteja fracassado parece a única opção. Para outra, sair de lá e buscar novas alternativas aparece como um reflexo irrefreável.

Podemos pensar que, na combinação desses dois aspectos – como as nossas priorizações entre necessidades são feitas *em nós* e quais os nossos objetos de satisfação das necessidades –, está contida a mais importante das questões: quem somos nós? Ou, ainda, de maneira mais explícita: por que é que cada um é como é?

MARTIM

Eu estacionei o carro e ainda faltavam 5 minutos até a hora em que o meu filho deveria sair da escola. Eu sempre acabava chegando mais cedo, mesmo que tentasse evitar. Eu fiquei dentro do carro com o motor desligado e observei os outros pais que chegavam. Era o começo do ano de 2020. As primeiras semanas de aula, de modo que a pandemia ainda não existia.

Todos eles se reuniam em um grupo na frente da escola. Trocavam abraços e sorrisos. Eles conversavam entre si como se tivessem uma grande intimidade. Eu nunca descia do carro antes do último instante. Nunca sentia que eu teria alguma coisa a dizer para eles. Ou sentia que qualquer coisa que eu dissesse seria inevitavelmente inadequada. Como se eu fosse ao mesmo tempo bobo demais ou profundo demais em tudo o que eu pudesse dizer. Ao passo que eles, os outros pais e mães, pareciam simplesmente adultos. É claro que eu sabia que isso não podia ser completamente verdade. Eu sabia que eles deveriam ter também as suas dificuldades e infantilidades. Todos carregam as suas inseguranças em algum lugar. Sim, eu sabia disso. Mas o fato é que eles conseguiam estar ali e eu não. E, mais ainda, aquilo parecia o ponto alto do dia deles. A felicidade do encontro. E para mim, o encontro era, em geral, uma grande ameaça. Eu me sentia julgado de um jeito ou de outro. Por uma característica física, por uma frase mal colocada, pela minha maneira de vestir, pela minha maneira de andar. Por sorrir na hora errada. Por não achar graça da piada que deveria e por achar graça em questões delicadas demais, por assim dizer. Eu nem sempre tinha sido exatamente assim, mas essa impressão já me acompanhava há alguns anos. A impressão de julgamento e da presença constante do observador externo estava comigo desde sempre. Pelo menos até onde eu conseguia me lembrar. Mas, tempos atrás, o olhar do observador não era tão duro quanto na idade adulta. De modo que eu conseguia sentir que alguém poderia estar me olhando e me julgando de maneira positiva. A partir da adolescência, essa esperança do julgamento positivo diminuiu cada vez mais.

Ao mesmo tempo, existia uma parte em mim que gostava de estar ali para buscar o meu filho. Eu organizava minha rotina para que isso fosse possível. De modo que nos dias em que ele estava comigo, eu só atendia até 17h. Eu ficava muito orgulhoso de ser capaz de buscá-lo na escola, colocá-lo no carro e dirigir até em casa. Como se tudo aquilo, que deve ser algo normal e justo para os outros pais adultos, para mim, parecesse um acontecimento. Vejam, eu sou capaz de buscar o meu filho sozinho. Vejam, eu sou capaz de colocá-lo no carro. Vejam, eu sou capaz de ser pai. Isso tudo parecia extraordinário. No sentido de que não parecia uma coisa qualquer. A verdade é que eu nunca tinha me sentido adulto. E, ter um filho era, de uma forma intensa, uma prova de que eu era de fato um adulto. De modo que, sempre que eu andava com Martim pela rua, de mãos dadas, e percebia algum olhar sobre nós dois, eu pensava: que bom, eu sou pai, eu devo parecer uma pessoa adulta, já que sou pai.

O relógio do celular mostrava 17h29 quando eu desci do carro. Bati a porta e fui até a frente do portão. Fiz que sim com a cabeça sorrindo para um dos pais que percebeu a minha chegada, mas tentei permanecer de alguma forma afastado do resto do grupo, como eu fazia sempre. O problema é que eu tinha que ser visto pela funcionária da escola que ficava com o microfone na mão e anunciava os nomes das crianças para que eles pudessem descer a escada e vir ao nosso encontro. De modo que eu queria ser visto e não queria ser visto. A minha vantagem era que, como eu sou mais alto que a maioria dos pais, eu podia ficar atrás do grupo e me esticar um pouco até que ela me visse. Eu sempre me sentia ridículo fazendo essa *performance* de me esticar e balançar a cabeça sorrindo, mas era o melhor que eu podia fazer.

Depois de alguns nomes sendo chamados, ela finalmente me viu. "Martim", ela disse ao microfone. Eu fiz que sim com a cabeça agradecendo com um sorriso, mas ela já não estava mais olhando para mim. O que fez com que eu me sentisse ainda mais ridículo, sorrindo para o vazio.

Alguns instantes depois, Martim desceu a escada correndo com a mochila do *Star Wars* dependurada apenas no braço esquerdo, como era de costume. Ele tinha 6 anos nessa época e, enquanto descia a escada, eu me sentia feliz e apreensivo, torcendo para que ele não tropeçasse. Ele desviou dos outros pais no caminho e veio até mim correndo. Abraçou minhas pernas enquanto eu me dobrei por cima dele e abracei sua cabeça. "Oi, pai", ele disse. "Oi, meu filho", eu respondi. E começamos a caminhar na direção do carro. Eu me sentia preenchido de orgulho. Eu estava lá. Eu era capaz de buscar o meu filho na escola. E ele corria até minhas pernas e me abraçava.

O que queria dizer que ele me amava. E isso em si parecia extraordinário. Não que as outras crianças não fizessem exatamente a mesma coisa, mas aquela era a minha criança. E eu era o pai dele.

Chegamos no carro, eu destravei as portas com o controle do alarme, abri a porta de trás, ele se enfiou na sua cadeirinha, eu bati a porta. Dei a volta, abri a porta do motorista. Entrei. Dei a partida e comecei a dirigir.

Depois de algum tempo no trânsito, perguntei a ele como tinha sido o dia na escola. Era uma pergunta que eu sempre fazia. E, de alguma forma, mesmo que não fosse a minha intenção e que eu quisesse mesmo saber do dia dele, aquela frase já tinha se tornado uma *performance* automática. E, dessa forma, parecia ter perdido a sua verdade e a sua motivação. Já que eu sempre ia perguntar, eu não deveria realmente querer saber. Eu não sei se era esse o motivo, mas Martim sempre respondia de forma lacônica. "Legal", era o que ele dizia na quase totalidade das vezes. Em geral, sem sequer desviar o olhar do mundo do lado de fora da sua janela. Na verdade, o carro era um dos seus poucos momentos de silêncio. E, mesmo que várias vezes, em outros momentos, eu acabasse pedindo que ele ficasse um pouco quieto para que eu pudesse dar conta dos meus pensamentos, o seu silêncio no carro várias vezes me incomodava, e eu o interrompia com um intrusivo "o que você está pensando aí atrás?".

Eu olhei para ele pelo retrovisor e, depois de responder o "legal" de praxe, ele continuou olhando para o mundo que se deslocava do lado de fora da janela. Eu voltei a olhar para frente enquanto acelerava e freava o carro em intervalos tediosos.

O trânsito estava parado, como era de costume naquele horário. O céu estava cinza e o ar parecia abafado. Mas eu não sentia a temperatura do lado de fora em função do ar-condicionado do carro que estava fixado em 22 graus Celsius. Busquei o celular jogado no banco do carona em um movimento automático para preencher o tédio, olhei o WhatsApp e vi uma mensagem de Diego. Eu não recebia uma mensagem dele há alguns anos, de modo que me pareceu estranho. Eu abri a mensagem e li:

"Olha o que eu achei aqui em uma máquina antiga".

E, em seguida, um arquivo de imagem.
Eu cliquei em cima da imagem e esperei que ela abrisse.
Era uma foto minha entre Diego e Leo. Os três abraçados em frente do jipe vermelho que serviu para a viagem que fizemos nas vésperas da morte de meu pai. Nós estávamos posando para a câmera. Os três sorrindo.
Eu olhei o meu rosto com atenção, tentando me reconhecer.
Em seguida, eu me perguntei quem tinha tirado aquela foto. E pensei se poderia ter sido o meu pai. Não, isso não fazia sentido. Ele não estava em Brasília quando partimos para a viagem. Ele já havia se mudado para Paraty. Eu aumentei a foto com os dedos. E olhei com mais atenção para o sorriso que estava montado no meu rosto. Teria sido o pai de Diego quem tirou a foto antes da nossa partida? Nesse instante, fui atravessado por uma sensação de estranhamento. Um nó se formou na minha garganta. E eu me lembrei do olhar da funcionária da companhia aérea no momento do

embarque do voo para o Rio de Janeiro no ano de 2004. E a minha sensação de não existir aos olhos dela voltou com toda força. As lágrimas escorreram pelo meu rosto. Era como se eu estivesse de volta àquele momento.

Dezesseis anos haviam se passado e eu continuava me sentindo da mesma forma. Eu continuava lutando para ser adulto, mas não adiantava. Eu tinha medo. Eu era pequeno. Eu olhei para Martim pelo retrovisor e ele continuava observando o lado de fora.

Uma parte de mim quis que ele percebesse o que estava acontecendo, como se eu precisasse de uma testemunha. Mas o que o meu filho tem a ver com isso? Nada. Ele não tem a responsabilidade de cuidar de mim.

QUARTO PRINCÍPIO

Na nossa vida, em função das regras que regem o nosso ambiente, quando as necessidades emocionais entram em conflito, nos vemos obrigados a priorizar a satisfação de uma necessidade em detrimento de outra.

ENUNCIADO PROVISÓRIO
PARA UMA VIDA POSSÍVEL
[1 + 2 + 3 + 4]

1. A consciência só ocorre com os erros de previsão. E só a partir da consciência algum aprendizado é possível.

2. Com o erro de previsão decorrente do desvio homeostático, surge a experiência afetiva negativa. E só é possível a correção do desvio se a experiência negativa for reconhecida.
3. Parte fundamental dos erros de previsão e das nossas experiências afetivas está ligada às necessidades emocionais. E é só na relação com os outros que nossas necessidades emocionais podem ser satisfeitas.
4. Na nossa vida, em função das regras que regem o nosso ambiente, quando as necessidades emocionais entram em conflito, nos vemos obrigados a priorizar a satisfação de uma necessidade em detrimento de outra.

CAPÍTULO 5

Condenado a *repetir*

O ÚLTIMO TELEFONEMA

Era manhã do dia 3 de agosto. A véspera da manhã do dia seguinte, na qual eu receberia a notícia da morte do meu pai. Na noite desse mesmo dia 3, em torno das 10 horas, meu pai teria um aneurisma da aorta e a sua morte aconteceria em alguns segundos. Mas eu não sabia de nada disso quando despertei ao som do telefone tocando no escritório da minha mãe, no andar de baixo.

Ao contrário do dia seguinte, que ficou marcado em minha memória nos mínimos detalhes, desse dia 3 eu me lembro de pouca coisa. E praticamente tudo o que ainda existe em mim dos acontecimentos desse dia tem a ver com o fato de serem os eventos que vieram justamente antes da morte do meu pai. Ou seja, foi só depois que ele já tinha acontecido que eu passei a olhá-lo.

No dia seguinte, com o presente iluminado pela intensidade absurda da morte, eu olhava para tudo enquanto acontecia. Eu via tudo. Ainda que de maneira insuportável, mas eu via absolutamente tudo. E parte dessa luz se voltou para o que veio antes. Para o dia anterior. Para o que aconteceu antes do dia da morte do meu pai. Para o dia que viria a ser o último dia da vida do meu pai. Mas que, enquanto acontecia, ainda era só mais um dia, e não o último dia da sua vida. E não era possível de maneira alguma que essa distinção fosse feita enquanto as coisas se passavam. Enquanto a vida simplesmente estava seguindo o seu rumo de aparente normalidade, na qual a morte é constantemente esquecida e negada. Não era possível saber de maneira nenhuma que aquele diálogo que eu tive com ele nessa manhã, quando finalmente atendi o telefone que soava insistentemente, viria a ser o último diálogo que eu teria com ele. Mas depois, com a morte dada, aquele diálogo ganhou o peso daquilo que poderia ter sido e fatalmente não foi. De tudo que eu poderia ter dito e não disse. De tudo que eu poderia ter perguntado e não perguntei. De tudo que eu poderia ter feito e não fiz. E a pergunta que se manteve em minha cabeça por muito tempo era o estúpido "e se…". E se eu tivesse feito de outra maneira? E se eu tivesse dito outras coisas? E se eu tivesse ouvido de fato aquilo que ele tinha para dizer? Mas o caso é que esse "e se eu tivesse…" só é possível, necessariamente, depois. Depois da morte dada é que se pergunta "e se…". Antes, é só a vida acontecendo. É assim que a coisa funciona. É só depois que é possível olhar para trás. Durante, não vemos nada. Só seguimos adiante, da maneira que for possível. E não da melhor maneira. Fazemos sempre o possível e nunca o melhor. O melhor não existe durante. Ele não poderia existir. O melhor só passa a existir depois, quando as coisas *já são*. É aí que ele surge com uma obviedade perversa, como se sempre tivesse estado lá, e nós é que escolhêssemos, por alguma razão misteriosa, negligenciá-lo.

Eu desci as escadas com a cabeça pesada. Estava sozinho em casa e tinha bebido na noite anterior. Eram precisamente 7h da manhã, como eu tinha acabado de ver no despertador na mesa de cabeceira ao lado da cama. E, enquanto descia as escadas, eu sentia raiva do meu pai por saber que era ele que ligava àquela hora e por saber que ele não tinha nada a dizer que pudesse me importar.

Eu cheguei até o escritório, puxei o telefone do gancho e disse:

— Alô.

— Oi, filhinho.

— Oi, pai.

— Novidades?

— Nada pai. Acabei de acordar.

Esse era sempre o começo do nosso diálogo. Necessariamente. Eu já sabia disso. Eu respirei fundo e olhei para o teto com um tédio enorme por me sentir obrigado a passar por aquela repetição. A conversa seguiria, nada seria dito, nada iria adiante. Aquilo não parecia ser a minha vida, aquilo parecia ser uma interrupção na minha vida. Em momentos da minha infância, tudo o que eu mais queria era poder conversar com meu pai. Ele se interessava pelos meus assuntos e eu pelos dele. E, por muitas vezes, os nossos assuntos eram os mesmos. De modo que eu esperava ansiosamente o momento no qual ele voltava no fim do dia para que pudéssemos falar. Ou mesmo escolhia ir para a rua com ele a fim de resolver qualquer coisa prática da sua vida apenas para estar ao seu lado. Mas isso tudo havia mudado desde que ele deixou de morar na nossa casa. Ele continuou:

— Filhinho, sabe que eu fiquei pensando e eu decidi uma coisa aqui que eu queria falar com você pra ver o que você acha.

— Fala, pai.

— É que eu decidi que eu não vou morrer.

— É mesmo, pai? Como é isso?

O tom da sua fala tinha algo de jocoso. Mas não se tratava exatamente de uma piada ou de uma brincadeira. Às vezes, com ele, era difícil discernir. Ele era tão tomado pelas próprias fantasias que as coisas se misturavam em muitos momentos, especialmente ao longo dos últimos anos. De certa forma, ele se via tão imerso naquilo que era capaz de imaginar, que a imaginação em si ganhava valor de verdade, e se tornava algo que de fato existia. De modo que ele sabia que aquilo não era uma coisa do mundo, como o aparelho de telefone que arrastava a sua voz até o meu ouvido e vice-versa, mas o fato de poder visualizar aquilo com tanta clareza em seu teatro mental conferia literalmente existência aos pensamentos. O que não deixava de fazer algum sentido. E como, por muitas vezes, o seu pensamento carregava um valor revolucionário e inaugural, aquilo acabava por alterar o seu humor de maneira completa. O resultado era que ele se via eufórico com o que era capaz de pensar. Ou paranoico, caso a sua fantasia carregasse um valor de ameaça. Nos momentos de euforia, ele ria consigo mesmo daquilo que estava dizendo. E nós, os outros, ocupávamos um lugar que estava entre o de interlocutor e o de espectador. Nesses momentos de euforia, podia parecer que o que ele estava dizendo era uma piada, quando na verdade se tratava de uma epifania para ele. Uma descoberta fantástica que ele havia feito em meio aos escombros, ao caos do mundo material. Esse me pareceu ser o caso naquele momento. Ou seja, ele havia feito uma descoberta fantástica, que só cabia a ele ter feito, e precisava partilhar a sua epifania com alguém. Naquele momento, esse alguém era eu. Ele seguiu:

— O que aconteceu foi que eu fiquei pensando aqui com que idade eu gostaria de morrer.

— Aham.

— Eu pensei que eu podia morrer com cem anos. Mas, aí, eu não achei bom. Aí, eu pensei que eu podia morrer com 120 anos. Depois, eu pensei que eu podia morrer com 150 anos. Mas, aí, eu não achei bom também. E, aí, eu pensei que o bom, bom mesmo, era não morrer! Que que você acha?

— Ué, pai, acho bom.

— Não é?!

— Eu não sei se as pessoas sabem que tem essa opção. Tem que falar pra elas — respondi.

    O tom da minha resposta tinha algo de cínico. E exausto. Eu não acreditava que ele quisesse ter realmente um diálogo a partir daí. Ou simplesmente não me importava. Talvez a intenção dele fosse diametralmente oposta. E aquilo que ele dizia se travava de um início de uma possível conversa sobre a morte e sobre a vida. Mas isso não dizia nada para mim. Naquela altura, tudo o que eu queria era ter um pai normal, por assim dizer. Um pai que tratasse das coisas como são e não como poderiam vir a ser. Um pai que lidasse com a concretude da vida. Eu sentia raiva e vontade de me afastar dele quando ele começava a abrir janelas desse tipo. O que acontecia o tempo inteiro. Quando eu era criança, havia algo de mágico nisso. Como se, em muitos momentos da vida, estivéssemos no mesmo nível. E a minha imaginação fizesse também sentido porque a dele fazia. Dessa maneira, tudo ganhava contornos mais fantásticos. O mundo em si. E as fronteiras eram mais borradas. De modo que, talvez também em função disso, eu acreditei até uma idade avançada que eu era, na verdade, capaz de voar – ou pelo menos efetuar pequenos impulsos de voo se estivesse nas condições adequadas – e que tinha sido abduzido por ETS. Não que isso viesse dele, é claro que não. Isso era a minha imaginação. Mas como eu tinha um pai que imaginava tanto quanto eu, por assim dizer, tudo era possível. E a realidade estava permanentemente povoada pela minha fantasia. Misturada a ela. Os limites não eram claros. Tudo estava no mesmo plano. Mesmo quando ele tinha acessos de raiva em função das suas fantasias enquanto eu ainda era criança, aquilo fazia algum sentido. É claro que eu não era capaz de elaborar tudo isso. E é claro, também, que esses acessos de raiva me deixavam completamente apavorado. Mas, de certa forma, aquilo fazia sentido. Eu também tinha acessos de raiva. Ele era como eu. Além disso, os acessos de raiva que tomavam conta dele não estavam direcionados a mim na imensa maioria das vezes. Estavam direcionados ao meu irmão, à minha mãe e ao resto do mundo. E isso me importava menos, o resto do mundo.

 O caráter positivo dessas fantasias começou a perder terreno quando ele passou a atuá-las cada vez mais frequentemente no mundo real. Quando a euforia perdeu espaço para a paranoia. E quando o que ele imaginava, e desejava, já não girava em torno da minha figura, como eu tinha a impressão de ser o caso antes. Ou seja, o seu cenário de fantasia já não era ser meu pai. Com esse movimento, a morte, que sempre esteve presente em seu discurso – seja de maneira direta, com os constantes escárnios em relação à figura da morte, seja de maneira indireta, com uma exaltação absoluta ao valor da vida – passou a ganhar espaço. Ele falava cada vez mais sobre a morte. Cada vez mais ameaçado por ela.

Em uma ocasião, alguns anos depois que ele havia se separado da minha mãe, eu devia ter algo como 14 anos, ele me explicou, enquanto dirigia um carro conversível de segunda mão que havia acabado de comprar, que tinha decidido se separar da minha mãe depois de contar quantos dias de vida faltavam a ele caso vivesse até os 80 anos. A soma era, segundo ele, assustadoramente pequena: 9.855 dias. No momento em que o diálogo entre nós acontecia, segundo ele, a soma já era muito menor: 9.170 dias. De modo que era preciso se apressar.

Uma outra vez, muitos anos mais tarde, durante o nosso almoço semanal, que acontecia às quartas caso meu pai estivesse em Brasília, ele resolveu me dizer que havia decidido ser embalsamado. Já que não pareciam boas as hipóteses de estar preso em um caixão ou de ser queimado dentro de um forno, aquela parecia ser a única alternativa. Disse que gostaria que o seu corpo fosse colocado de pé no fundo do quintal da nossa casa, ao lado do canil dos cachorros. E ele esperava que eu levasse adiante os aspectos práticos para que isso se tornasse possível. Nesse dia, não havia nada de descoberta ou de euforia em sua fala. Ele pensava mesmo no embalsamamento como uma única alternativa. Eu simplesmente fiz que sim com a cabeça e ouvi a coisa toda em silêncio enquanto engolia a minha comida o mais rápido possível.

Mas, naquela manhã, ao telefone, o silêncio não era uma alternativa. Tanto pelo meio em si no qual o diálogo se dava quanto pela sua empolgação com a possibilidade de decidir não morrer. Talvez por isso, e pela minha exaustão, eu tenha respondido da maneira que respondi. De uma maneira cruel, eu havia perdido completamente o respeito e a admiração por aquilo que o meu pai dizia. Mais ainda: a adoração que eu antes sentia havia se transformado em algo que se colocava entre uma raiva intensa e uma vergonha constante. Como era possível, afinal, que o meu pai tivesse se tornado tão diferente do que ele era? Ou isso sempre havia estado lá e era eu que nunca tinha sido capaz de ver em função da minha proximidade e da minha idealização? De certa forma, hoje eu sei, é impossível que um filho arrebente a idealização do seu pai antes do tempo. É simplesmente arriscado demais. Um filho depende dessa idealização para acreditar que o mundo é seguro. Para acreditar que tudo vai ficar bem e que a morte simplesmente não existe. Ou, se existe, que não o ameaça. É assim que é. É assim que tem que ser. É a única alternativa para apaziguar a angústia. A idealização do pai é uma ferramenta fundamental para que essa criança possa seguir adiante. Para que ela possa brincar sem medo. Ou pelo menos para que ela possa brincar sem que o medo a paralise por completo. De modo que em uma definição circular, tautológica, só é possível romper a idealização do pai quando é possível romper a idealização do pai. Nunca antes. E esse tempo pode vir aos 8 anos, aos 12 anos, aos 30 anos. Ou pode nunca vir.

Num outro aspecto da coisa, é possível pensar que essa ruptura aconteça de uma maneira gradual, em um momento no qual essa criança já constituiu alguma segurança nas próprias capacidades, e isso é operado dentro dela como um luto possível da perda do pai ideal. Ou essa ruptura pode vir, por assim dizer, antes do tempo, quando essa criança – ou mesmo esse adulto decorrente da criança – ainda não se vê capaz de enfrentar as ameaças do mundo, e esse luto vai ser experimentado com negação e ódio. De certa forma, essa segunda alternativa era o meu caso.

E foi preenchido por esse ódio, ainda que não declarado, que eu interrompi o fluxo de associações fantásticas que ele fazia:

— Pai, posso te ligar mais tarde?

— Pode, ué, que horas?

— À noite, pode ser?

— Pode. Mas à noite que horas?

Havia uma ansiedade na voz dele, que era comum nesse período da sua vida. Ele se sentia sozinho. Havia se mudado há poucas semanas para Paraty. Meu irmão tinha ido visitá-lo em sua casa nova, mas eu não. Há menos de 10 dias, tinha sido o meu aniversário de 22 anos. Eu estava fazendo uma viagem com dois amigos, Diego e Leo, no jipe que ele havia me dado de presente. E o jipe quebrou na estrada no primeiro dia do percurso. Naquele momento, eu não percebia como um luxo que meu pai tivesse me dado um jipe de presente. Eu simplesmente sentia raiva que ele tivesse me dado um jipe velho que havia quebrado no seu primeiro dia de uso, por assim dizer. Ficamos presos na estrada e ele insistiu que eu fosse até Paraty passar o aniversário com ele. Eu disse que não e segui outro caminho. E acabei, em última instância, retornando à Brasília. E eu não me senti culpado por isso. Ao longo dos últimos anos, meu pai havia morado em muitas cidades diferentes. Durante os primeiros meses, em seu discurso, aquela nova cidade parecia uma grande descoberta, tudo parecia extraordinário. As pessoas, o lugar, a comida, algum aspecto histórico específico que aquele lugar representava, um novo trabalho, novas perspectivas. Aos poucos, ele ia deixando de enaltecer o lugar. E, logo em seguida, eu descobria que ele estava prestes a se mudar para um novo destino. Algumas vezes ele fazia retornos à Brasília. Especialmente nos primeiros anos depois da separação, mas depois cada vez menos. Ele descrevia Paraty como o seu destino final. Dizia que nunca iria se mudar dali. Dizia que tudo tinha sido, na verdade, para que ele chegasse ali, no fim das contas.

A CENA DO RIO

Ele de fato tinha uma relação específica com aquela cidade.

Quando tinha 15 anos e morava ainda no Mato Grosso do Sul, tomou a decisão de sair de casa. Ele precisava sair de lá, como havia me contado. Não suportava mais viver com a mãe e com o pai. Eu perguntava o porquê e ele não dizia exatamente. Ele simplesmente dizia que tinha que sair de lá o quanto antes. Dizia que a vida dele não era lá. Ao mesmo tempo que se referia às figuras do pai e da mãe como maravilhosas. Toda narrativa que ele trazia dos dois tinha tons edificantes e fantásticos. Ambos, o pai e a mãe, eram figuras de exceção e de coragem, cada um à sua maneira. E tudo o que ele tinha pelos dois era admiração, agradecimento e saudade. De maneira similar, ele se referia à fazenda do avô, onde havia sido criado grande parte da sua vida, quando os pais, por alguma razão que ele nunca soube me explicar muito bem, não puderam ficar com ele. A sua história sobre a própria infância era prenhe de momentos maravilhosos e de lacunas. A mãe era rigorosa como uma rocha, mas nunca dura como uma pedra. O pai era sensível e distraído, mas nunca instável e alheio. O avô era a própria encarnação da lei e da ordem, mas nunca violento. De uma maneira curiosa, nada daquilo me parecia estranho. Fazia sentido. Tudo aquilo fazia sentido como fazia sentido tudo o que ele me contava enquanto eu era criança. Aquilo, para mim, era a tradução do mundo. O que saía da boca do meu pai era a própria história do mundo. O que ele dizia fazia o mundo existir para mim, seu filho. De modo que simplesmente não fazia sentido colocar nada daquilo em questão, já que aquilo era o mundo em si. E, de modo geral, não estamos dispostos a colocar o mundo em si em questão.

 Isso se sustentou até que ele me contou a narrativa da sua saída, do dia em que partiu dali. Ele havia decidido ir para o colégio naval, que ficava em Angra dos Reis, próximo de Paraty. A sua mãe havia ficado contrariada com a ideia de perder o filho, segundo ele dizia. O pai não havia se oposto à sua decisão de partir. Mas esse detalhe só havia surgido depois da minha pergunta sobre o que o pai dele tinha achado. "Meu pai entendeu", foi o que ele me respondeu. De modo que a única força contrária era a sua mãe. Eu achei aquilo um pouco estranho, mas nada além disso. De alguma forma, parecia razoável um pai respeitar a decisão do filho de sair de casa. E, mais que isso, considerando que esse filho era o meu pai, a imagem que eu fazia dele era sempre maior do que aquela que eu seria capaz de fazer de qualquer outra pessoa. De modo que ele com 15 anos na minha cabeça já parecia ser capaz de tudo. Ao passo que eu, com 21 no dia em que ele me contava essa história, enquanto fazíamos uma viagem de carro pelo interior da Bolívia, não me sentia capaz de quase nada. Ele dirigia o carro e eu estava ao seu lado enquanto ele falava sobre aquele dia. Essa mesma cena, ele dirigindo o carro por uma estrada qualquer e eu ao seu lado, se repetiu incontáveis vezes ao longo da minha vida. Em todas as vezes, ou quase todas, ele contava narrativas da sua infância. E eu sabia que ele havia saído de casa com 15 anos. Mas ele nunca havia me contado a narrativa daquele dia específico. Foi só naquele momento que isso veio à tona. Naquela que viria a ser a última viagem que fizemos juntos.

○

A sua mala estava pronta e o ônibus partiria no fim do dia. Ele estava ansioso. E a sua mãe não dizia nada. O seu pai não estava em casa. Eu não perguntei onde o seu pai estava ou o porquê de seu pai não estar em casa no dia da partida do filho. Eu não tinha conhecido o meu avô. Ele havia morrido muito antes do meu nascimento. E ele só existia para mim nas narrativas do meu pai. Ou seja, o seu pai era só aquilo que meu pai me dizia que era. Talvez a primeira vez que eu tenha perguntado algo sobre o pai dele tenha sido exatamente sobre o que ele tinha achado da sua decisão de partir. E como a resposta havia sido sintética e havia me satisfeito, a minha dúvida sobre a sua figura havia se encerrado ali. De modo que o seu pai simplesmente não estava em casa no dia da partida do filho. Ele estava sentado na cama em seu quarto com a sua mala pronta. A sua mãe bateu na porta entreaberta e disse: "Olha quem veio se despedir de você". Era a sua prima Carmem. Dois anos mais velha do que ele, ou seja, então com 17 anos, por quem ele sempre havia nutrido um forte desejo sexual. Ou um tesão enorme, como ele descreveu enquanto dirigia. "E a minha mãe sabia! É claro que ela sabia!". E deu uma risada. A sua mãe sabia que ele sentia um tesão enorme pela sua prima Carmem, dois anos mais velha do que ele e, exatamente por isso, tinha a trazido ali. Com a esperança de que isso pudesse impedir a sua partida. "Por que vocês dois não vão tomar um banho de rio?", a mãe perguntou. Ele não soube o que responder. Carmem simplesmente sorriu. A mãe então pegou um biquíni de duas peças, vermelho, que era da irmã mais nova de meu pai, que eu não cheguei a conhecer porque ela também morreu antes que eu nascesse, e deu a Carmem para que ela usasse. Carmem de pronto aceitou e foi até o banheiro se trocar. A mãe dele esperou com um sorriso no rosto, parada na soleira da porta. Enquanto isso, dentro dele, um misto de excitação e pavor.

Os dois caminharam até o rio. Carmem na frente e o meu pai logo atrás. Nenhum dos dois dizia nada. Num dado momento, Carmem perguntou ao meu pai o que ele queria indo para o colégio naval, e ele respondeu que queria estudar. Ela fez que sim com a cabeça. Os dois finalmente chegaram à beira do rio. Carmem tirou o short que usava e a blusa que cobria a parte de cima do biquíni vermelho. Carmem tinha os seios fartos, ao contrário da irmã de meu pai, que tinha os seios pequenos.

Em função disso, os seios de Carmem pulavam para fora do biquíni, de acordo com o que o meu pai me descreveu, tomado de uma exaltação intensa enquanto acelerava pela estrada de terra no interior da Bolívia. Ela pulou no rio. Submergiu e depois retornou à superfície. O tecido molhado pela água do rio tornava ainda mais difícil a tarefa do biquíni de contenção do volume dos seios. E o meu pai sentiu o seu pau ficando duro dentro da sunga, como ele disse. "Você não vem?", ela perguntou. Ele estava apavorado. Sabia que, se pulasse na água, iria acabar transando com ela, ou "comendo ela", como ele disse. E que, se isso acontecesse, ele nunca mais conseguiria deixar a cidade. Esse era exatamente o plano de sua mãe e a razão que a levou a arquitetar aquele acontecimento. Ele teria que se casar com Carmem, segundo ele, e tudo estaria acabado. De modo que ele não podia pular na água. Mas, ao mesmo tempo, a humilhação de não pular, de fugir do que se apresentava naquela oportunidade era simplesmente grande demais. De modo que ele se via paralisado. Ele então arrancou a própria roupa enquanto ela estava com a cabeça dentro d'água, para que ela não visse o volume na sua sunga, pulou na água e nadou para longe. Enquanto os dois estavam juntos na água, ele se manteve assim: sempre em movimento, nunca perto demais de Carmem. Ele sempre na periferia, em movimento, e ela no centro, como um ímã, que atrai e repele. Como se ele rodeasse a presa antes de atacar, mas a presa era ele mesmo. A cada vez que olhava para ela e percebia a sua pele arrepiada pelo frio da água e seus mamilos rígidos dentro do biquíni, ele sentia a pressão do próprio pau dentro da sunga e nadava um pouco mais. No fim, ele conseguiu se livrar. Ela eventualmente se cansou da brincadeira que não evoluía para canto algum e saiu da água.

    Enquanto ele me contava isso, eu sentia um misto de excitação sexual pela cena em si e de horror por imaginar uma situação como aquela. Uma mãe que pudesse fazer isso com um filho. E, mesmo que a coisa não tivesse se passado dessa forma, ele havia imaginado isso sobre a sua mãe: ela queria que ele "comesse" a prima usando o biquíni vermelho da irmã na beira do rio e fosse, então, condenado a nunca mais sair da cidade. Essas foram as palavras finais dele, o seu diagnóstico, sobre a situação como um todo. E ele riu. Na verdade, ele riu diversas vezes durante a narrativa. Aquilo havia acontecido há mais de 40 anos. Ele já parecia estar suficientemente afastado da situação a ponto de achar graça, mas, ao mesmo tempo, a sua escolha ao ter editado aquela porção da sua história e só ter revelado essa cena àquela altura podia indicar que não era assim tão simples o conteúdo que o relato trazia. Ele me contava aquilo como se já pudesse me contar, afinal eu já tinha 21 anos. E isso não tinha nada a ver com o conteúdo sexual da narrativa e com um suposto interdito em função disso. Ele falava abertamente sobre sexo comigo há muito tempo. Talvez abertamente demais, talvez há tempo demais. De modo que não era por isso que ele não havia me contado, me parecia.

    Eu senti pena dele. E a imagem dos seios de Carmem, com seus mamilos enrijecidos e a sua pele morena arrepiada, e do pau duro do meu pai adolescente dentro da sunga ficaram impressos na minha mente de maneira intensa.

PARATY

    O caso é que ele havia conseguido partir. Seguiu para o colégio naval e esteve lá por quase 3 anos, quando sofreu um acidente, quebrou o fêmur e teve de fazer um procedimento cirúrgico. A cirurgia não correu bem, segundo meu pai. Ele teve um choque anafilático com a anestesia e quase morreu. Logo depois, o cirurgião percebeu que a emenda não havia ficado boa e que ele teria de refazer o procedimento, mas dessa vez sem anestesia em função dos riscos. O cirurgião quebrou de volta o fêmur dele fazendo uma alavanca com os próprios braços enquanto ele mordia um pedaço do lençol. Em função disso, ele tinha a perna esquerda dois centímetros mais curta do que a direita. Assim, quando ficava de pé na perna direita, ele media 1,91 m; e, quando ficava de pé na perna esquerda, ele media 1,89 m. Esse detalhe sobre o meu pai era especialmente importante para mim, entre outras razões porque era fundamental que eu ficasse mais alto do que ele. E, quando eu parei de crescer, com 20 anos, eu tinha 1,90 m. O que queria dizer que eu era maior do que ele desde que ele estivesse de pé na perna esquerda.

    Enquanto esteve no colégio naval, antes do acidente com a perna, entre os 15 e os 17 anos, ele tinha uma liberação para sair aos sábados. E, junto com os seus colegas, ele ia até Paraty. Bebia cachaça e tentava transar com alguém. E aquele parecia ter sido um período de total libertação para o meu pai. De modo que Paraty era uma cidade que guardava toda a representação da potência dele. Ao longo da vida, nós fomos até lá diversas vezes e ele repetia as mesmas histórias dessa época e dizia que iria voltar a morar ali. Que aquele era o melhor lugar que poderia existir. Enquanto falava isso, ele não percebia que aquele lugar ao qual se referia era o lugar da sua juventude, e não o lugar da cidade. De qualquer forma, levando as coisas ao pé da letra e trazendo as suas fantasias para o concreto, ele havia de fato voltado para a cidade no fim da sua vida, que não parecia um fim, e sim um novo começo. Mas, ao contrário de antes, ele se sentia só. E, em função disso, ligava para os filhos todas as manhãs. Pelo menos era assim que eu interpretava aqueles telefonemas, no meio da minha frustração por ter um pai que havia se perdido em busca da sua própria história, e não mais da nossa.

10 HORAS

Enquanto ainda me mantinha de pé, com os olhos fixados na parede de tijolos e o telefone grudado ao ouvido direito, eu sabia que tinha de marcar uma hora com ele para que ele ficasse satisfeito e eu pudesse desligar. Não adiantava apenas dizer que eu iria ligar à noite. Então, eu disse:

— Dez horas, pode ser?

— Dez horas?

— Isso.

— Tá bom, mas liga mesmo que eu tenho uma coisa importante pra falar com você.

— Tá bom, pode deixar que eu ligo. Um beijo, pai.

— Um beijo, filho.

Ele certamente não tinha nada de importante para falar comigo, foi o que eu pensei quando desliguei o telefone. Ele nunca tinha nada de importante para falar. Apenas planos inequívocos para o encontro com a felicidade.

E, quaisquer que fossem, nunca iam adiante. Eu simplesmente não me interessava mais. Aquilo que antes era a base da nossa relação – a fantasia – agora havia se tornado um desgosto para mim. E um sinal de que me pai não estava mais lá.

Eu fui até a cozinha, bebi um copo d'água e olhei o relógio. Eram 7h20. E eu me perguntei se era capaz de voltar a dormir. Eu tinha uma aula às 8h e, na véspera, quando me deitei bêbado, havia planejado não ir. Mas como já estava acordado, decidi seguir para a faculdade e tentar assistir à aula. E assim o dia seguiu como qualquer outro.

Não havia nada no começo daquele dia que me fizesse imaginar que aquelas palavras ao telefone seriam as últimas palavras que eu trocaria com meu pai:

"Um beijo, pai".

"Um beijo, filho".

NO PRINCÍPIO, ERA O LEITE

No princípio, somos todos iguais. Todos precisamos de algum alimento para sobreviver logo que nascemos. E, para todos nós, esse alimento é o leite materno. Essa é a regra. Temos uma necessidade. É preciso que essa necessidade seja satisfeita, do contrário, o que se estabelece é a morte. A satisfação dessa necessidade garante a manutenção, sempre provisória, da vida. Por enquanto, você está alimentado e vivo. E o primeiro objeto de satisfação – aquela coisa no mundo que dá conta de resolver esse desequilíbrio, esse *erro de previsão* – dessa necessidade específica é sempre o leite materno. Sempre. Logo adiante isso pode mudar. Mais adiante isso vai necessariamente mudar. Mas, no início é sempre assim que a coisa funciona. É claro que existem bebês que já são colocados na mamadeira no primeiro momento. Mas a mamadeira nada mais é do que um simulacro da previsão. O ponto aqui não é esse. O ponto aqui é que todos nós precisamos de leite para sobreviver. Todos nós somos absolutamente iguais nesse sentido. Temos uma mesma necessidade e um mesmo objeto de satisfação. Não há nada de variável aí. Somos bichos como outros quaisquer nesse aspecto. O objeto de satisfação da nossa necessidade é previsto evolutivamente. E nós vamos em busca dele por determinações instintivas. Não há nada que precise ser aprendido aí para que a coisa funcione. O aprendizado já foi feito no processo evolutivo. É a isso que se dá o nome de aprendizado *filogenético*. Um aprendizado que foi feito pela nossa espécie durante o longo e tortuoso processo de seleção natural. Ótimo, então. Isso quer dizer que estamos garantidos, certo? Errado.

O BEBÊ E O AMBIENTE

No momento em que um bebê nasce, ele já não é mais um bebê qualquer. Um bebê humano, por assim dizer. Ou melhor, um filhote humano, como poderíamos dizer sobre outras espécies: um filhote de cachorro, um filhote de tigre, um filhote de leão. Ao nascer, ele já tem um nome – pelo menos de modo geral é assim que a coisa funciona, e entendo que não perdemos muito ao fazer essa simplificação com a ideia de que todos nascemos já com um nome – e ele já tem uma família. Uma mãe. Uma mãe que não é uma mãe qualquer, uma mãe que não é simplesmente uma mãe daquela espécie. Uma mãe que é uma pessoa. E é com essa mãe que o leite está. Ou melhor, ela não detém o leite com ela, ela o produz no próprio corpo. E esse corpo é o corpo de uma pessoa. Um corpo com uma história, um corpo com os pais e com os encontros que teve ao longo da vida, um corpo que existe em um momento histórico específico, dentro de uma cultura específica, em um lugar específico do mundo. Ele não é um corpo de uma espécie, ele é um corpo constituído por toda essa carga de subjetividade. E é lá que esse leite é produzido.

O que ocorre então é que, quando esse bebê nasce, ele é apenas um bebê humano. Ele precisa de alimento, e esse alimento é o leite. E ele tem uma sequência de reflexos de sucção para que isso aconteça. Mas esse bebê que nasce, nasce de uma mãe que não é uma *mãe humana*, uma mãe da sua espécie. Ela, no momento do nascimento dele, já é *aquela mãe* que ela é. Aquela mãe cultural, por assim dizer. E é com essa mãe que esse bebê vai ter que lidar para conseguir o que ele precisa. Não com uma mãe da sua espécie, mas com a mãe da cultura na qual ele nasceu. Com a mãe da família na qual ele nasceu. E, em função disso, rapidamente, aquilo que era uma regra absolutamente geral – bebês precisam de leite para sobreviver, absolutamente todos os bebês – passa a se especificar de maneira intensa. E isso, em última análise, leva à constatação de que cada um de nós, dos 8 bilhões que somos apenas no presente desse mundo no qual vivemos – sem sequer considerar todos que já foram e todos que ainda virão a ser –, tenha hábitos alimentares absolutamente particulares. Todos nós continuamos com a mesma necessidade de nutrição para a sustentação provisória da vida, mas cada um come o que come da maneira que come.

Ou seja, temos a mesma necessidade a ser satisfeita, mas cada um de nós constituiu, ao longo da sua própria história, os seus objetos de satisfação dessa necessidade e os modos de satisfazê-la. Somos, nesse sentido, absolutamente individuais e únicos. Esse modo de satisfação dessa necessidade em contato com os objetos disponíveis para que ela aconteça deriva daquilo que podemos chamar de um aprendizado *ontogenético*. Ou seja, um aprendizado que se dá ao longo da história desse sujeito específico.

Desde o momento em que nasce, ele passa a colher dados sensoriais da realidade que o cerca, que é, necessariamente, uma realidade cultural. E esses dados indicam as formas mais prováveis de satisfação dessa que é uma necessidade inegociável. Ele precisa se alimentar. A questão é *como* fazer isso. Esse *como* é exatamente o processo alostático para a solução do seu desvio homeostático. Tenho fome, como resolvo esse problema? Esses dados que ele irá colher da realidade são dados de bons caminhos e de maus caminhos. Por aqui funcionou, por aqui não funcionou. E essa é função da memória. Uma série de registros sobre o funcionamento do mundo. Por aqui eu tenho mais chances, por aqui tenho menos chances.

O problema é sempre o mesmo – o desvio homeostático –, mas a solução é amplamente variável. Esses registros vêm acompanhados de impressões afetivas: por aqui funcionou, logo, foi gostoso; por aqui não funcionou, logo, foi desagradável. Redução de tensão, elevação de tensão. Redução de imprevisibilidade, aumento de imprevisibilidade. Mais uma vez, a tentativa, sempre provisória de contenção da entropia através de um trabalho que precisa ser feito no mundo. É exaustivo, mas é assim que é.

ADAPTAÇÃO

Uma das primeiras ferramentas para se conseguir o que se precisa é o choro. Simplesmente porque é eficaz. Logo, bebês choram. Mas, para cada mãe, o choro é ouvido de uma maneira. Ainda que elas todas estejam inundadas de hormônios, cada mãe é uma. Necessariamente, cada mãe é uma. De modo que o choro pode ser ouvido com culpa, com exaustão, com raiva, com amor, com medo. Uma mãe com depressão pós-parto não ouve o choro do seu bebê da mesma maneira que uma mãe muito orgulhosa por ter finalmente conseguido ter um filho depois de inúmeras tentativas frustradas ouviria o mesmo choro. Ainda que esses exemplos sejam sempre simplificações da complexidade que é o psiquismo materno, ou de qualquer psiquismo, por assim dizer, é possível entender a diferença. E o bebê que é filho dessa mãe específica vai ter que compreender como as coisas funcionam. Não é uma escolha dele fazer isso, é simplesmente assim que tem que ser. Ele colhe dados de como a realidade se comporta à sua volta. Em pouco tempo, alguns bebês choram muito mais que outros. Eu não estou dizendo, com isso, que bebês que têm mães que se culpam menos tendem a chorar menos. Ou bebês que tem mães que se importam menos tendem a chorar mais. Infelizmente, ou felizmente, não é tão simples assim. O que eu estou dizendo é que esse ambiente vai necessariamente determinar as estratégias alostáticas de satisfação dos desvios homeostáticos desse bebê.

É simplesmente assim que funciona. Não há outra maneira. É um processo inexorável de adaptação.

Nessa hora, alguém poderia argumentar que cada bebê *já* nasce de um jeito, que cada bebê *já* é um bebê específico no momento do nascimento, e isso seria verdade. Basta ir até uma maternidade, observar por 5 minutos e você chega a essa mesma conclusão aparentemente reveladora. Poderíamos justificar isso com uma diferença na carga genética, e seria verdade. E poderíamos justificar isso com o que aquele bebê já viveu durante o período de gestação, e também seria verdade. Nós já existimos antes do nosso nascimento, é claro. Por outro lado, poderíamos apontar o fato de que gêmeos univitelinos – ou seja, com cargas genéticas idênticas e que passaram pela mesma gestação, por assim dizer – nascem com "temperamentos" absolutamente diferentes. Como isso se explica?

Se não quisermos recorrer a argumentos religiosos, como a presença de almas diferentes em cada um deles, temos que dar conta de explicar isso através daquilo que sabemos, ao contrário de justificar com aquilo que gostaríamos que fosse. O que sabemos é que existe, a cada instante que passa, um processo de adaptação entre necessidades e ambiente. Podemos pensar nisso no que se refere a uma espécie como um todo, e essas são as adaptações filogenéticas. E podemos pensar nisso para cada indivíduo dessa espécie, e essas são as adaptações ontogenéticas. De modo que, se observamos dois gêmeos univitelinos que nascem com comportamentos diferentes, somos obrigados a pensar que eles já passaram por processos de adaptação ontogenética distintos. É simplesmente necessário que seja assim, já que o processo de adaptação filogenética que eles carregam é o mesmo por terem uma carga genética idêntica. Logo, a diferença tem que estar no seu processo de adaptação ontogenética. Então, temos que pensar que, naquele momento em que os observamos, eles já viveram experiências distintas. Por exemplo, um deles tinha uma posição mais privilegiada dentro do útero do que o outro, o que quer dizer que um deles estava enfrentando mais desvios homeostáticos, ainda com pouquíssimas ferramentas para processar e resolver esses desvios. De modo que Pedro nasceu com 2,3 kg e João nasceu com 2,9 kg. E isso, é claro, determina uma série de diferenças, já que Pedro precisou ir para a UTI e João não. A partir daí, nós os chamamos de gêmeos idênticos, quando na verdade esse não é o caso.

O ponto é que ainda estamos falando de um processo de adaptação constante. E ele se dá sempre da mesma maneira. Tenho uma necessidade básica e procuro uma maneira de resolver essa necessidade no ambiente em que me vejo metido. Desvios homeostáticos, soluções alostáticas.

○

Nesse sentido, é necessário pensar que o primeiro e maior conjunto de desvios homeostáticos que iremos enfrentar na nossa vida é exatamente o momento do parto. Ou melhor, a saída do útero. Dentro do útero, tínhamos oxigênio e alimento através do cordão umbilical. A proteção e o calor também estavam garantidos. Não existe nenhum esforço que deve ser feito aí. As estratégias de satisfação alostática já foram todas pensadas no campo filogenético. O bebê precisa dar conta de muito pouco. A imprevisibilidade é muito pequena. Logo, os *erros de previsão* também são raros. A entropia é muito reduzida. A vida dele não *é* um trabalho como a nossa. E, no instante seguinte, tudo passa a ter que ser resolvido *in loco*, sem tempo para ensaio. Os desvios homeostáticos acontecem a cada instante que passa: de início, a dificuldade em respirar pela primeira vez, já que o oxigênio não chega mais de forma natural pelo cordão; e, logo na sequência, fome, frio, sono. Nada disso era um problema até bem pouco tempo. São esses desvios homeostáticos que vão forçar esse bebê a constituir aprendizados de modos de satisfação o mais rápido possível. Do contrário, ele simplesmente não sobrevive. É claro que ele já nasce com uma série de instintos que o ajudam enormemente em um primeiro momento, como a sucção e o choro, por exemplo – que são soluções alostáticas de origem filogenética –, mas esses instintos só dão conta até certo ponto porque, como já vimos, ele vai ter que lidar com um ambiente específico. Não com o ambiente da sua espécie, mas com o ambiente da sua família. E, a partir daí, tudo o que ele fizer vai ser apenas uma maneira de tentar sobreviver nesse ambiente no qual ele se viu nascido.

AS REGRAS DO AMBIENTE

Por mais estranha que essa ideia possa parecer quando olhamos para a nossa própria vida e para a riqueza que ela de fato carrega, tudo o que somos é decorrência desses aprendizados, dessas tentativas de satisfação. Tudo o que somos é decorrência do que tivemos que fazer e aprender para que a nossa vida não se extinguisse. E isso se revela num quadro muito complexo quando observamos a nossa vida, por duas razões: a primeira é que nós temos muitas necessidades ao mesmo tempo, o que gera uma infinidade de conflitos e alternativas; a segunda é que o lugar onde temos que dar conta de satisfazer essas necessidades e conflitos não é um lugar natural, mas sim um lugar cultural. E cada cultura é, ao mesmo tempo que causadora dessa complexidade, também uma consequência histórica desse mesmo ciclo, já que as culturas não estão dadas no mundo *a priori*. Elas se desenvolvem no mundo de forma processual. Desse modo, as culturas são resultantes de tentativas de soluções para desvios homeostáticos compreendidos ao longo do tempo em um grupo social. Assim, podemos pensar que as culturas são soluções alostáticas, elas também, compreendidas em um corpo coletivo e histórico.

○

Mas o bebê, quando nasce, não é capaz de compreender essa complexidade toda. Ele não conhece a sua mãe. Ele não esteve presente nas sessões de terapia dela. E, se estivesse, ele não a compreenderia de qualquer maneira. O que ele tem são suas necessidades e os seus sinais sensoriais do quanto a realidade está sendo razoável com ele ou não. De modo que se, quando ele chora, a sua mãe o chacoalha em vez de o acarinhar, ele simplesmente vai precisar dar um jeito nisso. Ele não sabe da bipolaridade da sua mãe. Esse é apenas um conceito que vai servir, muitos anos mais tarde, para explicar o que ele viveu. E ele vai se descrever dessa maneira, a medida em que ficar mais próximo de alguém: eu sou assim inseguro e ansioso porque a minha mãe é bipolar. Não que isso seja *em si* verdade, já que a bipolaridade é apenas um conceito ao passo que ele e a mãe não são conceitos e sim pessoas, mas é bom o bastante para que ele sinta que existe alguma lógica na sua vida. Por outro lado, se sua mãe nunca tiver ido a um psiquiatra e em função disso nunca tiver sido "propriamente diagnosticada", ele vai ter que dar conta de explicar o seu caráter por outros caminhos. E pode lançar mão, por exemplo, da presença excessiva dos signos de água em seu mapa de revolução solar. O problema é que aquele bebê não tinha nenhum desses conceitos para explicar o que se passava com ele. Ele tinha apenas uma mãe que o chacoalhava quanto mais ele chorasse. E ele tinha que dar conta de lidar com isso porque a outra opção era simplesmente a morte. Ou seja, as suas necessidades tinham de ser supridas por *aquela mãe*, dentro daquele campo de vínculo. Não havia outra alternativa. *Aquela mãe* era o seu ambiente, literalmente. E era nesse ambiente que ele tinha que se adaptar. Não há nada de mais factual do que isso. É claro que podemos considerar a presença de um pai, de uma ou duas avós, de algumas tias, e isso seria verdade. O ambiente não é só a mãe. A mãe é apenas a primeira manifestação desse ambiente, já que ela também faz parte dele. Mas a manifestação do ambiente, ou seja, como o experimentamos no momento da tentativa de satisfação das nossas necessidades, é, literalmente, tudo o que temos. Não existe nada além daquilo, aquele *é* o mundo.

Assim, necessariamente, o primeiro objeto de satisfação de todas as nossas necessidades é justamente a mãe. Não uma mãe qualquer, mas *aquela mãe* específica. E, com isso, nós iremos, desde o primeiro momento, fazer inscrições sobre as características desse objeto. Como ele se parece e como se comporta. A partir daí, como o mundo se comporta, já que aquele objeto *é* o mundo. E essas características produzem os primeiros aprendizados ontogenéticos a respeito de como satisfazer as nossas necessidades dentro desse lugar que é o campo de vínculo inicial. De modo que, literalmente, as respostas que surgem na cabeça de cada criança a respeito de como satisfazer as suas necessidades no campo de vínculo são diferentes. Cada criança constitui um *modelo mental*[26] sobre como dar conta de reduzir qualquer desvio homeostático nesse ambiente. Ou seja, um modelo de *como o mundo funciona* e de como conseguir o que se precisa nesse mundo específico, que é o seu. E esse modelo do funcionamento do mundo e das condições de satisfação das nossas necessidades é tudo o que temos para tentar sobreviver. Para algumas crianças, esse modelo envolve ser agredido antes de ser acolhido, para outras, não. De qualquer forma, o modelo que você constitui a respeito de como as coisas funcionam é o único que você tem e é com ele que você vai seguir. Simplesmente porque não há como ser de outra maneira.

Isso significa que, de uma maneira ou de outra, uma criança vai priorizar a manutenção desse campo de vínculo em detrimento de qualquer outra necessidade, caso isso surja como conflito. Porque é nesse campo que ela parece ter mais chances de evitar o maior dos desvios: a morte.

A parte que cabe à criança no que se refere ao campo de vínculo com a mãe é a necessidade de ser amado por ela. À mãe, cabe a necessidade de cuidar. Com a união desses dois fatores – ser amado + cuidar –, temos o campo de vínculo. De modo que tudo o que o bebê precisa é satisfazer a sua necessidade de ser amado por essa mãe para conseguir sobreviver.

Assim, ser amado é mais importante do que fugir. Ser amado é mais importante do que brigar. Ser amado é mais importante do que dominar. Ser amado é mais importante do que gozar. Ser amado é mais importante do que buscar. **Ser amado é, no início das nossas vidas, mais importante do que qualquer outra necessidade emocional. E isso se constitui em um aprendizado que levamos adiante, mesmo que tentemos evitar.**

Eu não preciso ser amado por um objeto qualquer, eu preciso ser amado por esse objeto, por essa mãe. Esse é o primeiro aprendizado. E é com ele que seguimos adiante: ser amado por esse objeto é mais importante do que qualquer outra coisa.

DESEJO E REPETIÇÃO

Os primeiros aprendizados não são os únicos, é claro. A cada desvio homeostático que se experimenta ao longo da vida acontece um novo encontro com um objeto de satisfação e uma nova modalidade de funcionamento desse objeto. E um novo aprendizado pode ser feito. Pelo menos é possível que seja assim. O problema é a memória, que *já* está lá. Ou melhor, o problema é o *desejo*.

Quando experimentamos um desvio homeostático e encontramos um objeto de satisfação, qualquer que seja a qualidade desse objeto, fazemos uma inscrição de que a nossa necessidade foi satisfeita. Desde os primeiros momentos. A fechadura, nossas necessidades, molda-se à chave, os objetos de satisfação.

A partir daí, no futuro, quando sentirmos mais uma vez esse mesmo desvio homeostático daquela mesma necessidade em questão, algo surge em nossa cabeça como imagem de solução para aquele desequilíbrio: o *objeto de desejo*[27]. Esse objeto é exatamente o registro de satisfação da nossa necessidade. É precisamente para isso que serve a memória. E, na medida em que ele surge, é aquilo que você deseja e não outra coisa. Quando você sente fome, surge em sua cabeça uma imagem de uma solução possível. E, é claro, essa imagem depende daquilo que você experimentou até ali. Cada pessoa imagina a fatia de pizza que imagina, ou o sanduíche, ou o pedaço de carne, ou o prato de macarrão. É aquilo que volta à sua cabeça. Não porque você escolhe, mas sim porque é para isso que a memória funciona: *uma coisa do passado para o futuro*. Da mesma forma, quando sentimos necessidade de ser amados, o que é que retorna à nossa cabeça se não aquela mãe específica que foi a nossa? É claro, mais uma vez, que podemos ter também a figura de um pai, de uma ou duas avós, de uma tia, mas esse não é o ponto. O ponto é que, com poucos anos de vida, quando você sentir necessidade de ser amado no meio do recreio no colégio, a imagem que retorna, o seu objeto de desejo, já é aquela mãe. Com tudo o que ela carrega. E é esse objeto que você irá buscar. Ou algo que se assemelhe a ele. Afinal, esse é o melhor que você pode fazer. Essa parece ser a estratégia mais segura e mais garantida de redução do desvio homeostático. Assim, seguimos ao longo da vida: com os primeiros objetos de satisfação servindo como modelo daquilo que temos de conseguir encontrar no mundo. E isso está muito longe de ser uma escolha. Isso é simplesmente o melhor que podemos fazer. Tentamos retornar para o objeto. Repetimos.

NECESSIDADES E OPORTUNIDADES

Além disso, estranhamente, é possível que você se sinta subitamente com fome quando vê um anúncio de chocolate na televisão, ou de qualquer que seja o seu objeto de satisfação. A nossa cabeça funciona assim. Quando percebemos uma oportunidade de encontro com o que seria um objeto possível de satisfação, mesmo que não estivéssemos exatamente vivendo um desvio homeostático naquele exato momento – ou melhor, que não estivéssemos conscientes daquele desvio homeostático já que ele não estava sendo priorizado pelo nosso sistema –, sentimos a necessidade de satisfação. Ou seja, o desvio homeostático se torna consciente. Isso acontece porque, naquele momento, percebemos, pelos estímulos sensoriais que chegam do mundo, uma chance de redução de um desvio homeostático que não estava sendo priorizado. Uma chance de resolver um *erro de previsão* com pouco gasto energético, já que o objeto de satisfação está disponível. Isso, em última análise, melhora as nossas chances de sobrevivência. O que o nosso cérebro faz é uma regulação constante entre a leitura dos estados internos, as nossas necessidades, e os estímulos externos, as oportunidades de satisfação das necessidades que esses estímulos oferecem. De modo que uma coisa pode subitamente tomar conta da sua consciência e você simplesmente "percebe" que *já* estava com fome[28].

A PIOR ESCOLHA

A mesma coisa pode acontecer com a nossa necessidade de ser amado. Também é possível que nos sintamos subitamente interessados por objetos que se assemelhem aos nossos objetos de vínculo originais quando eles atravessam à nossa frente. Ainda que você não entenda muito bem, existe alguma coisa ali que te diz que aquilo é uma boa ideia. Mesmo que pareça, no seu campo cognitivo consciente, uma péssima ideia. Existe algo que te atrai em direção àquele objeto. O modo com ele se move, a sua voz, o seu cheiro, o seu sorriso, a sua ambiguidade, os seus silêncios. Essas qualidades e características que te atraem nesses objetos são, concretamente, determinadas pela sua história de encontros com seus objetos de satisfação anteriores. É simplesmente necessário que seja assim. Não há nada de escolha nisso, é simplesmente o melhor que você pode fazer com o modelo de mundo que você carrega. O mais seguro que você pode fazer é repetir o seu aprendizado. Ainda que isso te leve a lugares indesejáveis inúmeras vezes.

O mesmo acontece em relação aos conflitos e priorizações entre necessidades. Quando você se via, enquanto criança, tendo que priorizar a sua necessidade de ser amado em detrimento da sua necessidade de fugir e se defender, em função dos surtos de violência da sua mãe, você constituiu uma lógica a respeito de como o mundo e os seus objetos de satisfação funcionam: objetos de satisfação da necessidade de ser amado são agressivos. Logo, é melhor que eu aceite a agressividade e o medo que eu sinto, já que do contrário posso acabar sem o vínculo. Aquilo é o melhor que eu posso fazer. A hipótese contrária é simplesmente a morte. No fundo, sempre tendemos a priorizar o vínculo em detrimento de qualquer outra necessidade. Com isso, a agressividade da sua mãe acaba sendo estranhamente confirmada pela agressividade do seu melhor amigo na escola, que acaba sendo estranhamente confirmada pela agressividade do seu primeiro namorado. E, assim, de maneira inequívoca, você confirma a sua hipótese de que o mundo funciona assim: objetos de vínculo são mesmo violentos. Quando, na verdade, você esteve o tempo inteiro em busca deles. Identificando-os como as melhores alternativas possíveis, já que eram as únicas que você conhecia. E priorizando o vínculo em detrimento da sua necessidade de se defender. E alguém dizer a você que o mundo não funciona sempre assim é simplesmente ingenuidade, já que o seu mundo funciona sempre assim. E você não vive nada além do seu mundo. Ou vive?

De modo que é simplesmente canalha, ou mesmo estúpido, dizer que alguém que se vê metido em uma repetição de relacionamentos abusivos está tentando se fazer mal. O que essa pessoa está fazendo é simplesmente o melhor que ela pode fazer, por pior que seja. Ela não consegue ver outra alternativa. Ela literalmente não consegue ver. Ou seja: a pior escolha que você pode fazer é sempre, literalmente, a melhor escolha que você pôde fazer.

○

As nossas escolhas são um encadeamento lógico das nossas condições prévias, dos aprendizados que constituem o nosso modelo mental a respeito do mundo. Elas, as escolhas, seguem daí como resultante necessária. E só é possível alguma mudança nas escolhas caso exista uma mudança nas condições prévias. E essa mudança só pode ocorrer depois que uma escolha já foi feita. Ou seja, para que se mude uma escolha, é necessário, antes, que se faça uma escolha. O que é um problema de retorno *ad infinitum*.

Ou seja, aquilo que chamamos ingenuamente de "nossas escolhas" é uma aplicação desse modelo já aprendido. É claro que, em princípio, esse modelo se atualiza a cada escolha feita e a cada resultado observado, mas, no momento em que a escolha é feita, ele ainda é o modelo que era antes da escolha ser feita. Antes de ser atualizado.

Depois que a escolha já foi feita – e aqui estamos usando a palavra escolha no seu sentido corrente, já que em rigor não existe nenhuma escolha sendo feita aí –, é muito simples perceber que ela foi péssima. Mas essa análise só é possível porque temos novos dados. E mesmo que você já tenha colhido muitos dados a respeito das suas repetições estúpidas ao longo da vida e que você já saiba que elas são estúpidas, isso não muda nada, a princípio, naquilo que você sente quando vê a propaganda do sanduíche na televisão. Ou quando vê o moço misterioso que acabou de entrar na empresa. Os aprendizados já estão lá. E o que vai fazer é repetir aquilo que aprendeu.

Isso quer dizer que você simplesmente não é responsável por nada do que se passa na sua vida? Não. Isso quer dizer que o nosso processo de aprendizado é um tanto mais complicado e, especialmente, mais difícil de revisar do que gostaríamos de supor.

Assim, mesmo que não faça mais nenhum sentido priorizar o vínculo a qualquer custo na idade adulta, foi aquilo que você aprendeu que precisava ser feito. E existem grandes chances de que você simplesmente continue fazendo. Afinal, a impressão de morte que você sente a cada ameaça de ruptura é tão real quanto na sua infância. A diferença é que agora você não vai mais morrer de abandono. Mas você, no fundo, não sabe disso.

BÊBADO NA COZINHA

Era noite e eu olhei para o relógio da cozinha no exato instante em que os ponteiros marcavam 10 horas. Eu estava bêbado, sentado com alguns amigos à mesa da cozinha. Nós ouvíamos música e falávamos alto, com enorme animação em torno de qualquer assunto. Quando vi que eram 10 horas, eu me lembrei do meu combinado com o meu pai. Era uma terça-feira. Eu não deveria estar bêbado em uma terça-feira, mas minha mãe estava viajando. E eu tinha muito medo de dormir sozinho. De modo que a única saída que eu conseguia encontrar era literalmente estar desacordado antes de dormir. Pensei que o meu pai perceberia o álcool na minha voz. Pensei que eu não queria isso. E isso me deu raiva. Uma imagem atravessou a minha cabeça.

Quando eu tinha 13 anos, a minha mãe havia achado uma garrafa de rum na minha mochila da escola, dentro do meu quarto. O que quer dizer que ela havia aberto a minha mochila em busca de algo. Provavelmente em busca daquilo. O que era justificável considerando que eu havia passado por um coma alcoólico havia pouco tempo. Ela me chamou no quarto, mostrou a mochila aberta e perguntou-me o que era aquilo. Eu respondi que era rum e perguntei, ironicamente, se ela não conhecia rum. Minha mãe insistia em conversar comigo, mas aquilo simplesmente não funcionava. Eu queria ser punido. Eu queria saber que a lei ainda estava ali. O que no fundo nunca aconteceu. Alguns dias depois, eu fui passar o fim de semana na casa que o meu pai havia alugado com um de seus alunos de mestrado na beira do lago. Eu detestava aquele lugar. Não conseguia compreender a ideia de que o meu pai tivesse decidido nos abandonar para morar com um aluno. Eles passavam o dia de sunga na piscina falando sobre mulheres. Meu pai falava especialmente sobre Isadora, que o havia abandonado e decidido levar adiante o casamento que já estava marcado com seu noivo. E o meu pai imaginava maneiras de se vingar. Ele havia, por exemplo, comprado uma cabeça, ou melhor, um crânio de bode, e tinha o intento de enviar aquilo para o noivo de Isadora no dia do casamento dos dois, no altar da igreja. Enquanto isso, o crânio de bode era guardado como um troféu em cima da mesa da sala. Eu nunca soube se esse plano acabou se concretizando ou não. Naquele fim de semana, quando minha mãe me deixou no portão da casa e eu entrei, percebi que havia um grande evento acontecendo na casa. Um churrasco para alunos e colegas da faculdade. Meu pai me recebeu de sunga, já um pouco bêbado, com uma taça de vinho na mão. Ele me sentou em uma mureta da casa e me disse que a minha mãe havia falado com ele sobre a garrafa de rum. Disse que eu não deveria beber rum, que aquilo fazia mal. Que era sempre melhor beber vinho. De preferência vinho tinto, bom. E, de sunga com a taça de vinho mão, sentado na minha frente, com o ruído alto do churrasco ao fundo, disse a seguinte frase que me voltou à cabeça naquela noite do dia 3 de agosto. "Que que houve com você, né? Você era um guri alegre e de repente ficou cinza".

○

Eu senti raiva do meu pai, deixei de olhar o relógio na parede da cozinha e voltei para o copo de cachaça que estava na minha frente. Bebi de uma vez o resto do líquido que ainda restava ali. Servi um pouco mais. E tentei retornar para a conversa que se desenrolava. Eu não iria ligar para ele. Ele não poderia ter nada realmente importante para me falar. O que eu precisava era ficar bêbado o mais rápido possível a ponto de não me lembrar mais de nada. E foi o que eu fiz.

Quando eu soube, poucos dias mais tarde, de acordo com o atestado de óbito, que ele havia morrido em torno das 10 horas da noite do dia 3 de agosto, aquilo se tornou um problema e uma espécie de punição. Como se eu tivesse feito a escolha errada. Como se eu tivesse escolhido não ligar para o meu pai na hora da sua morte. Como se, magicamente, a minha ligação pudesse ter evitado aquilo. E eu, um bêbado, tivesse escolhido que a morte do meu pai finalmente acontecesse. Afinal, eu havia desejado a morte dele em inúmeros momento de raiva, ou não havia? Eu havia também sentido muito medo de que isso acontecesse, mas eu não havia fantasiado a esse respeito? Logo, a culpa poderia ser minha, não? Não era possível que a minha fantasia tivesse causado a morte dele? Será que eu havia escolhido não ligar para ele por, no fundo, desejar a sua morte?

Objetivamente, eu não sabia que ele morreria naquela noite. É claro que eu não poderia saber disso antes que isso existisse. Mas o fato é que essa imagem foi parte do meu processo de luto por alguns anos: eu poderia ter evitado aquilo caso tivesse escolhido ligar para ele. E eu tinha escolhido não evitar.

O corpo do meu pai foi encontrado deitado na cama. A perna direita esticada em cima do colchão. A perna esquerda dobrada para baixo com o pé apoiado no chão, como se ele estivesse prestes a se levantar. A televisão estava ligada à sua frente e ele estava sozinho no momento em que morreu.

A casa que ele havia alugado ficava em frente a um rio, a poucos metros do encontro do rio com o mar. Quando a maré estava baixa, a água do rio corria em direção ao mar. Quando a maré estava alta, a água corria de volta. Essa variação acontecia ao longo do dia e da noite em 4 movimentos. Todos os dias. Ele me descreveu isso pelo telefone algumas vezes e estava muito feliz em perceber esse retorno das coisas. Ele achava que isso também dizia respeito ao seu retorno àquela cidade. E acreditava que agora iria, finalmente, poder ser feliz. Estava muito esperançoso com a sua escolha de voltar a estar ali. Como se houvesse algo do destino que o tivesse levado de volta. Como se a sua mãe estivesse olhando para ele do céu e encaminhando a sua felicidade na Terra. Uma imagem que sempre retornava no seu discurso e havia ficado muito mais forte nesse momento: qualquer coisa que parecesse dar certo era um sinal de que a sua mãe ainda olhava por ele. Mesmo um semáforo que se abrisse no momento em que ele estava prestes a cruzar era a sua mãe. Ela sempre estava lá. Ou pelo menos estava lá em tudo o que era bom. De modo que o retorno para Paraty e a felicidade que ele encontrava ali estava necessariamente ligada à sua mãe. Como se ele tivesse finalmente retornado aos cuidados dela.

Quando ele morreu sozinho naquela cama, a realidade ainda não tinha dado sinais de que a sua mãe não estava lá.

Tudo o que ele tinha naquele momento era esperança. Esperança inclusive de que era possível não morrer. Ou isso era medo? No fundo, todo medo é o medo da morte. E a única saída para isso é o retorno aos cuidados da mãe. Essa é a fantasia. De que a dor e o esforço em algum momento irão cessar e só o que vai existir é prazer e entrega. Já que a vida não é mais violência, a vida é só cuidado e amor. Não existe mais a queda, só o que existe é o amparo.

E é esse o problema com as escolhas. Quando as escolhas vão bem, é sinal de que estamos amparados. De que alguém olha por nós. De que alguém está lá conosco, de que não estamos sozinhos. De que tudo fazia sentido, afinal. E quando as escolhas vão mal, é sinal de que estamos jogados no mundo e que simplesmente não há sentido algum organizando a nossa vida. De modo que, em busca de sentido, nos sentimos perseguidos pela vida. Melhor perseguidos do que abandonados.

E era assim que o meu pai vivia: cuidado pela mãe nos momentos bons e perseguido pelo mundo nos momentos ruins. Mas nunca abandonado por ela. Afinal, era ele que tinha partido.

QUINTO PRINCÍPIO

Ser amado é, no início das nossas vidas, mais importante do que qualquer outra necessidade emocional. E isso se constitui em um aprendizado que levamos adiante, mesmo que tentemos evitar.

ENUNCIADO PROVISÓRIO PARA UMA VIDA POSSÍVEL [1 + 2 + 3 + 4 + 5]

1. A consciência só ocorre com os erros de previsão. E só a partir da consciência algum aprendizado é possível.

2. Com o erro de previsão decorrente do desvio homeostático, surge a experiência afetiva negativa. E só é possível a correção do desvio se a experiência negativa for reconhecida.

3. Parte fundamental dos erros de previsão e das nossas experiências afetivas está ligada às necessidades emocionais. E é só na relação com os outros que nossas necessidades emocionais podem ser satisfeitas.

4. Na nossa vida, em função das regras que regem o nosso ambiente, quando as necessidades emocionais entram em conflito, nos vemos obrigados a priorizar a satisfação de uma necessidade em detrimento de outra.

5. Ser amado é, no início das nossas vidas, mais importante do que qualquer outra necessidade emocional. E isso se constitui em um aprendizado que levamos adiante, mesmo que tentemos evitar.

Os capítulos 6 e 7 nos ensinam coisas sobre o vínculo.

E, assim como o vínculo, esses capítulos existem como duas partes indissociáveis.

Cuidar e ser cuidado. Amar e ser amado.

Em função disso, eles mereceram um mesmo prólogo.

Vejamos.

PRÓLOGO PARA OS CAPÍTULOS 6 E 7

Considere por um momento que a sua vida está boa. Eu não quero dizer que ela está boa para quem a olha de longe em função de uma curadoria muito eficaz que você possa vir a fazer nas redes sociais, eu quero dizer que ela está boa para quem a olha de dentro, para você mesmo. E eu não quero dizer que dificuldades não existam, que *erros de previsão* não existam. É claro que não. Eles acontecem o tempo todo. Mas, de modo geral, você se sente capaz de resolvê-los. De modo que a sua vida é um trabalho constante de manutenção das suas zonas homeostáticas, mas é um trabalho de prazer, já que você consegue satisfazer as suas necessidades e reduzir os *erros de previsão*. E isso em si é uma experiência de prazer. Assim, tudo caminha muito bem, na medida do que é possível.

Você tem um trabalho que te desafia. O seu chefe poderia reconhecer o seu valor de maneira mais clara, é verdade, mas nada que seja insuportável. O salário é decente, e você tem horários flexíveis. Além de poder trabalhar de maneira híbrida, *online* ou presencial, o que é o melhor dos mundos para você.

Você tem uma casa. Depois de muito esforço, conseguiu dar entrada em um apartamento que te parecia adequado à sua vida. E você se sente feliz nele, além de conseguir pagar as prestações todos os meses. O que é muito importante.

A sua vida amorosa é ativa. Existem duas pessoas mais importantes nesse momento, mas você não tem certeza se quer ou não se envolver de maneira mais profunda. As duas sabem da existência uma do outra, o que é um alívio.

Você tem amigos e encontra-os com frequência tanto no mundo virtual quanto no mundo material. Você é mais próximo de alguns do que de outros, mas se sente à vontade com muitos deles. Sente que pode ser você mesmo e que não vai ser deixado de lado em função disso.

Você se alimenta razoavelmente bem. Vai à academia três vezes na semana. É claro que você gostaria de ir mais vezes. Mas, de modo geral, não se sente culpado em relação a isso. O seu corpo não é perfeito, por assim dizer, mas você não se sente mal ao tirar a roupa na frente de alguém que conheceu no bar apenas algumas horas antes.

Você costuma tirar férias duas vezes por ano. Viaja. Em geral, com amigos. Mas você se sente totalmente à vontade para viajar sozinho. Inclusive, gosta da sensação de autonomia que isso te causa.

A sua relação com os seus pais é razoável. A sua mãe é mais presente do que o seu pai. Vocês se comunicam por mensagem quase todos os dias e falam ao telefone nos fins de semana. Você acha que a sua mãe poderia ser um pouco menos invasiva e que o seu pai poderia ser um pouco mais presente. Porém, nada grave. Eles moram em uma cidade vizinha à sua, continuam casados, e vocês se encontram pessoalmente algumas vezes por ano, em geral, em datas comemorativas e feriados prolongados.

A sua vida de fato é uma vida boa. Em critérios objetivos por assim dizer: a quantidade de satisfação das suas *necessidades emocionais* é grande em relação aos desvios homeostáticos que você experimenta. Ou seja, tudo caminha bem.

Em um dia qualquer, uma quarta-feira, você está a caminho do trabalho, sentado no banco de trás do Uber, e recebe uma mensagem no seu WhatsApp. É um numero desconhecido e não existe foto no perfil. Você imagina que provavelmente é um golpe ou um *spam* e se prepara para bloquear o número. Nesse momento, você lê a mensagem:

> *"Adriano, não imaginei que eu*
> *fosse ter coragem de te dizer isso,*
> *mas a cada vez que eu vejo o*
> *seu sorriso, eu passo noites*
> *sem dormir. Mesmo sem nunca*
> *termos falado um com o outro,*
> *eu consigo imaginar a minha*
> *vida inteira ao seu lado".*

Um frio na barriga sobe pelo seu estômago. Aquilo não parece um golpe. A pessoa não está pedindo nada. Quem será que escreveu isso? Como a pessoa tem o meu contato? Será o Rodrigo do trabalho? Será o Rafa, amigo do

João? Não pode ser, se nunca falamos um com o outro. Meu sorriso? Como assim a vida inteira ao meu lado? A sua pele esquenta e você é tomado por uma série de imagens. Aquilo é estranho. Aquilo é inesperado. E aquilo é bom. É uma sensação muito boa. O meu sorriso, você pensa mais uma vez. Abre a câmera do celular no modo *selfie* e sorri para a sua própria imagem. Primeiro como um teste, para ver se está tudo bem com o seu sorriso e, depois, feliz ao pensar mais uma vez: o meu sorriso. Caramba. Que loucura isso. A vida inteira ao meu lado. E você se sente bem. E eu te pergunto:

— Por que você acha que você se sentiu bem?

— Como assim?

— Mesmo sem saber quem é, por que você acha que isso te deixou feliz?

— Ué, porque é bom. Não?

— Se sentir amado?

— É. Não é bom?

— Acho que sim. Mas, teoricamente, a gente só sente prazer quando experimenta um retorno para uma zona homeostática que estava em desvio. Se esse não for o caso, se não tiver nenhum desvio ali, a gente não devia nem prestar atenção. Deveria passar batido. Como um anúncio de uma loja que você não gosta. Ou de uma corretora de apartamentos em um bairro que não te interessa. Ou uma mensagem do grupo das suas tias, que você nem abre. Se você percebeu, tomou a sua consciência e te deixou feliz, é porque tinha um desvio ali. Mesmo que você não soubesse que tinha. Um desvio que foi subitamente resolvido. Por isso a sensação de prazer. Entende?

Silêncio do outro lado.

CAPÍTULO 6

Antes do amor, o *cuidado*

AUTOMATISMOS E BARRAS DE CHOCOLATE

A consciência, nossa experiência subjetiva de estar no presente, surge quando os *erros de previsão* não se resolvem através de estratégias automáticas. *Erros de previsão* não são nossas previsões que não se realizam sobre o futuro – como: eu acho que amanhã deve chover. Os *erros de previsão* são desvios das nossas zonas previstas de sobrevivência. As nossas zonas homeostáticas. Elas são as responsáveis pelo controle da nossa entropia. E o aumento da entropia é o que tem de ser evitado. As estratégias automáticas que falham, e nos trazem a experiência subjetiva de estar no presente, conscientes do que se passa, podem ser de dois tipos: o primeiro é uma estratégia de *regulação autônoma*, como a quebra de glicogênio do fígado para a manutenção do nível de glicose no sangue, e o segundo é o que se pode chamar de um *automatismo*. Um automatismo é algo que foi aprendido, que se mostrou uma saída muito eficaz para a resolução do desvio homeostático ao longo de um período de testes e terminou por ser automatizado. Esses automatismos podem ser, eles também, divididos em dois tipos.

Primeiro, temos os *automatismos filogenéticos*. Ou seja, estratégias que se mostraram satisfatórias para a resolução de um desvio homeostático ao longo do processo evolutivo da nossa espécie como um todo. Esses *automatismos filogenéticos* podemos chamar de *instintos*. Eles surgem como primeiras estratégias de resolução *no mundo* dos nossos desvios homeostáticos – já que as estratégias de regulação autônoma acontecem dentro de nós e não no mundo do lado de fora, ao passo que os instintos acontecem como resposta *no mundo*. Esses automatismos filogenéticos tendem a ser muito eficazes em um primeiro momento, mas precisam ser complementados para que os nossos desvios homeostáticos sejam sanados no ambiente específico no qual nos vemos metidos. Ou seja, brigar quando você sente raiva e chorar quando se sente sozinho ou com fome nem sempre irá resolver a situação.

Assim, surge a necessidade de testar alternativas mais específicas para cada ambiente. E as alternativas que funcionam bem terminam sendo, elas também, automatizadas. Esses são o nosso segundo tipo de automatismo, que poderíamos chamar de um *automatismo ontogenético*, que pode ser desde o pedido automático do bebê pela mamadeira na hora de dormir até o gesto automático de abrir a geladeira do adulto na hora que a fome se apresenta de maneira mais intensa. São respostas automáticas que tem o hábito na sua base de estabelecimento. Algo que fazemos sempre e que tende a ser eficaz termina por ser automatizado.

Tudo isso pode ser feito sem que você pense a respeito. Quando nos damos conta, estamos de pé em frente à geladeira e finalmente pensamos se existe alguma coisa ali que possa satisfazer a fome que sentimos. É só aí que a consciência entra em cena. Provavelmente, até aquele momento, você estava pensando em alguma outra coisa que ocupava a sua consciência. E essa outra coisa na qual você pensava, como aquela mensagem que você havia escrito e que continuava sem resposta, também tinha origem em um *erro de previsão* de uma zona homeostática. E esse *erro de previsão* havia sido priorizado pelo seu sistema e finalmente tomado conta da sua consciência, já que você não tinha nenhuma estratégia automática para resolver aquilo, perguntando-se: eu mando ou não mando outra mensagem? E, quando você se deu conta, a geladeira já estava aberta à sua frente e você tinha que escolher algo para comer.

Como já vimos, essa priorização de necessidades que devem tomar conta da nossa consciência acontece em função daquilo que o nosso sistema julga ser mais vantajoso, ou mais fundamental, para a nossa sobrevivência[29]. Temos essencialmente dois parâmetros para julgar: necessidades e oportunidades. É claro que você tem mais necessidade naquele momento de receber uma mensagem com o texto "eu também quero muito te ver" aparecendo no seu celular, do que de uma mordida em uma maçã. Mas as oportunidades se apresentam de outra maneira, já que a maçã está logo ali, entre o iogurte e a barra de chocolate, e a mensagem de resposta para a sua declaração não. Com isso, a pergunta do que você deve comer toma conta da sua consciência. Maçã, iogurte ou chocolate? Seria, inclusive, possível que você abrisse a geladeira, pegasse a maçã e desse uma mordida nela sem nem sequer se dar conta de que estava fazendo isso, mantendo os olhos grudados na tela do celular. Nesse caso, a sua consciência continuaria sempre com a ênfase na satisfação da sua *necessidade de ser amado* já que você "já sabia" como satisfazer a sua fome. Mas, como você se deparou com três alternativas – maçã, iogurte e chocolate –, você precisou da sua consciência para fazer uma escolha naquele momento. O que será que eu como? E nós já sabemos o que você escolheu, mas você precisou se enganar por alguns instantes antes de pegar a barra de chocolate e voltar para o seu quarto.

Você se esparramou na cama, abriu a barra de chocolate e comeu um pedaço enquanto olhava para a sua própria mensagem enviada há duas horas. Será que ele ainda não visualizou? E em menos de 15 minutos, você já tinha comido a barra inteira. A rápida experiência de prazer causada pelo chocolate se transformou em culpa enquanto você se perguntava: mas eu estava mesmo com fome ou só estava ansioso? Afinal, você sabia que acabava comendo barras inteiras de chocolate sempre que experimentava esse mesmo buraco, pensando na mensagem que não vinha. E você sabia que o chocolate não dava conta de resolver esse buraco. Mas, mesmo assim, você acabava comendo o chocolate. Era bom comer o chocolate. E ele, de fato, era capaz de dar conta rapidamente de um dos seus desvios homeostáticos – a redução da glicose no seu sangue –, mas ele não era capaz de dar conta do outro desvio – a *necessidade de ser amado*. E você sabia que, desde a infância, tinha acabado desenvolvendo o hábito de comer barras inteiras de chocolate sempre que se sentia sozinho, mesmo que não estivesse com fome. Era bom fazer aquilo. Gerava prazer. Porém o chocolate não dava conta de resolver o seu problema. E, ainda assim, você simplesmente não conseguia parar de fazer. Era automático.

Mas, se o prazer é a sensação causada pelo retorno à zona homeostática, como é possível que o chocolate cause prazer se não dá conta de resolver o nosso desvio homeostático em questão – a satisfação da necessidade de vínculo? E, mais ainda: como é possível que esse comportamento passe a ser automatizado como uma solução desejável para o seu desvio homeostático se ele simplesmente não resolve o seu desvio homeostático?

A resposta mais simples para essa questão é a seguinte: pessoas dão trabalho, chocolate não. Logo, é mais fácil comer do que se relacionar.

Como já vimos, a manutenção das zonas homeostáticas requer trabalho. Para cada homeostase, um trabalho distinto. Ou seja, para cada homeostase, uma alostase adequada. E todas essas experiências de retorno à zona homeostática nos causam prazer. Cada uma causa um tipo de prazer, com um tipo de bioquímica específico, mas todas causam prazer. É necessário que seja assim, que exista a experiência de prazer, para que você saiba que o caminho alostático escolhido é adequado. Mas algumas necessidades, dependendo do meio no qual você se vê enfiado, são muito mais difíceis de satisfazer do que outras. E terminamos priorizando aquelas que oferecem mais oportunidades de satisfação em detrimento daquelas que se apresentam como mais desafiadoras no nosso ambiente.

No nosso mundo, a possibilidade de ser amado é muito mais escassa do que a oferta de chocolates. Poderia ser exatamente o contrário. Em uma outra estrutura social, o vínculo pode ser mais garantido do que o alimento. Mas esse não é o caso do mundo no qual vivemos. Aqui, nada é mais difícil de conseguir do que amor. E nenhuma experiência é mais comum do que a do abandono.

O VÍNCULO

O nosso nascimento é o primeiro grande desvio homeostático. O primeiro grande *erro de previsão*. No útero, podemos imaginar que as variações da previsão, do previsto, eram menores e mais rapidamente resolvidas. Do lado de fora, o que rege é a imprevisibilidade. Em um primeiro momento, enfrentamos essas imprevisibilidades com respostas que carregamos filogeneticamente. Choro e sucção, essencialmente. Nada disso tem que ser descoberto por nós. Isso já está em nós. São as respostas instintivas. Mas cada ambiente é um. E vamos ter de, muito rapidamente, passar a compreender como é que o nosso ambiente funciona. Especialmente a primeira figura que representa esse ambiente e que nos fornece alimento. A saber, nossa mãe. Existem estruturas familiares distintas. Realidade distintas. Culturas distintas. Existem famílias sem pai. Existem famílias com duas mães. Existem famílias com dois pais. Existem crianças que são desde muito cedo criadas pelas avós. Ainda assim, como modelo, eu acho que faz sentido considerar a mãe como primeira figura com a qual vamos ter de nos relacionar e como o primeiro objeto de satisfação das nossas necessidades. O fato de que nem sempre é assim só fortalece o argumento a respeito da complexidade desse cenário, que estamos elaborando aqui.

O caso é que vamos ter de nos adaptar a essa realidade e a essa mãe, o nosso primeiro objeto de satisfação. Quando eu digo que ela é nosso primeiro objeto de satisfação, estou falando não só da nossa necessidade de nutrição, que é fundamental, mas também das nossas necessidades de cuidado e acolhimento. Aquilo que eu convencionei chamar de *necessidade de ser amado*. Ou seja, a mãe é o primeiro objeto de satisfação da minha *necessidade de ser amado*. Isso significa que quando ela me abraça e me põe no colo, eu experimento uma sensação positiva. Uma descarga de endorfina, de *mu* opioide. Eu sinto prazer. E, quando ela me larga no berço, e eu me percebo sem o contorno que antes tinha no útero, experimento uma sensação negativa. Uma descarga de um *kappa* opioide. Eu sinto desprazer. De modo que, quando ela me abraça, é bom e eu retorno para a homeostase da minha *necessidade de ser amado*. E, quando ela me solta, é ruim, e eu me afasto da minha homeostase.

É inclusive muito razoável argumentar que essa nossa necessidade de acolhimento é uma derivação evolutiva da nossa necessidade de nutrição. Além é claro da proteção e do calor. O fato de que o filhote literalmente peça para estar perto da mãe e chore ao ser separado dela oferece uma espécie de garantia de que a sua vida tenha chance de prosperar. Por conta disso, esse sistema de funcionamento apresenta uma vantagem que o levou a ser selecionado ao longo da nossa evolução – da evolução de todos os mamíferos, na verdade.

Ao longo da nossa vida, a materialização dessa mesma dinâmica, dessa mesma necessidade, vai variar muito. Mas a base bioquímica é sempre a mesma, e o desenho simbólico tende a ser o mesmo. Quando me sinto acolhido, reconhecido, olhado, cuidado, amado, isso é bom. Quando me sinto abandonado, negligenciado, invisível, rejeitado, excluído, isso é ruim.

É fundamental perceber, com o que eu disse até aqui, que dependemos da vontade de um outro sujeito – nesse modelo, a mãe – para que a nossa necessidade seja satisfeita. Tanto a nossa necessidade de nutrição quanto a nossa necessidade de amor depende do outro. Ou seja, paradoxalmente, dependemos do amor desse objeto para que a nossa necessidade como sujeitos seja satisfeita. O que quer dizer que somos objetos do amor do outro. Necessariamente, é assim. Para que a nossa sobrevivência como sujeitos siga adiante, temos de ser objetos do amor do outro.

Esse talvez seja o exemplo mais claro de como as *necessidades emocionais* são mais complexas do que as outras. Isso ocorre porque elas dependem de outros sujeitos no mundo para encontrar a sua satisfação. E, ao contrário do chocolate, esse outro sujeito tem necessidades tanto quanto você.

Logo, a nossa primeira experiência subjetiva nos coloca na posição de objetos. É em função disso que os aprendizados instintivos e filogenéticos irão precisar de uma suplementação adequada a esse ambiente, adequada a esse objeto de satisfação específico. Afinal, esse objeto é, antes de qualquer outra coisa, um sujeito.

○

Entretanto, por mais que esse bebê seja capaz de aprender muito rapidamente, isso tem um limite. A sua capacidade de negociação é bastante limitada. Ele entende muito pouco do que está acontecendo à sua volta e é praticamente incapaz de fazer concessões e adiamentos das suas necessidades. Ele precisa do que ele precisa na hora em que precisa. Nesse sentido, bebês são imperativos. É muito difícil explicar a um bebê que a comida vai demorar um pouco a chegar. Ele precisa comer naquela hora. De modo que a mãe vai ter de estar disposta a lidar com isso. E essa tarefa – estar permanentemente disponível para satisfazer as necessidades de alguém – não é uma tarefa fácil. Longe disso. A única ferramenta que tem condições de garantir que ela irá conseguir levar isso adiante é o amor[30]. Literalmente. Nada seria capaz de colocar alguém em uma posição de total dedicação a um outro que não fosse o amor. Assim, se o bebê sente necessidade de ser cuidado e acolhido – a *necessidade de ser amado* em uma primeira manifestação na vida – essa mãe sente, literalmente, *necessidade de cuidar*. Ela experimenta prazer quando cuida. E desprazer quando não cuida. Ela se aproxima da sua homeostase quando é capaz de cuidar e se afasta da homeostase quando não é capaz de cuidar. Não poder cuidar é, assim, um *erro de previsão*.

A junção entre a necessidade de ser amado por parte do bebê e a necessidade de cuidar por parte da mãe constitui o campo de vínculo. De modo que, **para que o campo de vínculo se estabeleça, é necessário que um dos sujeitos ocupe a posição de objeto de satisfação da necessidade de cuidar do outro.**

Quando pensamos sobre a necessidade de cuidar, a bioquímica da ocitocina é a mais conhecida, mas ela não é a única[31]. O estrogênio e a prolactina também desempenham uma função. É claro que uma mãe humana é sempre mais complicada do que uma simples mãe da espécie humana. Existe toda uma cadeia de expectativas e projeções envolvidas naquilo que envolve a maternidade. De modo que, literalmente, cada mãe é uma mãe. Mas o caso é que essa necessidade emocional – a *necessidade de cuidar* – está presente em nossa espécie tanto quanto em qualquer outra espécie de mamífero. Afinal, é importante notar que ainda somos uma espécie. Ou não somos?

Outro fato importante de perceber é que o pai também recebe a sua dose de ocitocina logo depois do nascimento do filho. E, quando eu digo o pai, eu quero dizer o pai de qualquer espécie de mamífero. Inclusive a nossa. Isso aumenta enormemente a chance de que esse filhote seja cuidado, e não atacado por esse pai.

A CHEGADA DE MARTIM

No dia do nascimento do meu filho mais velho, Martim, tudo corria bem. Era 19 de dezembro de 2013. Havíamos feito uma caminhada pela manhã na beira da praia, eu e sua mãe. E havíamos conversado sobre o que estava por vir. A noite havia sido atravessada pelas contrações e pouco dormimos. A expectativa e a fantasia a respeito de ter um filho tomava conta de nós. Não sabíamos o que estava prestes a acontecer e simplesmente não era possível saber. Não sabíamos o que seria a nossa vida depois daquele dia. Não era mesmo possível saber. Logo, o que podíamos fazer era imaginar e fantasiar.

Tomamos café da manhã enquanto víamos as ondas atingirem as rochas com violência no forte de Copacabana. Nunca íamos até lá, mas fomos naquele dia. Já que tínhamos a consulta com o obstetra perto dali e aquele era um dia no qual a ideia de fazer coisas que nunca fazíamos parecia justa. Comemos em silêncio. Eu tomei quatro cafés. Algumas tartarugas boiavam na água em meio às ondas muito perto das rochas, e olhávamos para elas. Era difícil compreender a tranquilidade que elas demonstravam no meio daquela imagem que parecia ser de risco e instabilidade. Não que tenhamos de fato falado sobre isso. Era apenas uma imagem.

Caminhamos até o médico. Na consulta, tudo parecia bem. Contração e dilatação. A coisa iria acontecer mesmo naquele dia, mas ainda não naquele momento. Voltamos para casa e passamos o resto da manhã contando as contrações. Para mim era um alívio a impressão de que a complexidade daquele momento, ou pelo menos a parte da complexidade daquele momento que me cabia, poderia estar contida em cronometrar o intervalo entre uma contração e outra. É claro que eu tive medo de cometer algum erro nessa contagem. De não ter clareza a respeito de quando de fato uma contração termina e a outra começa. E terminar colocando tudo a perder. Mas não foi assim. Quando pareceu ser claro que o intervalo havia se estabilizado em 3 minutos entre uma contração e outra, no começo da tarde, seguimos para o hospital. Eu avisei o médico antes de sair de casa e ele nos encontrou no hospital. Ele examinou Fernanda, a mãe de Martim. Tudo estava bem. A dilatação ainda era pequena, mas já não fazia sentido voltar para casa mais uma vez. Abrimos a internação e seguimos para a sala de parto.

Com a água quente da banheira, a coisa correu mais rápido, ou pelo menos eu tive a impressão de que a coisa tenha corrido mais rápido, já que não estava mais com o relógio na mão. Em poucas horas, estávamos com 10 centímetros de dilatação.

Eu senti um nó na garganta quando o médico disse que só o que tinha de ser feito agora era empurrar.

Entendi, naquele momento, que ele iria de fato nascer. O que era até aquele momento só uma imagem, em poucos instantes seria de fato a nossa vida.

Enquanto a médica assistente e o anestesista estavam com Fernanda, eu perguntei para o obstetra onde estava o pediatra, que, até onde eu havia entendido da dinâmica daquilo tudo, já deveria estar ali. Ele me respondeu que o pediatra estava preso no trânsito perto dali, mas que chegaria em pouco tempo.

Por mais que eu quisesse acreditar que o tempo do lado de fora passava de forma diferente de como passava dentro da sala, eu tive a impressão de que ele não iria chegar. Eu conhecia o trânsito da cidade e o resto do mundo não estava preocupado com o nascimento do meu filho. De modo que nada daquilo parecia bom.

Eu senti uma paralisia tomar conta do meu corpo. Eu já não conseguia ajudar Fernanda e só pensava que o pediatra não estava ali. Eu olhei em volta da sala e percebi que havia sido posta, encostada na parede, uma unidade de reanimação. Mas ela estava desligada. Da maneira como estava ali, parecia como que colocada em um depósito.

○

Martim ficou preso no canal de expulsão e a tensão tomou conta do ambiente. O anestesista não conseguiu enfiar a agulha na coluna de Fernanda em função das contrações, uma seguida da outra. Nós tentávamos conter o seu corpo, mas aquilo era simplesmente impossível.

Os batimentos cardíacos de Martim começaram a diminuir e o obstetra dizia que agora ele tinha que sair, de qualquer maneira.

Era difícil compreender como uma situação que parecia tão calma e natural tinha se transformado naquele cenário caótico em poucos instantes.

Finalmente, o pediatra entrou na sala esbaforido e perguntou por que as enfermeiras não haviam montado a unidade de reanimação.

A enfermeiras entraram e começaram a buscar uma tomada e a cabear os fios. Mas ele disse que não importava porque já não havia mais tempo para isso àquela altura. O bebê estava nascendo.

Ele botou a mão no meu ombro e me cumprimentou com um sorriso como se eu não estivesse percebendo nada daquilo que estava acontecendo, como se eu não tivesse ouvido o que ele havia acabado de dizer. Um pouco como tratamos uma criança quando ela ouve algo muito inapropriado para a sua idade e estamos exaustos demais para tentar explicar. E é mais fácil fingir que a criança simplesmente não ouviu o que foi dito. Foi assim que ele olhou para mim. Eu não consegui dizer nada. Tentei me afastar daquilo e da imagem das duas enfermeiras que tentavam montar sem sucesso a unidade de reanimação. Eu olhei para Fernanda que tinha o rosto contraído de dor e de apreensão. Os batimentos de Martim estavam muito fracos e ele tinha de sair naquele momento.

Ela empurrou mais uma vez e Martim foi cuspido para os braços do obstetra. O tom da sua pele, por debaixo de uma gosma esbranquiçada, era de um roxo escuro que eu nunca tinha visto. Aquilo me pareceu errado. E minha pele ficou gelada. Eu tive medo de cair no chão.

O obstetra entregou Martim nas mãos do pediatra. E o pediatra jogou Martim no meu colo. Ele me mandou que eu segurasse pelas duas mãos.

Eu fiz o que ele mandou de forma automática. Martim ficou dependurado pelos braços enquanto o pediatra tirou da sua bolsa um balão de oxigênio e começou a tentar fazê-lo respirar. O que não acontecia. Ele não chorava. Não se movia.

Fernanda olhava a cena sem entender o que estava acontecendo. E eu olhava para ela sem saber o que dizer.

O pediatra insistia com o oxigênio. E eu via a cabeça de Martim tombada para o lado esquerdo. O horror tomou conta do meu corpo. Não havia nenhum pensamento na minha cabeça. Nenhuma fantasia de um cenário ruim. Nenhuma imagem. Nenhuma frase. Eu era só um bloco rígido tomado pelo horror. Com os punhos dele dentro das minhas mãos contraídas.

Depois de algum tempo, as pernas dele começaram a se mexer e o tom de roxo escuro começou a ser tomado por um tom rosa claro. Começando pelo peito e seguindo até as extremidades. Era como se tivéssemos pingado uma gota de corante em uma bacia com água. Ela cai numa tonalidade intensa e se espalha com um tom mais claro. Assim era o rosa que surgia do meio do seu peito e se espalhava pelo resto do seu tórax. Mas ali era como se a gota colocada no centro estivesse diluindo a intensidade do roxo. Era como ver a vida se espalhando e apagando a morte.

Eu olhei para Fernanda e fiz que sim com a cabeça. As lágrimas começaram a escorrer pelo meu rosto quando vi as lágrimas no rosto dela. Nosso filho estava vivo.

O pediatra enrolou Martim num pano e pediu que eu o segurasse no colo enquanto ele continuava a bombear oxigênio e a massagear o seu peito.

Ele colocou a mão no meu ombro como quem diz que vai ficar tudo bem. Eu chorei de maneira descontrolada.

Colocamos Martim no colo de Fernanda e, olhando os dois ali, parecia que tudo havia passado. Aquela imagem desfazia o horror.

O parto aconteceu às 23h20. Nas primeiras horas que se seguiram a isso, tudo correu razoavelmente bem. Eu segui com o pediatra até uma outra sala onde Martim foi medido e pesado. Ele tinha 50 cm e 2,950 kg. A enfermeira perguntou se deveríamos fazer o procedimento de aspiração do líquido amniótico em função da dificuldade que ele tinha apresentado ao nascer, e o pediatra disse que não. Ele não era a favor dessa prática. Logo, ele não faria.

Subi até o quarto com Martim acompanhado pela enfermeira que o empurrava em um carrinho de acrílico transparente. Fernanda já estava lá, deitada na maca. Ela sorriu aliviada quando nos viu entrar.

Passamos a noite envoltos em uma atmosfera de cansaço e de uma aparente tranquilidade. Fazíamos tudo com mais cuidado do que se faz normalmente. Falávamos mais baixo. Caminhávamos com delicadeza pelo espaço. Era como se tudo estivesse atravessado por uma película fina e qualquer movimento mais brusco pudesse rompê-la.

Martim não mamou. Ele estava muito cansado, mas as enfermeiras explicaram que aquilo era normal em função do esforço do parto. Ele dormiu. E nós também, até certo ponto. Como se entrássemos no sono e de lá voltássemos rapidamente para olhá-lo e ter certeza de que estava tudo bem.

Na manhã seguinte, a atividade das enfermeiras no quarto se intensificou. Ele, àquela altura, precisava de fato conseguir mamar. Um rápido exame de sangue indicou que a glicose no seu sangue estava baixando demais e, em poucos tempo, estaria fora da zona desejável para que tudo corresse adiante. Por alguma razão, ele parecia não ter reserva de glicogênio suficiente no fígado. De forma que não havia glicose dentro dele para ser liberada na corrente sanguínea. E, se o nível de glicose baixasse demais, ele poderia ter o seu desenvolvimento cerebral comprometido.

De hora em hora uma enfermeira media a sua glicose e tentava ajudá-lo a mamar. Mas ele simplesmente não conseguia levar adiante o processo de sucção. Ele se cansava demais, ficava ofegante e, por fim, terminava exausto e dormia mais uma vez. A sua respiração estava muito acelerada, acima da zona desejada para um bebê recém-nascido. Ele respirava noventa vezes por minuto quando deveria respirar apenas sessenta. Não era claro o porquê disso, mas era o que acontecia com ele. Se ele não conseguisse mamar em poucas horas, nós teríamos que fazer a aspiração do líquido amniótico a fim de ajudá-lo, mas isso também não parecia ter nenhuma garantia de sucesso.

Enquanto isso, ao longo desse primeiro dia de vida dele, recebemos inúmeras visitas de amigos e parentes entre uma enfermeira e outra. Todos muito felizes e emocionados. E era como se tivéssemos, naqueles instantes nos quais recebíamos aquelas pessoas, que deixar para trás a situação que parecia cada vez mais ameaçadora. Mas as pessoas não estavam interessadas nisso. E, mesmo que tentássemos explicar, a resposta que recebíamos dos nossos amigos era de que ele ia acabar mamando. Quando eu ouvia isso, eu fazia que sim com a cabeça e sorria. Mas, por dentro, eu pensava que ele simplesmente não conseguia. E eu não queria dizer isso. Eu não queria dizer que o meu filho não conseguia mamar e que ele não conseguia respirar da maneira adequada. Era como se não fosse correto expor a situação daquela maneira. Como se não fosse correto com ele. Como se eu tivesse que preservá-lo. Como se eu tivesse que preservar nós três. Afinal, aquilo era nosso assunto e não dos outros. Talvez o que se passava dentro de mim também fosse pautado pela vergonha. Vergonha de que meu filho não fosse perfeito, por assim dizer. Como se ele tivesse vindo ao mundo com um defeito, e eu não queria que ninguém soubesse daquilo. De modo que eu simplesmente sorria e fazia que sim com a cabeça. Torcia para que aquela visita fosse embora de uma vez por todas, para que a enfermeira voltasse e pudéssemos tentar fazê-lo mamar mais uma vez.

PAREDE DE VIDRO

Ele não mamou. A glicose caiu além dos níveis aceitáveis. A enfermeira disse que a aspiração tinha de ser feita. Ela disse que não havia mais tempo. Nós tentamos ligar para o pediatra que havia acompanhado o parto, mas ele não atendia o telefone. Por fim, eu acompanhei a enfermeira até o andar de baixo e Fernanda ficou no quarto.

Entramos os três no elevador e eu olhava Martim enrolado nos panos dentro do carrinho de acrílico. Eu estava apreensivo, mas, ao mesmo tempo, existia um movimento de resolução ali e eu simplesmente torcia para que aquilo desse conta de resolver a nossa situação. Era isso que importava. Alguma coisa estava sendo feita.

Chegamos ao mesmo lugar onde ele havia sido medido e pesado na noite anterior. Mas dessa vez eu não pude entrar. Fiquei do lado de fora, observando por uma parede de vidro. Era dali que os familiares observavam os bebês recém-nascidos. Na noite anterior, eu tinha autorização para estar ali dentro, mas esse já não era o caso naquele momento.

    A enfermeira entregou Martim a uma médica plantonista que lá estava. Ela desenrolou Martim e o examinou. Elas começaram o procedimento de sucção. Eu não conseguia ver exatamente o que estava acontecendo já que a minha perspectiva estava encoberta pelos dois jalecos brancos entre mim e o corpo dele. Mas eu conseguia ver o líquido preto que saía de dentro dele. Pelo nariz e pela boca, me parecia. A enfermeira limpava-o com um pano enquanto a médica levava o procedimento adiante. Tudo aquilo parecia absolutamente natural para elas. Para mim, era uma imagem de violência. Mas, ao mesmo tempo, eu entendia que aquilo era necessário. De modo que eu simplesmente queria que passasse logo e que ele ficasse bem.

    Elas enrolaram Martim de volta nos panos e a médica se virou para mim e fez um sinal para que eu desse a volta e a encontrasse na porta do outro lado. O medo tomou conta de mim. O que ela queria falar comigo? Por que simplesmente não o trazer para mim?

    Eu dei a volta e esperei que ela abrisse a porta. Alguns instantes se passaram até que isso aconteceu, e eu simplesmente não conseguia respirar. Deve estar tudo bem, eu pensei. Ela só quer me dizer que vai ficar tudo bem. Ela precisa simplesmente me explicar o procedimento que foi feito. Ele está terminando de ser arrumado pela enfermeira e deve sair em um instante. Deve ser isso. Só pode ser isso.

Quando ela abriu a porta e sorriu para mim, eu sorri de volta, por educação. Ela estava de máscara e sorriu com a cabeça num movimento largo, como que para me mostrar com clareza que estava me cumprimentando apesar da máscara. Ela me explicou que a respiração dele estava muito encurtada e muito acelerada. Daquela forma, ele não conseguiria mamar. E o nível de glicose no sangue dele havia baixado mais do que era possível. A partir dali, o desenvolvimento cerebral dele poderia estar em risco. Em função disso, ele ia ter de ser internado na UTI para receber glicose na veia.

Eu compreendi tudo o que ela disse. Não era muito complexo. Era uma conta simples. Mas o que se passava pela minha cabeça era simplesmente: Por quê? Por quê?

Aquilo simplesmente não fazia sentido. Não deveria ser assim.

Ela disse que eles desceriam agora para a UTI, que ficava no subsolo. E que eu poderia descer em pouco tempo para ver como ele estava.

"Mas eu não posso ir com ele?", perguntei. Ela disse que não, que agora ele iria com elas. E disse que eu devia voltar ao quarto e explicar para a minha esposa o que estava acontecendo. Ela sorriu mais uma vez e disse que a gente se veria em pouco tempo no andar de baixo. Virou as costas e voltou pela mesma porta por onde tinha saído.

ESCADA

Desde o momento em que Martim nasceu, aquele foi o primeiro instante no qual ele esteve de fato separado de mim. Eu simplesmente não conseguia me mover e fiquei ali de pé em frente à porta tentando recobrar a ordem das coisas. Eu tinha de subir e avisar para Fernanda o que tinha acontecido.

Quando me percebi em frente à porta do elevador, eu me dei conta de que não conseguiria entrar ali. Era simplesmente pequeno demais. A ideia de me ver encerrado em uma caixa de metal naquele momento não era possível. Então eu decidi seguir pela escada de emergência. O nosso quarto era no quinto andar. O 507. E eu estava no primeiro andar, de modo que eram quatro andares. Mas isso não parecia um problema naquele momento.

A escada de emergência estava atrás de uma pesada porta de metal sem maçaneta. Eu só tive de empurrar com força. Depois da primeira porta, havia um espaço escuro que dava para uma segunda porta, idêntica à primeira. Eu empurrei mais uma vez e lá estava a escada. Uma luz branca fixada na parede iluminava o espaço. Eu comecei a subir. Fiz todos esses gestos até aí em um tipo de funcionamento automático. Eu só tinha de subir. Era isso. Depois do primeiro lance de escada, antes ainda de chegar ao segundo andar, eu me perguntei como iria conseguir explicar o que estava acontecendo para Fernanda. Como eu ia dizer que nosso filho estava na UTI? Eu não sabia. Eu realmente não tinha ideia. Então, eu estaquei entre um lance e outro da escada. Como eu poderia fazer aquilo? Dei mais um passo. Mais outro. Tentei seguir adiante, mas eu não conseguia. Eu, então, me sentei no primeiro degrau do segundo lance da escada e deixei que as lágrimas escorressem de uma vez pelo meu rosto. Eu estava sozinho. E eu podia chorar ali. Não importava. Então, eu percebi que o meu problema não era como explicar para Fernanda o que tinha acontecido. O meu problema era que eu não tinha conseguido cuidar do meu filho.

Durante meses, eu havia me preparado para aquele momento. Eu havia imaginado aquele momento. Fantasiado a respeito daquilo. De um jeito ou de outro, mesmo sem saber o que iria acontecer, a partir daquele dia, eu finalmente seria pai. Eu seria aquele que era responsável por cuidar. E, de um instante para o outro, aquilo tinha sido retirado de mim. E não havia nada que eu pudesse fazer. Eu me senti frágil. Eu me senti fraco como uma criança. E o pior é que eu não deveria me sentir mais assim, já que agora eu deveria ser pai. Ou seja, eu deveria ser aquele que protege o outro e não mais aquele que precisa ser protegido. Eu precisava de ajuda. Mas era terrível que eu precisasse de ajuda. Eu sentia vergonha. E, ao mesmo tempo, eu imaginava o meu filho sozinho e pensava que eu tinha de tirá-lo de lá. Mas tirá-lo de lá para quê? O que eu seria capaz de fazer? Eu não era capaz de nada. Eu não era capaz de cuidar dele. Eu era uma pessoa qualquer.

Eu me levantei e voltei a subir a escada. Não havia outro jeito. Eu tinha de contar para Fernanda. Pelo menos isso eu tinha de ser capaz de conseguir fazer. Era o mínimo.

Quando eu abri a porta do quarto e ela me viu sozinho, ela já sabia que havia algo de errado. Ela não sabia o quê, mas ela já sabia que algo não estava bem porque eu havia voltado sem ele. Ela se ajeitou rápido na cama, fazendo menção de se levantar. Eu fui até a beirada da cama e pousei minha mão sobre o pulso direito dela. Eu expliquei que ele tinha feito a aspiração, mas que a médica tinha dito que ele ia precisar de glicose e que o único jeito era ir para a UTI. Ela abriu os olhos em uma expressão de horror. Ela disse que queria vê-lo agora. Eu disse que eles estavam abrindo a internação dele e que poderíamos descer quando quiséssemos. Ela colocou rapidamente a sua roupa, e nós descemos.

Quando chegamos à porta da UTI, a médica nos viu através de uma abertura de vidro e veio falar conosco. Ela tentou acalmar Fernanda e disse que poderíamos entrar em pouco tempo. Ela disse que estava tudo bem com ele. Era mesmo normal que esse processo demorasse um pouco. Ela nos explicou que deveríamos lavar muito bem as mãos antes de entrar. Ao lado da porta, havia uma pia grande de inox, com várias torneiras. Em cima da pia, um quadro que explicava todos os movimentos que deveriam ser feitos ao lavar as mãos antes de entrar ali. Fizemos tudo aquilo, e finalmente nos deixaram entrar.

UTI

Eu nunca tinha imaginado que iria passar por aquilo. A imagem dos bebês entubados nos recipientes de acrílico era aterradora em um primeiro momento. A maioria dos bebês, senão todos, eram prematuros. Alguns realmente muito pequenos. Martim estava no fundo da sala, e uma enfermeira nos levou até ele.

Ele estava deitado na caixa de acrílico com os olhos bem abertos, virados para o alto, como se observasse a textura da caixa. Ele não percebeu que estávamos ali. Nós olhamos para ele em silêncio. Eu tinha a minha mão esquerda em volta do ombro de Fernanda. As lágrimas escorriam pelo rosto dela.

— Eu vou trazer uma cadeira pra você, mãe — disse a enfermeira.

Fernanda fez que sim com a cabeça, e eu disse:

— Tá bom.

— Vocês podem falar com ele se vocês quiserem. É bom pra ele — completou a enfermeira antes de sair dali.

— Ô meu filhinho, a gente tá aqui — disse Fernanda com a voz embargada.

Eu chorei e não consegui dizer nada. Eu sabia que eu deveria dizer alguma coisa para ele, mas eu não me sentia capaz.

A enfermeira chegou com uma cadeira preta e a colocou bem perto da caixa de acrílico. Fernanda se sentou e perguntou se poderia colocar a mão na caixa, e a enfermeira disse que sim.

Fernanda, então, colocou a mão na superfície de acrílico e continuou falando com Martim. Ela já era mãe dele. Eu continuei chorando de pé, enquanto me esforçava para que o meu choro não emitisse nenhum som. Eu não queria aumentar a sensação de fragilidade que já estava dada. Não me sentia no direito de fazer isso.

Ficamos ali enquanto podíamos. No fim do dia, nos explicaram que tínhamos de sair. Poderíamos voltar no dia seguinte, mas não era possível passar a noite ali. Saímos junto com várias outras mães e pais que estavam na mesma situação que nós.

Subimos de volta para o nosso quarto em silêncio. Uma enfermeira nos disse que teríamos alta e que poderíamos ir para casa. Nós dissemos que não, porque o nosso filho estava na UTI, então nós tínhamos de ficar. Ela disse que não importava, que poderíamos ir descansar em casa e voltar ao hospital no dia seguinte.

Por mais absurdo que aquilo parecesse para mim, a minha tendência, por educação e por estar sempre submetido à lei, seria aceitar. Mas Fernanda disse que não, que não iria para casa. No fim, deixaram que passássemos mais uma noite no hospital com a justificativa de que ela precisava de algum cuidado, já que tinha passado pelo trabalho de parto na véspera.

Nós não dormimos naquela noite. Só tentávamos entender o que tinha acontecido de errado, tentávamos encontrar algum culpado, enquanto esperávamos a hora de poder descer de volta para a UTI, que passava a receber os pais às 7h.

Às 6h50 nós descemos de volta. Chegamos em frente à porta da UTI, e outras duas mães já estavam lá. Elas nos cumprimentaram fazendo um sinal com a cabeça. Nós fizemos o mesmo.

Lavamos as mãos depois delas. E, às 7h, a porta se abriu. Tudo aquilo, por mais ansiosos que estivéssemos, talvez em função da maneira que as outras mães pareciam levar adiante aquele procedimento, tinha um certo ar de rotina, de normalidade. E era estranho que fosse assim.

Nós entramos na sala e seguimos até o lugar onde Martim estava.

Ele estava na mesma posição dentro da caixa de acrílico, com os olhos abertos voltados para cima. Era uma imagem fria e distante. Ele estava a poucos centímetros de nós, mas não estávamos juntos. Ele parecia calmo. O que tornava a coisa menos insuportável ao mesmo tempo que trazia um caráter de razoabilidade para aquilo que não deveria ser razoável. Ele parecia entender melhor do que nós o que estava acontecendo. E, mesmo sabendo que isso não fazia sentido, era o que se passava pela minha cabeça em alguns momentos.

Fernanda se sentou na mesma cadeira. E eu fiquei de pé no mesmo lugar. Ela pousou a mão no acrílico e ali ficamos. Aquilo era o que significava cuidar do nosso filho naquele momento. Ela falava com ele. Eu tentava falar, mas não conseguia.

Ele não precisou receber glicose na veia. Em vez disso, uma mínima sonda descia pela sua garganta com uma suplementação. Existia uma preocupação se isso seria o suficiente, já que ele só era capaz de digerir uma mínima quantidade e o resto acabava ficando como resíduo. E as médicas não sabiam se iria ser possível que ele não tivesse que passar para o aporte de glicose intravenoso. Isso causava uma certa ansiedade em nós ao mesmo tempo que nos dava a impressão de que poderia ser pior do que aquilo que já era. Pelo menos ninguém havia furado o braço dele.

○

Ao final daquele dia, nós teríamos de voltar para casa. Não poderíamos passar mais uma noite no hospital já que não havia mais justificativa para isso. E não seria possível que Martim voltasse conosco. Nós perguntávamos para a médica a respeito da saída dele dali. Quando é que ele poderia ir para casa. E ela nos pedia calma. E dizia que ele precisava ser capaz de se alimentar. E, para isso, ele precisava digerir tudo que descia pela sonda e a sua respiração precisava reduzir a frequência. O que queria dizer que ele precisava amadurecer, por assim dizer, o seu estômago e os seus pulmões. Depois disso, quando ele fosse capaz de se alimentar com a sucção feita por ele mesmo, ele poderia ir para casa.

A UTI terminou o seu horário de visitação. Nós nos despedimos do nosso filho. Assim como faziam as outras mães e os outros pais que ali estavam. Subimos até o nosso quarto, o 507, e arrumamos todas as nossas coisas, que eram as nossas coisas e as coisas dele. A sacola com as coisas dele. Fraldas, roupas, mantas. Tudo isso foi guardado, e ele não estava conosco.

Dirigimos até a nossa casa, em silêncio.

A sensação mais absurda foi entrar em casa sem que ele estivesse conosco. Como é que poderíamos estar ali se ele não estava? Como é que poderíamos fazer o que quer que fosse se ele não estava ali? Beber um copo com água, ir até o banheiro, se sentar na varanda o observar o lado de fora. Tudo parecia absurdo. Simplesmente não fazia sentido que a vida pudesse seguir sem a presença do nosso filho conosco. Era uma farsa. Era um erro.

Eu só me lembrava de ter sentido algo parecido nos meses que se seguiram à morte do meu pai. Eu não me sentia no direito de fazer o que fosse *enquanto* o meu pai tinha morrido. Era como se o mundo precisasse parar. Como se a minha vida precisasse parar. Não era justo que eu caminhasse ou me alimentasse ou sorrisse *enquanto* ele estava morto.

O que se passava naquele momento era parecido com isso. Mas Martim estava vivo. E esse era talvez o mais intenso componente daquele absurdo. Ele estava vivo e não estava ali conosco. Nós estávamos vivos, mas separados.

Eu me lembro de passar grande parte daquela noite observando o seu quarto vazio enquanto imaginava ele preso na caixa de acrílico onde ele estava. Eu não me sentia no direito de dormir. No fim das contas, acabei me deitando, mas não pude fechar os olhos. Como se eu precisasse velar o sono dele mesmo sem que ele estivesse ali. Especialmente porque ele não estava ali.

Martim passou uma semana no hospital. Na noite de Natal, ele já estava na unidade semi-intensiva. O que quer dizer que pudemos ficar com ele no colo. Ele já era capaz de digerir quantidades um pouco maiores da suplementação e a sua respiração aos poucos estava se normalizando.

No dia 27 de dezembro, ele pôde ir para casa conosco. Eu me lembro do cuidado que eu tive ao dirigir até em casa com ele enfiado no bebê conforto. Fernanda estava no banco de trás e a cada 2 minutos eu perguntava se estava tudo bem com ele. Ela entrou em casa com ele no colo e eu chorava de alívio. Parecia que uma coisa estava finalmente sendo corrigida. Como se estivéssemos desfazendo uma morte. Agora a vida voltava a fazer sentido.

○

Na primeira consulta com o novo pediatra, que passou a acompanhá-lo depois que o encontro com o pediatra que havia acompanhado o parto se mostrou inviável para nós, eu me lembro de ouvi-lo dizer que Martim agora era um bebê normal, um bebê como outro qualquer. Não havia nada de errado com ele. Aquela imagem de fragilidade estava apenas na nossa cabeça. Para ele, para Martim, aquilo não existia.

SEXTO PRINCÍPIO

Para que o campo de vínculo se estabeleça, é necessário que um dos sujeitos ocupe a posição de objeto de satisfação da necessidade de cuidar do outro.

ENUNCIADO PROVISÓRIO PARA UMA VIDA POSSÍVEL [1 + 2 + 3 + 4 + 5 + 6]

1. A consciência só ocorre com os erros de previsão. E só a partir da consciência algum aprendizado é possível.

2. Com o erro de previsão decorrente do desvio homeostático, surge a experiência afetiva negativa. E só é possível a correção do desvio se a experiência negativa for reconhecida.

3. Parte fundamental dos erros de previsão e das nossas experiências afetivas está ligada às necessidades emocionais. E é só na relação com os outros que nossas necessidades emocionais podem ser satisfeitas.

4. Na nossa vida, em função das regras que regem o nosso ambiente, quando as necessidades emocionais entram em conflito, nos vemos obrigados a priorizar a satisfação de uma necessidade em detrimento de outra.

5. Ser amado é, no início das nossas vidas, mais importante do que qualquer outra necessidade emocional. E isso se constitui em um aprendizado que levamos adiante, mesmo que tentemos evitar.

6. Para que o campo de vínculo se estabeleça, é necessário que um dos sujeitos ocupe a posição de objeto de satisfação da necessidade de cuidar do outro.

CAPÍTULO 7

Estamos todos em *déficit* de amor

RESPIRAÇÃO

Aos poucos, a imagem da fragilidade de Martim se dissipou em mim. Eu não penso mais sobre isso a cada dia que passa. Não olho para ele e me lembro disso.

É claro que isso não aconteceu assim de uma hora para a outra depois que eu ouvi do médico que não havia nada de errado com ele. Não. Especialmente no que se refere ao seu sono. Ao momento no qual ele se deitava para dormir e eu o observava respirando. O medo de que algo desse errado ali. O medo de que ele simplesmente não respirasse mais. De que essa regulação autônoma simplesmente falhasse. Nos dias de hoje, eu sei como é comum esse pavor nos pais. Na categoria dos *erros de previsão*, no que se refere a ser pai, talvez a morte súbita do recém-nascido ocupe um lugar de destaque. Até porque ela tem algum amparo da ciência. Ou seja, existe uma amostragem estatística que diz que isso, muito embora seja raro, pode acontecer. E a ideia de que *pode acontecer* já é insuportável. Já que para alguém que está preenchido pelo medo, *pode acontecer* é literalmente igual a *vai acontecer*. E, no meu caso, eu tinha algo que justificava minha fantasia além da estatística geral dos recém-nascidos: Martim havia nascido com uma fragilidade respiratória. E aquilo poderia, para mim, ser o indício de algo que estava escondido ali. Afinal, como o médico poderia ter certeza de que não havia nada de errado com ele? Essas coisas são muito mais misteriosas do que aquilo que um simples exame clínico pode revelar. Ou não são? De modo que era justo que eu velasse o seu sono. Era razoável da minha parte.

○

Essa fantasia ganhou muita força quando ele passou a ter crises de asma, aos 2 anos. Ou bronquite, como chamavam os médicos. O que, em resumo, queria dizer que ele não conseguia fazer a troca de oxigênio e gás carbônico de maneira satisfatória, passava a enfrentar um desvio homeostático em função disso e a solução que o seu corpo encontrava era respirar mais vezes para tentar compensar essa incapacidade. De modo geral, essas crises aconteciam à noite, quando nós acabávamos tendo que levá-lo para o pronto-socorro às pressas. E o sinal para saber se a coisa deveria ser levada a sério ou não era justamente contar as respirações por minuto. Exatamente o mesmo marcador que usávamos no hospital quando ele nasceu. O número ideal de respirações por minuto havia mudado em função da sua idade, já que ele não era mais um bebê, mas a ideia básica era a mesma: se ele estivesse respirando mais do que quarenta vezes por minuto, íamos para o hospital.

Nessa época, eu e a sua mãe já não éramos mais casados, o que aumentava a sensação de responsabilidade nas noites em que ele estava comigo. De modo que eu passava longos períodos com a mão pousada em seu peito enquanto ele dormia. O que acabou gerando um hábito em nós dois, e ele passou a só conseguir dormir se eu estivesse com a mão em seu peito desde o momento em que ele adormecia. Eu me sentava ao lado da sua cama, colocava a minha mão em cima do seu coração e ficava ali até que ele dormisse. Se eu tirasse antes da hora, ele puxava de volta. Depois que ele dormia, eu voltava em intervalos não muito longos para fazer mais uma contagem.

VOCÊ JÁ CONSEGUE FAZER SOZINHO

As crises de bronquite passaram quando ele tinha em torno de 3 anos e meio. Mas os hábitos estavam lá. Eu continuava colocando a mão no seu peito para que ele dormisse e continuava voltando de tempos em tempos durante a noite toda. No fundo, eu só conseguia dormir nas noites em que ele não estava comigo. Naquela época, eram noites alternadas. De qualquer forma, eu estava esgotado. Ele já não era mais um bebê. E já não tinha mais bronquite. Ele era uma criança, saudável, que dizia coisas e tinha vontades. Ele não precisava mais daquilo. E eu passei a dizer a ele que tinha de conseguir dormir sem a minha mão no seu peito. Ele respondia que não, que não era possível. O meu tempo não era igual ao tempo dele, é claro. Para mim, ele já era capaz de fazer aquilo, ele tinha de ser capaz. Mas, para ele, aquilo ainda era uma necessidade. Aos poucos, a mão colocada no peito virou um acordo de que eu desse a mão para ele e ele pudesse segurar a minha mão. De modo que eu pousava a minha mão no colchão, ao seu lado, ele pousava o braço, e ficávamos de mãos dadas até que ele dormisse. Eu não podia tirar antes a mão, esse era o acerto entre nós.

Depois de algum tempo, eu já precisava tirar a mão, mas ele precisava que eu a deixasse ali. E aquilo passou a me irritar e a me frustrar. Ele já tinha de ser capaz de dormir sozinho, afinal! Ele já tinha 4 anos! E eu passei a tentar tirar a minha mão quando eu tinha a impressão de que ele já estava adormecendo. O que terminava por atrasar mais ainda a coisa, já que ele percebia a minha mão saindo e tomava um susto, puxando-a de volta. E aquilo passou a me irritar ainda mais. E eu passei a tirar a minha mão mais cedo. E ele a puxava de volta, sobressaltado.

Quando ele finalmente dormia e eu me acalmava, eu acabava me sentindo terrivelmente culpado pelo que tinha feito e a imagem dele recém-nascido dentro da caixa de acrílico invadia a minha cabeça carregada pela culpa. Eu, então, voltava até o quarto dele às pressas para me assegurar de que estava tudo bem. Colocava mais uma vez a mão no seu peito e conferia a sua respiração. Tudo estava bem. Ele estava vivo e eu podia tentar dormir.

Na noite seguinte, eu estava exausto mais uma vez e tentava mais uma vez tirar a minha mão antes que ele tivesse de fato dormido. E a nossa cena se repetia.

Depois de mais alguns meses, passamos para uma fase na qual ele tinha direito apenas de apertar o meu dedo indicador. De modo que eu poderia sentir quando a pressão começasse a ceder, o que deveria indicar que ele estava dormindo. E eu poderia tirar o meu dedo dali. Mas ele percebia e apertava de volta em desespero.

Agora, a angústia apresentava-se de outra maneira na minha cabeça. O que eu me perguntava era o que tinha de errado com o meu filho que ele não conseguia dormir sozinho. Ou seja, parecia alguma incapacidade *dele* e não mais uma fragilidade *nele*. E isso fazia toda a diferença já que eu pensava que o *certo* era que ele conseguisse. Por mais estúpida que fosse essa ideia, era isso mesmo o que eu pensava.

Quando ele tinha 6 anos e não conseguia sequer ficar sozinho no seu quarto acordado por medo de ameaças que povoavam a sua fantasia, eu decidi que ele tinha de conseguir dormir sozinho. E esse talvez tenha sido o momento mais traumático para nós dois. Ele simplesmente não era capaz de fazer aquilo. E eu queria que ele fosse. Eu não conseguia, na minha frustração, compreender que deveria ajudá-lo em vez de demandá-lo.

Ele chorava. Eu me irritava e acabava sendo agressivo com ele. Eu dizia que não era possível que ele não conseguisse ficar sozinho no seu quarto. Ele tinha de ser capaz. E, depois, quando percebia que ele simplesmente não era, eu me retorcia de culpa ao imaginar que eu estava fazendo aquele bebê, que sequer era capaz de respirar sozinho, passar por esse abandono. E era eu que o estava abandonando. Como eu poderia ser capaz de fazer isso?

Naquele momento, enquanto chorava sentado na porta do quarto e me perguntava por que eu estava fazendo aquilo com ele, Martim simplesmente não compreendia como era possível que eu o tratasse daquela maneira.

"Por que ele, que sempre esteve ao meu lado, agora me faz passar por isso? Por que ele diz que eu deveria ser capaz de uma coisa da qual simplesmente não sou? O que significa a ideia de que eu deveria? Eu não sou! Eu deveria ser algo que eu não sou? Eu não deveria ser como sou? Se eu não fosse como sou, isso não seria assim? Mas eu simplesmente não consigo ser de outra forma".

FIM DO AMOR INCONDICIONAL

Nessa hora, quebra-se um acordo implícito, feito com todos os filhos no momento em que eles nascem: seja como você for, eu cuido de você.

Ninguém combina isso com o bebê que nasce. Essa combinação é o que podemos chamar de *incondicionalidade do amor*. O que gera a figura do *amor incondicional*. Ou seja, não existe, no início, uma regra a qual o bebê esteja submetido para que ele seja capaz de sustentar a existência do campo de vínculo. A existência do campo de vínculo é sustentada pelo encontro entre a necessidade de cuidar e a necessidade de ser amado.

Mais dia, menos dia, a incondicionalidade do amor vai se quebrar. E o amor passará a ser *"condicionado a"*. No fundo, não conseguimos saber a que o amor está condicionado, porque isso se refere à fantasia do outro. No caso de Martim, referia-se à minha fantasia a respeito do amadurecimento do meu filho. Mas, mesmo que não consigamos saber, tentamos estar em conformidade com essa fantasia do outro. Em alguns momentos, odiamos o outro por isso. Em vários, odiamos a nós mesmos.

Esse período traumático entre mim e Martim não durou muito tempo, mas foi certamente o período mais difícil da nossa relação. E, ainda hoje, alguns anos depois, falamos sobre isso como um momento da nossa história no qual eu fui simplesmente estúpido. Eu levei muito tempo até perceber que eu poderia simplesmente lhe perguntar de que forma eu poderia ajudá-lo a conseguir dormir.

O que acontecia ali é que a minha fantasia a respeito de como ele deveria ser não estava de acordo com o que ele de fato era. E eu não conseguia lidar com essa diferença. Ao mesmo tempo, ou até por isso, minha *necessidade de cuidar* já não era idêntica à sua *necessidade de ser amado*, ou de ser cuidado. As temporalidades dessas duas coisas eram absolutamente distintas. Muito embora essas duas necessidades, a minha e a dele, fizessem parte do mesmíssimo campo de vínculo, o nosso vínculo, elas estavam absolutamente desencontradas.

○

E assim é com todas as crianças, no fundo. A cada momento que ela é mais capaz, a nossa *necessidade de cuidar* diminui um pouco. É como uma condenação para ela. A partir do momento em que ela for capaz de andar sozinha, o que é um momento de potência e realização, eu não a pego mais no colo. Pelo menos, não necessariamente. Eu posso escolher te pegar no colo, mas você já sabe andar. Ou não sabe? No momento em que a criança aprende a falar, ou durante o processo de aprender a falar, que talvez seja o mais extraordinário dos acontecimentos, eu já não tenho mais que falar por ela. Afinal, ela já sabe dizer o que quer. Ou não sabe?

Quando um bebê bate no seu pai, o pai não repreende o bebê, não deixa o bebê de castigo. Mas uma criança de 5 anos já não pode mais bater no pai. Existe uma mudança muito intensa na lógica dessa relação. E essa mudança tem a ver exatamente com as capacidades dessa criança. Quanto mais capaz ela for, mais capaz ela *tem de ser*. Capaz de se virar sozinha e capaz de se conter sozinha. Essa capacidade tem muito a ver com a compreensão das regras. Se ela já é capaz de compreender as regras, como as coisas funcionam, ela tem de ser capaz de seguir as regras. Ou não é assim?

Com isso, *a necessidade de cuidar*, que antes queria dizer dar conta de compensar toda a fragilidade, agora quer dizer cobrar que as regras sejam seguidas. É claro que não é só isso. Mas é muito provável que a palavra "não" seja mais frequente que as palavras "é claro que sim". Afinal, ele já deveria saber que aquilo é "não". Ou não deveria?

Essa mudança tão intensa que ocorre nos campos da *necessidade de cuidar* se dá, em geral, num tempo muito diferente da possível mudança nos campos da *necessidade de ser amado*.

A ESPECIFICIDADE HUMANA

Com as outras espécies de mamíferos, esse problema não parece se apresentar da mesma maneira. Uma leoa deve cuidar do seu filhote enquanto for necessário para ele que ela cumpra esse papel. É muito difícil de se imaginar um filhote de leão que se sinta abandonado ou negligenciado pela mãe. Ela o alimenta e o protege enquanto ele não é capaz de fazer isso sozinho. Depois, é como se os dois se liberassem um do outro. Como se a *necessidade de ser amado*, ou de ser cuidado, por parte do filhote se extinguisse ao mesmo tempo que a *necessidade de cuidar* daquela mãe em relação àquele filhote se esvai. E tudo caminha bem. Ninguém abandonou ninguém. Poderíamos pensar que isso se dá mais ou menos da mesma maneira para todos os mamíferos. Mesmo os cangurus, que precisam ser carregados por aí em uma bolsa literalmente no corpo da mãe. Quando são capazes de pular sozinhos, não se ressentem da falta de amor que a mãe lhes ofereceu.

Conosco, os mamíferos da espécie humana, a coisa é completamente diferente. Assim como com os outros mamíferos, o nosso campo de vínculo inicial também é criado com a junção dessas duas necessidades: *necessidade de ser amado* – mediada essencialmente pelos opioides – e *necessidade de cuidar* – mediada essencialmente pela ocitocina e prolactina. Mas nada é tão simples assim com os mamíferos humanos. Por algumas razões.

○

Como já vimos, quando o bebê nasce, ele não encontra uma mãe puramente daquela espécie. Uma mãe feita de hormônios. Ele encontra uma mãe feita de uma história. E de conceitos. Uma mãe embrenhada de maneira indissociável em um campo cultural. De modo que um primeiro desafio para esse bebê vai ser o de suplementar o seu automatismo filogenético, ou seja, o seu aprendizado de alostases instintivas, com um aprendizado adequado àquele ambiente no qual ele se viu nascido. Isso ocorre, podemos nos arriscar a dizer, com a totalidade dos filhotes humanos. E isso em si já é um problema. Ou pelo menos é um desafio. Mas, considerando que esse filhote humano vai ter de ser também um ser da cultura, ou seja, um ser que carrega uma história e que está inserido nela, talvez seja inevitável que a coisa comece a acontecer desde o início. Afinal, ele vai precisar falar para resolver uma enorme parte das suas necessidades ao longo da vida. E, para que ele fale, é preciso que ele fale alguma língua. Não é suficiente que ele balbucie sons para o resto dos seus dias. Ele vai precisar balbuciar palavras. Ou seja, conceitos organizados em forma de fonemas. Logo, o seu desafio inicial se transforma também na sua enorme vantagem mais adiante: ele é capaz de partilhar conceitos em forma de linguagem com outros mamíferos humanos. Isso faz com que ele seja capaz, por exemplo, de ler um livro. Ou de escrever um livro. E o benefício disso é, literalmente, incomensurável. Mas, no início, isso é um desafio. Um processo de adaptação intenso que, a depender do ambiente no qual ele se viu nascido, pode ser radicalmente desafiador e, por muitas vezes, traumático.

O BEBÊ REAL

Podemos desdobrar esse primeiro argumento a respeito da dificuldade do mamífero humano em um segundo, que nada mais é que uma outra perspectiva dele. O fato de que a *necessidade de cuidar* dessa mãe se monta dentro dela em forma de conceitos, para além dos instintos, enquanto a *necessidade de ser amado* por parte do bebê ainda não se monta em forma de conceitos. Ou seja, a mãe já espera cuidar de uma determinada maneira. E, com isso, podemos dizer que ela já espera um determinado filho que ela possa cuidar. Não um filho qualquer, mas aquele filho. E o filho que nasce dificilmente é aquele filho. O filho que nasce não é o filho imaginado. O filho que nasce é simplesmente o filho que nasce, aquele bebê. Nada foi combinado com ele a respeito de como ele deveria ser. Ou de como ele deveria parecer. No início, de modo geral, esse problema é menor. A inundação de hormônios é tão intensa na mãe que o amor é, de maneira geral, uma afirmação necessária. Ela ama aquele filho. Aquele que é o filho dela. E essa é a principal característica dele: ele é o *filho dela*. O ponto ali não é a cor do seu cabelo, o formato dos olhos ou a forma como ele sorri. Até porque ele ainda não sorri, está com os olhos fechados e amassados e tem o cabelo empapado de líquido amniótico. Ou seja, o que o define como objeto central do amor é que ele seja o filho *dela*. *Meu* filho, *meu* filho. Ela repete várias vezes ao segurá-lo no colo pela primeira vez. É claro que é possível que esse primeiro contato não se dê dessa forma e que essa mãe não se sinta assim aderida a ele desde já. Ela pode não reconhecer aquele filho já ali no primeiro encontro. E, mais uma vez, isso se dá porque ela não é uma mãe qualquer, ela não é só feita de hormônios. Ela tem uma história.

Mas, considerando a possibilidade de que tudo corra bem nesse primeiro momento – ainda que isso seja uma hipótese otimista –, logo em seguida a coisa começa a se complicar um pouco mais.

No começo, esse bebê está muito mais próximo daquilo que seria uma tela em branco na qual a mãe pode imprimir as suas projeções. Ela o veste como quer. Ela brinca com ele como acha que deve. Ela fala com ele como sente vontade de falar. Ela, inclusive, escolhe um nome para ele. Nada mais radical do que isso. Uma roupa pode ser trocada. Um nome é algo mais difícil. De modo que aquele bebê é o filho daquela mãe. E daquele pai, muitas vezes. E eles o nomeiam. Eles dizem: esse vai ser o João. E ele que se vire com isso, com a ideia de que ele tem que ser aquilo que o nomearam para ser. De início, ele não reclama. Ele é mais flexível e menos específico. Mas, rapidamente, ele vai passar a se comportar de uma determinada maneira, que não é mais a maneira imaginada e fantasiada por essa mãe ou por esses pais. O João não consegue dormir como deveria. O João não consegue mamar como deveria. O João não gosta de trocar a fralda. O João é, afinal, muito agitado. O que quer dizer que o João não é exatamente como ele deveria ser, ele é como ele consegue ser. Ele não é o João fantasiado, ele é o João real. Essa mãe pode reagir a isso culpando João ou culpando a si mesma. No fundo, isso não importa agora. O que importa é que algo não é como deveria ser. Existe uma fratura aí. Uma fratura que só existe na nossa espécie. Entre o que foi imaginado e o que de fato acontece. E é simplesmente impossível conceber uma mãe que não imaginou o seu filho antes que ele nascesse. Isso não faria sentido. O que ela imaginou, se era fantástico ou terrível, é um outro assunto. O ponto é que ela imaginou. E aquilo que acontece nunca é aquilo que ela imaginou.

Essa diferença entre a imaginação e a realidade gera uma espécie de tensionamento constante. Um desconforto que pode se traduzir em uma mãe que se esforça mais do que aquilo que seria razoável para ela e termina exausta e frustrada, ou em uma mãe que espera mais daquele filho do que seria razoável para ele e termina exausta e frustrada.

Com o passar dos dias, os hormônios já não dão conta de tudo e o que temos ali é uma relação. Aquele que era o *campo de vínculo fundamental* – formado pela *necessidade de ser amado* e pela *necessidade de cuidar* – agora se apresenta como um *campo relacional* – formado pelas necessidades fundamentais de cada um *e* pela diferença entre o que se imagina e o que acontece. Ao contrário do *campo de vínculo fundamental*, que é comum a todos os mamíferos, o campo relacional é exclusivamente humano, já que fantasiamos os nossos objetos de satisfação.

De modo que esse amor nunca, ou quase nunca, é exatamente o que precisaríamos. Ele é sempre o que se apresenta como possível. E o possível muitas vezes é simplesmente insuportável.

O amor incondicional do primeiro momento, do primeiro encontro, agora se apresenta como um amor repleto de condições e de ressalvas.

TEMPO

Um terceiro aspecto dessa dificuldade humana é mais específico da cultura na qual estamos inseridos e ele diz respeito ao tempo.

A saber: o tempo do qual dispomos não é o tempo que seria necessário para o outro. O outro, nesse caso, sendo a criança que colocamos no mundo. Isso pode se desdobrar de inúmeras maneiras, mas a base do problema é esta: o tempo que seria natural para que a criança se visse segura o bastante para não precisar mais do vínculo e poder buscar outros campos de satisfação no mundo nunca é o tempo que podemos dedicar a ela. Sempre saímos antes. Seja por uma obrigação financeira – é necessário trabalhar para pagar as contas, inclusive as contas da própria criança que acabamos de colocar no mundo –, seja por uma fantasia de que a nossa realização pessoal está em algum outro lugar. De modo geral, nos dias de hoje, está no trabalho e no sucesso ligado ao trabalho. Acreditamos que, para que a nossa vida seja completa, precisamos ser bem-sucedidos naquilo que supostamente escolhemos fazer. E, nesse caso, nos vemos presos em um dilema que não tem boas saídas. Se saímos, nos vemos culpados por abandonar os filhos, e a culpa gera uma tentativa de compensação que nunca resulta bem. Um pai culpado por deixar um filho é um pai que tem muita dificuldade em explicar os limites do mundo, os limites da realidade em si. Se não saímos, temos a impressão de estarmos abandonando a nossa própria vida em função do filho e acabamos culpando a criança por termos perdido a nossa liberdade ou a nossa potência, ou o que quer que seja que acreditávamos ter. Nesse caso, a nossa raiva e a nossa frustração acabarão despejadas sobre a criança nos momentos mais inesperados.

De modo que simplesmente não existe uma alternativa boa. Saímos antes do tempo combinado no contrato evolutivo.

NARCISISMO, INADEQUAÇÃO E IDEAL DO EU

Esse fenômeno visto da perspectiva da criança é ainda pior. Se nós temos a fantasia da parentalidade perfeita ou da realização pessoal no trabalho, o que eles têm se não a fantasia da sua própria centralidade absoluta no mundo? Aquela fase do desenvolvimento que se convenciona chamar de *narcisismo*[32]. O momento no qual você já sabe que você existe, mas você ainda não compreende muito bem que os outros existem. Ou seja, você compreende os outros como simples objetos das suas necessidades de satisfação, e não como sujeitos das suas próprias necessidades. De modo que, em resumo, é tudo sobre você. Essa fase, é claro, pode durar uma vida inteira. Ou ela pode ter momentos mais intensos ao longo da vida. Mas estou me referindo ao momento do desenvolvimento no qual isso é o que existe. A criança já se compreende lá. Ou seja, já há alguma noção do eu, mas ainda não há uma noção tão clara sobre o outro. Mais ou menos nesse momento, a sua mãe simplesmente some. A sua mãe não está mais lá durante o dia todo. E essa criança ainda não é capaz de entender o nosso sistema de trabalho. Ao mesmo tempo, todas as suas estratégias de origem filogenética para correção desse gigantesco desvio homeostático – a sua mãe que simplesmente desapareceu – já não funcionam. Ela pode chorar, mas a mãe não vai reaparecer magicamente. Ela pode gritar e nada vai se corrigir em função do grito dela. Muitas vezes, é exatamente o contrário. E ela termina sendo repreendida se espernear demais. Afinal, ela já não tem mais o direito de se comportar feito um bebê. Agora, ela já é uma criança grande. Então, ela tenta encontrar na sua cabeça algo que seja capaz de explicar esse horror que ela está atravessando. E a explicação que essa criança cria passa, em função da lógica de centralidade narcísica, por ela própria: alguma coisa de errado eu devo ter feito. Minha mãe me deixou aqui porque ela não gosta mais de mim. Aqui, essa criança pode odiar a mãe ou odiar a si mesma. Ou as duas coisas. De modo geral, as duas coisas com uma ênfase na própria culpabilização. É muito difícil desconstruir a perfeição da mãe, é muito arriscado fazer isso, já que a sua mãe é a sua própria fonte de sobrevivência; logo, é mais fácil pensar que há algo de errado com ela mesma. Ela não é educada o bastante, bonita o bastante, esperta o bastante. Não importa muito qual atributo em falta ou em excesso – eu brigo muito, eu grito muito, eu choro muito – vai ser escolhido por essa criança para justificar a ausência materna, o ponto é que alguma coisa precisa ser escolhida para explicar aquela situação. E a outra opção de explicação que ela conseguiria pensar é simplesmente insuportável: minha mãe não me ama mais.

Assim, essa criança passa a desenvolver critérios que justifiquem o seu abandono. Esses critérios são sempre toscos, afinal ela tem apenas 3 anos. Mas é desses conceitos que ela dispõe naquele momento. Esses conceitos podem encontrar reforço na própria fala dos pais e podem, inclusive, ter a sua origem na fala dos pais – "isso é feio", "menina não fala assim" – ou podem ser produções conceituais da própria criança por observação do mundo à sua volta – "eu não consigo ser tão esperta quanto o meu irmão mais velho, logo o problema deve ser esse" –, no fundo isso não importa muito. O que importa é que essa premissa deve organizar a vida dessa criança a partir daí. A essa premissa, podemos dar o nome de *inadequação*[33]. Ou seja, aquela característica que eu carrego que me impede de ser amado como eu deveria ser.

Para essa inadequação, surge na cabeça da criança uma resposta, uma solução fantasiada: se eu for *assim*, eu vou ser amada como eu deveria ser. O que quer que seja o "assim" nesse caso. Se eu for maior, mais rápida, mais inteligente, mais bonita, mais magra, mais educada, mais silenciosa. Ou, ainda mais intensamente: se eu for *a* mais rápida, se eu for *a* mais inteligente, se eu for *a* mais forte, se eu for *a* mais educada. A essa solução fantasiada, podemos dar o nome de *ideal do eu*[34]. Ou seja, aquilo que eu deveria fazer para ser amado.

Com isso, a criança segue para o mundo tentando aplicar a sua fantasia impossível que, no fundo, nada tem a ver com a causa da sua experiência de abandono. Mas é o que ela pode fazer. Ela vai tentar ser a melhor filha, a melhor aluna, a melhor amiga. E nada disso vai dar conta de resolver o problema.

Essa criança, vamos chamá-la de Clarice, vai crescer e um dia receberá de presente a narrativa do amor romântico, e isso vai acalmar o seu peito como uma mágica. Lá está a solução, no encontro com o amor. Ela vai seguir em busca disso, afinal ela merece ser amada. Afinal, ela merece retomar a sua posição de centralidade narcísica. E uma das maravilhas da narrativa do amor romântico é que, além da promessa de retorno à centralidade narcísica, ela também fornece os próprios atributos que compõem o seu objeto de satisfação da sua necessidade. De modo que o outro que você vai encontrar já existe. E ele não existe na sua memória infantil apenas – o outro tem de me lembrar dos meus primeiros objetos originais e, quando eu identificar traços dessa memória, estarei atraído por eles – mas também em atributos gerais de composição, produzidos pela própria narrativa romântica. De modo que o outro vai me ouvir, vai me olhar, vai me amar – traços infantis – e, vai ser doce e destemido, vai ser corajoso e sensível, belo e livre. Ou o que quer que seja a modalidade atual da narrativa romântica. De modo que esse objeto passa a existir na nossa fantasia. E, assim, quando recebermos uma mensagem anônima, podemos preencher o remetente com o que quer que precisemos. No fundo, ele sequer precisaria existir. Inclusive, o fato de que ele exista em si atrapalha a minha fantasia, já que ele vai estar em desacordo com ela. De modo que Clarice já "conhece muito bem" o seu objeto de amor, ela só precisa conseguir encontrá-lo.

O problema é que o mesmo acontece do lado de lá. O outro que ela encontra também está em busca de retomar a sua centralidade narcísica e já conhece o seu objeto desejado, produzido pela sua experiência infantil e pela sua interpretação da narrativa do amor romântico. Essas duas coisas, o outro de Clarice e o outro do outro que ela encontra, são, em geral, incompatíveis. Logo, a relação não vai adiante.

Ela tenta de novo e de novo e de novo. Ela precisa encontrar o amor romântico porque é o único jeito de retornar à posição de centralidade narcísica. Mas isso é uma contradição em si, já que os dois sujeitos envolvidos nesse encontro estão em busca de retornar à mesma posição de centralidade que dependia, no campo de vínculo inicial, da necessidade de cuidar do outro. Isso se monta em uma figura que eu convencionei chamar de *o paradoxo do amor romântico*. Em síntese, a ideia aponta para a impossibilidade da montagem do campo de vínculo, e especialmente do amor incondicional, sem que a necessidade de cuidar esteja operante como estava na nossa primeira infância. Ou seja, quando os dois sujeitos buscam ocupar a mesma posição no campo do vínculo, e não posições complementares. Eu preciso ser o objeto central de um outro sujeito, que precisa também ser o objeto central. O que apontaria para a terrível conclusão de que não é possível retornar à posição de centralidade narcísica. Certo? Errado.

A REALIZAÇÃO PESSOAL

Finalmente, compreendendo o que há de paradoxal e impossível na própria ideia do amor romântico, Clarice desiste disso, teoricamente, de uma vez por todas. Mas ela não consegue desistir da ideia de retornar à posição de centralidade narcísica.

Então, ela recebe uma outra narrativa, a da sua realização pessoal. A do sucesso. Ela pode encontrar a sua centralidade no trabalho. Ela pode ser reconhecida, finalmente, ali. E ela trabalha mais do que consegue. Mas é lá que ela vai finalmente ser vista pelo chefe ou pelo pai, quando contar tudo o que fez naquele ano e quanto dinheiro ganhou. Mas, entre um *burnout* e outro, seu pai nunca dá valor para o que ela conseguiu realizar. Depois, ela acaba demitida mais uma vez, sem nenhuma justificativa, através de uma videochamada.

Então, ela se lembra de uma outra narrativa que pode dar finalmente sentido para a sua vida e devolver de uma vez por todas a sua posição de centralidade absoluta no universo: e se ela for mãe?

E é isso que ela faz. Depois de um longo processo de fertilização, já que é impossível encontrar um parceiro razoável e ela já está no limite do seu relógio biológico, ela corre contra o tempo e finalmente consegue engravidar. Ana Sofia nasce. Um vestido rosa é enfiado nela, um brinco em cada orelha e elas seguem para casa satisfeitas.

Alguns meses depois, Ana Sofia foi deixada com uma babá vestida de branco porque a nossa heroína, Clarice, teve de buscar um trabalho, já que não tinha como pagar a babá e estava se sentindo esquecida pelo mercado. E lá fica Ana Sofia tentando entender o que ela pode ter feito de errado para ser abandonada pela sua mãe. Será que ela não foi boa o bastante? Ela se desespera porque o que ela está vivendo é o fim da *incondicionalidade do amor*. E a incondicionalidade do amor é, no fundo, a nossa maior garantia de sobrevivência: não importa o que aconteça, minha mãe virá se eu pedir. A solução para todos os desvios. E, de uma hora para a outra, isso não é mais garantido. O que antes servia como resposta para tudo, já não serve mais. Esse é o maior dos *erros de previsão* que podemos experimentar ao longo de uma vida. É nele que percebemos que a nossa vida não está dada, pois ela é uma condição transitória e contingente. Ou seja, nada garante que tudo vá ficar bem.

O DESAMPARO DE TODOS NÓS

Nesse momento, percebemos o nosso desamparo, que é uma condição dada no fundo para todos os seres vivos, mas o identificamos como uma experiência de abandono. Como algo que aconteceu em um dado momento, e não como algo que é a condição de existência: estamos sempre em desamparo, a nossa existência nunca está garantida, temos sempre de lutar contra a entropia, e nossa mãe não era uma garantia, mas apenas um primeiro objeto de satisfação dos nossos desvios. Mas uma criança obviamente não é capaz de elaborar essa diferença. Essa elaboração, com sorte, vai acontecer ao longo da vida.

No que se refere à história de Clarice, compreendemos que o nosso próprio abandono infantil, ou o nosso desamparo experimentado como abandono, acaba gerando tentativas de solução que irão gerar novos abandonos mais adiante.

E nem o sucesso no amor romântico nem o sucesso no trabalho dão conta de apagar um tempo que não foi respeitado.

Em última análise, nesse mundo no qual vivemos, não é possível respeitar esse tempo. Ou, dito de outra forma, o tempo cultural é muito distinto do tempo afetivo.

Ou, ainda, o tempo "adulto" não é igual ao tempo "infantil".

○

Colocado de um modo sintético, o nosso primeiro objeto de satisfação vai nos desapontar. Seja porque ela teve de sair. Seja porque ela não esteve à altura do que esperávamos dela. Seja porque nós não estávamos à altura do que ela esperava de nós e nos sentimos injustiçados por isso. Seja porque ela é invasiva demais e não respeita os nossos limites e quem de fato sentimos ser. Seja porque ela é faltante demais e não nos acolhe da maneira que precisamos no momento em que precisamos.

É assim que é. Todos passamos por uma desilusão, uma primeira desilusão. E todos temos de aprender a lidar com essa espécie de buraco. A vida simplesmente não cumpriu com o combinado. Essa falha está em todos nós, não importa o quão bem resolvido você se julga ser.

No fundo, essa falha se refere ao fato de que o vínculo era a contenção do desamparo, mas não o fazia deixar de existir. Quando o vínculo se torna contingente, o desamparo é revelado e o experimentamos como uma modalidade de abandono. Antes estávamos em amparo e agora em desamparo. Algo foi quebrado. Antes, o amparo estava dado. Agora, precisamos tentar consegui-lo. E ele nem sempre vem.

Essa é a condição de todos nós. Adriano, eu, Martim, João, Clarice, Ana Sofia. E você. Se você acha que não é esse o caso, eu te pergunto se você ficaria indiferente a uma mensagem de amor? Você até poderia ficar incomodado, ameaçado, invadido, dependendo das suas estruturas de aprendizado infantil a respeito do que o amor quer dizer na sua vida. Mas eu me arrisco a dizer que ninguém seria capaz de ficar absolutamente indiferente a uma mensagem de amor. E, se isso acontece, se essa mensagem toma conta da nossa consciência – considerando que o que dissemos a respeito de como a consciência funciona faz sentido –, isso quer dizer que existia um desvio homeostático ali que simplesmente não estava sendo priorizado. Todos vivemos um desvio, mais ou menos consciente, da nossa *necessidade de ser amado*.

Você pode tentar resolver isso de muitas maneiras diferentes, mas o desvio é igual para todos nós.

Você pode trabalhar e buscar reconhecimento no campo do trabalho. Mas reconhecimento é uma forma de tentar receber amor.

Você pode brigar com o seu pai nos eventos de família e odiá-lo cada vez mais – e essas brigas são uma forma tosca de tentar conseguir amor. Ou pelo menos o amor que você gostaria de ter. A raiva, nesse caso, é apenas uma formação reativa ao amor que nunca veio.

Você pode se separar mais uma vez e ir em busca de um novo relacionamento porque aquele já estava desgastado. E isso é uma forma, em geral não muito eficaz, de tentar buscar amor.

Você pode querer ter um filho. Ou ter mais um filho.

Você pode postar um meme no grupo de *WhatsApp* da família e esperar por uma resposta que não vem. E o que não veio foi o amor.

Você pode fazer um *post* e contar os *likes* a cada instante que passa.

Você pode tentar ser a melhor aluna no mestrado.

Você pode tentar ser a melhor empregada da empresa.

Você pode tentar ser a mais sarada da academia.

Você pode tentar ser a mais inteligente das amigas.

Ou a mais simpática.

Ou a mais empática.

Ou a mais amável.

Mas, afinal, a mais amável é a mais amada?

E é necessário ser a mais amada quando apenas precisaríamos ser amados?

O fato é que nenhuma dessas saídas é eficaz para resolver o desvio homeostático em questão – o *erro de previsão* nos nossos sistemas de vínculo, na nossa *necessidade de ser amado*, uma inundação de *kappa* opioide nos nossos corpos.

E é exatamente por isso que nos vemos enfiados em uma espécie de cenário de depressão endêmica, já que a melhor descrição processual da depressão[35] é um desligamento da nossa *necessidade de buscar* – mediada pela dopamina – num momento posterior ao momento da ruptura do vínculo, que é caracterizado pelo pânico. O filhote berra no momento em que é abandonado pela mãe, quando o vínculo falha. E, logo em seguida, quando percebe que ela não vem, ele se recolhe e se cala. Tentando não se afastar do ninho e não ser percebido por nenhum predador. Ou seja, em um primeiro momento, o desespero. Em um segundo momento, a depressão.

No nosso mundo, não podemos nos dar o luxo de deprimir. Não há tempo para isso. De modo que buscamos qualquer saída possível que se apresente como disponível e aceitável no nosso recorte social para resolver o nosso mesmo desvio homeostático dos campos de vínculo. Sucesso, trabalho, amor romântico, dinheiro, redes sociais, aplicativos de relacionamento, drogas, ansiolíticos, terapeutas, *coaches*, celular. No fundo, não importa. Somos todos exatamente iguais. O que nos diferencia são as nossas tentativas de soluções alostáticas ineficazes para um mesmo desvio homeostático: **estamos todos em *déficit* de amor.**

SÉTIMO PRINCÍPIO

Estamos todos em *déficit* de amor.

ENUNCIADO PROVISÓRIO PARA UMA VIDA POSSÍVEL
[1 + 2 + 3 + 4 + 5 + 6 + 7]

1. A consciência só ocorre com os erros de previsão. E só a partir da consciência algum aprendizado é possível.

2. Com o erro de previsão decorrente do desvio homeostático, surge a experiência afetiva negativa. E só é possível a correção do desvio se a experiência negativa for reconhecida.

3. Parte fundamental dos erros de previsão e das nossas experiências afetivas está ligada às necessidades emocionais. E é só na relação com os outros que nossas necessidades emocionais podem ser satisfeitas.

4. Na nossa vida, em função das regras que regem o nosso ambiente, quando as necessidades emocionais entram em conflito, nos vemos obrigados a priorizar a satisfação de uma necessidade em detrimento de outra.

5. Ser amado é, no início das nossas vidas, mais importante do que qualquer outra necessidade emocional. E isso se constitui em um aprendizado que levamos adiante, mesmo que tentemos evitar.

6. Para que o campo de vínculo se estabeleça, é necessário que um dos sujeitos ocupe a posição de objeto de satisfação da necessidade de cuidar do outro.

7. Estamos todos em *déficit* de amor.

CAPÍTULO 8

Quem busca *dominância* encontra *solidão*

MAIOR E MENOR

A vida é uma sequência interminável, ou quase interminável, de tentativas de manutenção da própria vida. Nunca é possível saber se aquela tentativa em questão, o presente, é a última ou se a coisa segue por mais um tempo. Essa é a natureza do processo. A natureza da imprevisibilidade.

Temos várias ferramentas para levar adiante esse processo. Algumas das mais importantes ferramentas são nossos afetos, que funcionam como bússolas indicadoras de como estamos indo no nosso percurso. Por aqui, você está indo bem. Por aqui, não tão bem. Prazer e desprazer.

Essas experiências afetivas são sinais das flutuações nas nossas zonas homeostáticas. E essas zonas funcionam como limites de contenção para a imprevisibilidade. Se você ficar dentro dessa zona, a chance de dar errado é menor. Se a sua temperatura estiver em 36,5 graus Celsius, a chance de dar errado é bem menor do que se a sua temperatura estiver em 39,5. Ou não é? As chances da sua sobrevivência aumentam muito sempre que você está dentro dessas zonas. Se você respira bem, as suas chances são melhores do que se está sendo obrigado a prender a respiração debaixo d'água. Se está alimentado, as suas chances são maiores do que se você não encontra alimento há 3 dias. Logo, a fome. Ela é o sinal de que algo não vai bem. Ela é o sinal de que a imprevisibilidade está aumentando.

O caso é que uma enorme parte desse trabalho de manutenção das zonas homeostáticas vai ter de se dar no mundo. Do lado de fora do seu corpo, por assim dizer. Algo vai ter de ser feito no mundo para que as coisas fiquem bem. Algo vai ter de ser feito no mundo para reduzir os aumentos de imprevisibilidade que acontecem incessantemente dentro de você. É no mundo que você vai ter que buscar comida, e não dentro de você. As nossas reservas têm um limite. Logo, você vai ter que sair em busca de reduzir as suas imprevisibilidades. E, paradoxalmente, nada mais imprevisível do que o mundo do lado de fora. Não é possível saber como o mundo vai se comportar. Simplesmente não é possível saber. Até porque o mundo é feito, não só, mas em grande parte, de outros sujeitos que estão também em busca de reduzir as suas imprevisibilidades.

Em função disso, desenvolvemos algumas estratégias para interpretar o mundo e para saber como ele deve se comportar. Ou melhor, para prever como ele irá se comportar. Na verdade, a cada instante que passa, estamos produzindo em nossa cabeça um modelo de como o mundo se comporta[36]. A partir da nossa observação de como as coisas se dão, inferimos que é *assim* que elas se dão. E que é assim que elas devem se dar. Se as coisas caem seguidas vezes do alto até o chão, é razoável supor que as coisas caem do alto até o chão. E é razoável também esperar que as coisas devem cair do alto até o chão. Logo, coisas que flutuam chamam a nossa atenção. Como as bolas de sabão, por exemplo, que deixam as crianças em uma espécie de êxtase: como é possível que elas subam ao invés de descer? Ou os móbiles que fascinam os bebês em seus berços: como é possível que aqueles objetos fantásticos simplesmente não caiam em cima da minha cabeça a qualquer momento?!

Parte muito fundamental desse nosso *modelo mental*, é claro, está dedicada a prever como as outras pessoas funcionam. Até porque grande parte dos nossos desvios homeostáticos só será resolvido no encontro com outras pessoas, as nossas *necessidades emocionais*.

Logo, desde muito cedo, ainda antes de 1 ano de idade, somos capazes de interpretar os afetos dos outros. Bebês conseguem fazer leituras muito finas a respeito do estado afetivo no qual as suas mães se encontram. Ela está sorrindo. Ela está chorando. Ela está séria. E, a partir dessas leituras, eles conseguem estabelecer uma lógica mais ou menos causal a respeito de como as mães são levadas àqueles estados. Quando eu faço esse barulhinho com a boca, ela ri. Isso é uma boa notícia. Então, vou fazer mais esse barulhinho com a boca. Quando eu bato palma, ela ri. Isso é uma boa notícia. Então, bato mais palmas. Quando ela joga a bola colorida para mim e eu a jogo de volta, ela sorri e comemora. Isso é uma excelente notícia. Assim, eu aprendo a brincar de bola com ela. E eu também fico muito satisfeito com isso. Eu sinto muito prazer com isso. Afinal, nada melhor do que a minha mãe feliz perto de mim. Nada reduz a imprevisibilidade de maneira mais eficaz.

Um outro aspecto dessas ferramentas de interpretação e de previsão a respeito dos outros sujeitos está ligado a uma pergunta fundamental. Essa pergunta tem vários aspectos por trás dela, mas poderia ser resumida da seguinte forma: o encontro com esse outro é uma boa ou uma má notícia? Esse encontro é uma ameaça ou é uma vantagem? Ou seja, esse outro ameaça a minha existência ou favorece a minha existência? Parece muito justo e até necessário que essa pergunta seja feita. Mas como é possível fazer essa medição de maneira rápida e mais ou menos apurada? Alguém acabou de atravessar a porta, como eu sei se isso é uma aproximação das minhas zonas homeostáticas ou um afastamento das minhas zonas homeostáticas?

De um modo geral, poderíamos responder que, se é alguém conhecido, isso é uma boa notícia e, se é alguém desconhecido, isso tende a ser uma má notícia. Faz sentido? Se é o meu pai que entrou pela porta, isso é uma boa notícia. Se é um homem que eu nunca vi antes na minha vida, isso é uma má notícia. Já que um homem desconhecido proporciona um aumento de imprevisibilidade, e o aumento de imprevisibilidade é uma má notícia. De modo que bebês tendem a ser mais simpáticos com estranhos caso estejam seguros no colo de seus pais, o que pode transformar o encontro com pessoas desconhecidas em um momento de interesse, e não de ameaça. Em função disso, podemos pensar que somos ressabiados a princípio. E, depois de uma rápida testagem, enquadramos o outro em uma categoria – é ameaçador ou não é ameaçador – e, com isso, podemos seguir adiante.

Mas, mesmo assim, precisamos de algumas premissas para orientar a maneira como essa primeira aproximação deve se dar. Ou seja, com que grau de cautela devemos nos aproximar *desse outro* ou deixar que ele se aproxime de nós. Seria pouco eficiente de um ponto de vista evolutivo que tivéssemos o mesmo exato grau de cautela em uma primeira aproximação em relação a todos os tipos de objetos do mundo. E uma dessas premissas fundamentais, talvez a mais básica delas, se refere ao tamanho das coisas e ao tamanho das pessoas. De modo que, para um bebê, em linhas gerais, uma formiga é menos ameaçadora que uma vaca. Pelo menos, enquanto ela não for picada pela formiga, mas aí entraríamos em outro aspecto da coisa.

O fato é que muito cedo se desenvolve em nossa cabeça uma capacidade de fazer comparações a respeito do tamanho das coisas[37], especialmente do tamanho das pessoas, e do que isso quer dizer. Com isso, passamos a ler o mundo a partir das variáveis *maior e menor*. Sendo que podemos dizer, em linhas gerais, que o maior requer sempre mais atenção e talvez mais preocupação do que o menor.

Assim, cachorros grandes, em princípio, são mais ameaçadores do que cachorros pequenos. Isso é verdade desde que o cachorro pequeno não tenha um latido estridente ou não se mova de maneira errática e imprevisível, já que nesse caso estaríamos adicionando outras variáveis à equação.

Para bebês, crianças são menos ameaçadoras a princípio do que adultos. É claro que crianças não passam despercebidas para os bebês. Eles prestam atenção em tudo o que elas fazem, mas essa atenção é muito mais um interesse do que uma ameaça. Ao passo que um adulto novo na casa, a princípio, é algo que causa um outro tipo de atenção, que poderíamos chamar de desconfiança. Isso varia muito de um bebê para o outro, da quantidade de adultos que ele já encontrou na sua vida, e da qualidade que esses encontros demonstraram ter. Mas, como regra geral, podemos dizer que o maior é mais arriscado do que o menor.

Por mais simplista que isso pareça, e pareceu sem dúvida simplista para mim quando eu descobri que era esse o caso, de um ponto de vista evolutivo, é muito razoável imaginar o desenvolvimento de uma capacidade como essa.

Na vida, o maior é aquele que vai conseguir o que quer e o menor vai ter que se submeter a ele. Não é assim que funciona?

Logo, ser o maior é o primeiro sinal de *dominância* que passa a ser interpretado pelos bebês. Desse modo, quem manda aqui é o maior. Já que ele é quem vai conseguir o que quer. É um primeiro modo de estabelecimento de *hierarquia*, o mais rudimentar deles todos. E isso termina se tornando uma chave afetiva para cada um de nós: ser o maior no encontro com o outro é sempre melhor do que ser o menor no encontro com o outro. Ser o maior é uma boa notícia, já que reduz a imprevisibilidade no encontro com o outro. Ou seja, ser o maior causa prazer. Ao passo que ser o menor aumenta a imprevisibilidade e causa desprazer. Ser o maior é uma vantagem. Sendo o menor, você está submetido à vontade do maior. E a vontade do maior tem por objetivo a redução do desvio homeostático *dele* e não a redução do *seu* desvio homeostático. Ou seja, você tende a se dar muito mal em um encontro sendo o menor.

Parece razoável a conclusão. Mas será que é assim sempre? O maior é sempre aquele que consegue o que quer? E o bebê, que *tem que* conseguir o que quer justamente por ser o menor e o mais frágil, como isso pode dar certo? A resposta para esse aparente paradoxo surge, mais uma vez, no campo do vínculo.

O PAI, MAIS UMA VEZ

Estávamos sentados almoçando na mesa da cozinha. Eu e o meu pai. Era um dia qualquer, durante a semana. A mesa era retangular e tinha quatro lugares. Nas duas cabeceiras sentávamos eu e o meu irmão, que não estava lá, e nas duas laterais maiores sentavam o meu pai, que ficava na minha diagonal esquerda, e a minha mãe, que ficava na minha diagonal direita. Minha mãe estava viajando. Meu irmão já não morava mais conosco há alguns anos. Meu pai também não, em princípio.

Meu pai e minha mãe não haviam se divorciado formalmente, e a casa que eles construíram juntos tinha ficado com a minha mãe. Em função disso, provavelmente não só disso, o meu pai voltava de tempos em tempos para reclamar o seu direito em relação à casa. De modo geral, isso acontecia quando ele estava com problemas financeiros ou quando tinha terminado alguma relação com uma namorada nova. Ou as duas coisas. Algumas dessas vezes, ele tentou reocupar também o seu lugar na cama, no quarto que havia sido dos dois. Era uma cena estranha que se montava nesses momentos. A impressão que dava era de que a sua questão era muito mais com aquele espaço do que com a minha mãe e comigo. É claro que isso não era tão simples assim e provavelmente nem ele sabia muito bem o que estava fazendo, mas, para mim, era assim que parecia. Ele queria a sua casa de volta. Mas não a sua vida conosco, já que isso não parecia mais ser a sua prioridade.

Aquilo tudo me causava revolta. Eu sentia muita raiva da minha mãe por aceitá-lo de volta. E eu sentia muita raiva dele por viver a sua vida do lado de fora, até que essa vida de alguma forma desse errado e ele resolvesse voltar para a nossa vida, como uma espécie de plano B. Eu torcia para que eles se divorciassem de uma vez por todas e dessem conta de resolver a partilha das coisas. O problema é que a partilha das coisas consistia basicamente na partilha de dívidas. A casa havia sido financiada e havia uma enorme dívida com um banco a ser paga. E a fazenda na qual eu passei grande parte da minha infância já havia sido perdida para o banco em função de uma outra dívida. De modo que talvez fosse mais fácil para eles empurrar a coisa com a barriga e manter tudo como estava.

Naquele almoço, o meu pai estava em um dos seus piores momentos. Ele havia pedido uma licença não remunerada para se ver livre das suas obrigações como professor. Mas os seus planos de sucesso financeiro fora da universidade não tinham dado certo, de modo que ele havia passado os últimos meses dormindo no seu jipe na beira da estrada entre uma cidade e outra em busca de alguma coisa.

Duas semanas antes daquele almoço, ele estava em São Paulo, descendo do metrô com a sua pasta de couro marrom na mão direita, quando sentiu uma pressão no peito e caiu no chão. Ele estava sozinho e foi levado para o hospital. Foi internado às pressas na UTI. Depois do cateterismo, que mostrou uma obstrução significativa das artérias coronárias, a indicação foi a realização de uma cirurgia de ponte de safena com urgência. Eu estava em Brasília e meu irmão no Rio. Eu tinha 19 anos nesse momento, meu irmão, 25. Acompanhamos a coisa por telefone. Meu pai não tinha ninguém em São Paulo para lhe dar auxílio. Logo em seguida, tivemos a notícia de que ele havia fugido da UTI, e os enfermeiros conseguiram recolhê-lo a alguns metros do hospital, vestido com a camisola de internação, os seus sapatos e a sua pasta marrom.

Ele foi levado de volta, e o meu irmão foi até São Paulo para acompanhar o processo. Mas a equipe daquele hospital já não se sentia confortável em operar o meu pai. Ele foi transferido para a Beneficência Portuguesa onde, alguns dias depois, a operação aconteceu.

Nesse meio tempo, eu também fui até São Paulo para acompanhar a operação. Eu e o meu irmão nos revezávamos como seus acompanhantes no hospital. Enquanto não estávamos no hospital, ficávamos na casa de nossa tia, irmã da minha mãe, que morava e ainda mora em São Paulo, cidade de origem da minha mãe. E também a cidade onde os meus pais se conheceram, na universidade.

Ao longo dos dias que antecederam a cirurgia, o meu pai recebeu algumas visitas. Não muitas. A minha tia, dona da casa onde estávamos hospedados, esteve lá algumas vezes. Uma outra tia, esposa do irmão da minha mãe, também esteve lá. Uma prima. E um casal de amigos do meu pai da época da faculdade.

Com todas as visitas, o meu pai repetia o mesmo procedimento. Ele pedia que a pessoa em questão alcançasse no armário, dentro da pasta marrom, um manuscrito de um livro de poemas que ele estava em busca de lançar. Era para isso que ele tinha ido até São Paulo, onde tentava acertar um contrato de lançamento com alguma editora. O livro tratava de lembranças de amigos desaparecidos na época da ditadura, quando ele ainda estava na universidade, antes da sua mudança para fora do país. Ele estava convencido de que aquele era o momento ideal para lançar o livro em função das discussões que aconteciam no país a respeito dos anistiados políticos e daqueles que haviam sido exilados. E aquilo tinha virado o único assunto que ocupava a cabeça do meu pai ao longo desse período.

As pessoas pegavam o manuscrito, que estava digitalizado e encadernado, ele explicava do que se tratava o projeto e falava da importância do resgate daquelas personagens. Então pedia que elas lessem os poemas em voz alta. Ele chorava enquanto a leitura transcorria. Alguns dos leitores choraram também, como o casal de amigos da época da faculdade, que eu só havia visto uma vez alguns anos antes em um jantar com a minha mãe.

Meu pai chorava muito naquele período. Ele chorava com as visitas durante a leitura. Ele chorava com o meu irmão sempre que ele estava no quarto. Ele chorava sempre que uma freira ia até lá fazer uma reza, mesmo sendo ateu. Ele chorava nas visitas dos médicos.

Ele não chorou comigo uma única vez. E aquilo me causava ódio. Ele havia ido embora. Ele havia me abandonado. E, por alguma razão, ele escolhia me deixar de fora daquilo que era mais frágil nele. Eu, por outro lado, chorava a todo instante. E eu detestava que fosse assim. Que eu chorasse e ele não. Sempre que estávamos só nós dois no quarto, nas noites em que eu passei lá, ele se recolhia feito uma pedra. Como se eu não fosse confiável. Ou como se eu não fosse capaz de compreendê-lo. Eu simplesmente não conseguia entender aquilo. Parecia que ele estava tentando me punir de alguma forma, e a sua punição era me deixar de fora. Eu não tinha o direito de participar. Ou eu não tinha maturidade para participar. Mas eu não entendia o porquê. Eu me sentia uma criança retirada do assunto dos adultos. Mas qual era esse assunto, a morte? Eu podia testemunhar tudo aquilo, porém não podia participar. Eu tentava entender o que eu tinha feito de errado que merecesse aquela punição. E, algumas vezes, quando estive sozinho com o meu pai, tentei conversar com ele. Tentei entender o que tinha de errado entre nós. Eu perguntava o que estava se passando, e ele se fechava. E, quanto mais ele se fechava, mais eu me sentia enfurecido. À medida que eu cobrava a sua abertura comigo, eu cobrava também todo o resto que me estava entalado. Eu cobrava o seu desaparecimento ao longo dos últimos anos. E ele só respondia uma frase, seguidas vezes: "Não tem jeito, você tem que matar o pai. Não tem outro jeito".

No momento em que ele foi levado pelas enfermeiras para que a cirurgia fosse feita, ele chorou dando a mão para o meu irmão e sequer olhou para mim. Eu chorei em silêncio como que acompanhando a cena. Eu o odiava e estava apavorado com a possibilidade de que ele morresse ali. Com a possibilidade de que ele morresse *enquanto* eu o odiava.

O CACHORRO VELHO

Durante o almoço, algo como 10 dias depois da sua cirurgia, eu tentava não ouvir a sua mastigação. Eu detestava o ruído da sua mastigação. De modo que eu tentava cobrir minha orelha esquerda, a mais próxima dele, com a mão enquanto apoiava a cabeça com o cotovelo esquerdo sobre a mesa. Ele detestava que eu fizesse isso. Ele sempre havia detestado que eu me sentasse daquela forma. De modo que ele repetia: "Senta direito, guri".

Ao longo dos últimos anos, essa situação tinha piorado. Eu não achava que fazia mais sentido que eu fosse repreendido. Ao mesmo tempo, o meu pai havia perdido vários dentes e usava uma dentadura que não se fixava muito bem à sua boca. De modo que ele era obrigado a tirá-la para fazer as refeições, colocando-a sobre a mesa. Ele não conseguia mastigar, mas não aceitava que isso restringisse as suas escolhas alimentares, de modo que ele colocava grandes nacos de carne no prato e não era capaz de mastigá-los. Ele terminava por chupar os pedaços de carne e depositá-los de volta no prato em vez de engoli-los. Ao final da refeição, havia uma montanha de pedaços de carne chupados e não engolidos que caia do seu prato e se espalhava por toda a mesa. A carne se misturava com os pedaços de pão, elemento essencial para todas as suas refeições, que ele destroçava com as mãos. De modo que a imagem de sujeira ocupava grande parte da mesa. Aquilo me causava asco. Ainda que eu tentasse evitar por saber da sua dificuldade em mastigar, não adiantava, eu me sentia enojado. Eu perguntava porque ele fazia aquilo com os pedaços de carne e ele respondia que fazia bem para ele não comer a carne. Que o seu problema de hipertensão arterial estaria assim resolvido, desde que ele não engolisse os pedaços de carne e apenas os chupasse.

Nesse almoço específico, havia um outro elemento que compunha a cena. Nós tínhamos um cachorro velho. O cachorro havia sido comprado quando nos mudamos para aquela casa, com o intuito de cuidar dela. Eu me lembro dele chegando em casa, ainda filhote. Eu tinha 5 anos naquele momento da mudança, de modo que o cachorro deveria ter em torno de

14 anos nessa época, já que eu tinha 19. Era um cachorro grande e estava com uma displasia de quadril, que o impedia de levantar sozinho e causava muita dor. De modo que ele chorava e eu tinha de ir até o quintal ajudá-lo. Ele tomava remédios para dor, mas isso não era suficiente. Não havia o que fazer. Ele não ia melhorar e sacrificá-lo não era uma opção que eu e minha mãe, as duas pessoas responsáveis pelos cuidados do cachorro, considerássemos. Durante esse almoço específico, ele chorou muito. Eram grunhidos altos e de muito sofrimento. Eu me levantei uma vez. Fui até lá. Tentei ajudá-lo, ele parou um pouco de chorar, mas eu não fui capaz de colocá-lo em uma posição confortável. Ele ficava irritado ao ser manipulado e com frequência acabava tentando me morder. Como a intensidade do choro dele tinha diminuído, eu voltei para a mesa do almoço.

Eu sabia que para o meu pai nenhuma falta era mais grave do que se levantar durante o almoço. Assim, eu sabia que ia enfrentar problemas. E talvez eu tenha levantado também por isso. Para causar irritação ao meu pai. Eu achava ridícula a situação de que ele passasse meses sem aparecer e, de repente, eu me visse obrigado a ficar sentado ao seu lado durante o almoço ouvindo ele chupar pedaços de carne. Nós não tínhamos nada para conversar, por que então tínhamos de comer juntos?

Quando eu cheguei de volta à mesa, eu sabia que ele estava contrariado. Ele estava de olhando para baixo e levantou o olhar quando me viu. Não disse nada e voltou a olhar para o seu prato e despedaçar um pedaço de pão fazendo que sim com a cabeça. Como quem diz: é isso mesmo... é assim mesmo... eu sei como é... você não está sentado à mesa almoçando com o seu pai... eu sou seu pai... você não pode se levantar enquanto eu ainda não terminei de comer... me respeita que eu sou seu pai, guri.

No momento em que eu me sentei, o cachorro voltou a chorar no quintal. O lugar onde ele estava deitado era justamente atrás da cozinha. A porta que levava da cozinha para a parte de trás do quintal era de vidro e não fechava direito, de modo que estava sempre aberta, como era o caso naquele momento. Em função disso, o choro do cachorro tomava conta da mesa da cozinha. Um arrepio subiu pela minha espinha. Eu tinha medo do meu pai. Muito medo. Se ele desse um soco na mesa, o que poderia muito bem acontecer, eu cairia no choro de maneira literalmente automática. E eu sentia raiva disso. Eu sentia muita raiva por sentir tanto medo dele. Sentia raiva que ele tivesse tanto poder sobre mim. E eu sabia que ele ia se irritar com o choro do cachorro. Mas eu não podia me levantar de novo. Simplesmente não era uma opção. De modo que só o que eu pude fazer foi me preparar para o que estava por vir. Não que isso fosse resolver nada, mas era o que eu podia fazer. Eu me preparei para o acesso de raiva do meu pai que eu sabia estar prestes a acontecer.

Ele então começou a gritar, na mesa, com o cachorro. Não eram palavras. Eram ruídos guturais. Como se ele estivesse se comunicando com o cachorro, de certa forma.

Era frequente que o meu pai gritasse. Ele gostava disso.

Quando eu era pequeno, isso fazia parte do nosso divertimento. Era comum que estivéssemos no carro voltando para casa em um fim de tarde e ele começasse a gritar. Quando eu me assustava, ele olhava para mim pelo retrovisor e sorria. Eu achava divertido aquilo, quando criança. E ele me pedia que eu gritasse também. Grita, filhinho, grita! Eu me punha de pé entre os dois bancos da frente do carro e começava a gritar com toda a força. Ele adorava aquilo. A minha mãe detestava. De modo que, em geral, fazíamos isso quando ela não estava presente. Era como um jogo.

Mas, naquele momento, ali na mesa, não era um jogo. Ele estava simplesmente gritando com o cachorro que era incapaz de se levantar. E quanto mais ele gritava da mesa, mais o cachorro chorava de volta. Era uma cena estúpida e sem sentido. Além do que eu sentia pena do cachorro e me assombrava com o fato de que o meu pai não se importava com ele. Afinal, o meu pai havia comprado o cachorro 14 anos antes com o intuito de cuidar da casa que ele mesmo havia construído para morar com a sua família. Essa mesma casa que ele insistia em dizer todas as vezes que ainda era sua e onde ele exigia que fosse respeitado.

Eu fiquei quieto ouvindo os gritos por algum tempo, tentando terminar a minha comida. E torcendo para que ele terminasse logo a comida dele, porque só então eu poderia me levantar. Mas, enquanto ele gritava, ele não conseguia comer. Logo, não parecia que aquilo teria fim. Até que eu não aguentei e disse:

— Agora ficou bom. O cachorro gritando lá e você gritando aqui.

No instante em que eu terminei de dizer essa frase, eu me arrependi. Antes mesmo de ver a reação do meu pai. Eu sabia que era um erro colocar ele e o cachorro na mesma categoria, que era o que eu tinha escolhido fazer dizendo aquilo. Mas, quando eu pensei em dizer, por um átimo de segundo, eu não me dei conta de que aquilo fosse sair de maneira tão dura da minha boca. Meu pai estava se sentindo humilhado naquele período. Eu sabia disso. Ele tinha acabado de operar o coração. Sofria ainda com as dores da cirurgia. Não tinha nenhum dinheiro para alugar um lugar onde ele pudesse morar e se via obrigado a dormir no sofá da sala da casa que um dia ele havia construído. Da minha perspectiva, ver o meu pai naquela situação, era muito ruim. Eu sentia que ele havia feito uma interminável sequência de escolhas erradas na vida. E todas essas escolhas o haviam levado até aquele ponto. De alguma forma, em função da raiva que eu sentia dele, era como se ele estivesse sendo castigado pela vida por ter feito tudo o que ele tinha feito. Por ter sido tão negligente com a sua família, por ter sido tão negligente comigo. E o fato de se colocar em uma posição de vítima da vida me irritava ainda mais.

Mas eu sabia que não era assim que ele via as coisas. Na sua impressão, ele de fato estava sendo injustiçado. Ele estava enfrentando o próprio envelhecimento sozinho. Dormindo no sofá da sala. Sendo agredido pelo filho mais novo, para quem ele havia dado todo o amor do mundo. Aquilo não era justo. E o que eu disse naquele momento evidenciava esse absurdo porque o colocava na mesma posição do cachorro moribundo, humilhado por ser incapaz de sustentar o próprio peso do corpo.

E, quando a frase saiu da minha boca, eu me arrependi. Eu não podia falar com ele daquela maneira e eu sabia disso. Mas já era tarde.

Ele me olhou enfurecido.

— Como é que é? — ele perguntou enquanto se levantava e partia para cima de mim.

Eu fugi dele. Corri pela cozinha em direção à escada e subi os dois lances de escada até o meu quarto o mais rápido que pude. Ele bufava de raiva logo atrás de mim, mas eu fui mais rápido e consegui chegar até o meu quarto antes que ele me alcançasse. Eu entrei no quarto e tranquei a porta. No momento em que consegui girar a chave na fechadura duas vezes, senti um breve alívio. Eu tinha conseguido escapar. Eu não ia apanhar do meu pai. A não ser que ele arrombasse a porta. Será que ele seria capaz de arrombar a porta? E, se ele arrombasse a porta, ele seria realmente capaz de me bater? Enquanto eu pensava nisso, eu senti os seus passos chegando até o andar do meu quarto. E logo ele começou a esmurrar a porta aos berros. Ele ordenava que eu abrisse a porta enquanto me xingava de maneiras diversas. Naquele momento, olhando a porta ser esmurrada, o meu medo foi estranhamente substituído pela raiva. Não é possível dizer que o medo tenha desaparecido, mas a raiva que eu sentia em relação àquilo era maior. Quem era ele para me ordenar que eu saísse do meu quarto? Eu tinha 19 anos, afinal. Eu compreendia que o que eu tinha feito não havia sido uma boa ideia. Eu compreendia que eu havia sido agressivo e especialmente desrespeitoso com ele, e nada era mais grave para o meu pai do que se sentir desrespeitado. Ou seja, os momentos nos quais ele sentia que a hierarquia havia sido perdida e que ele não era mais a figura a ser obedecida e reverenciada, por assim dizer. Isso poderia acontecer de diversas maneiras. Mesmo a mais leve ironia, caso indicasse que ele havia sido retirado da posição inabalável do *pai*, poderia causar um enorme problema. De modo que era preciso estar atento. E o que eu tinha feito era exatamente o tipo de coisa capaz de tirá-lo absolutamente do campo do razoável. Assim, a única chance que eu tinha de que aquilo acabasse sem quem chegássemos à violência de fato seria que eu abrisse a porta e pedisse perdão a ele. Enquanto eu pensava nisso e olhava a porta ser esmurrada, a raiva cresceu em mim. Cada vez mais. E, quando eu abri a porta, eu o fiz não para pedir perdão, mas para bater nele antes que ele me batesse. Eu nunca havia sequer sonhado com a possibilidade de bater no meu pai. Ele sempre foi monstruosamente maior do que eu, em todos os sentidos. Mas eu já tinha 19 anos. E aquilo não podia continuar assim. Ele não tinha o direito de me tratar daquela maneira.

Eu abri a porta e fui para cima dele com o punho direito fechado.

Ele estava também com as mãos fechadas, os braços esticados junto ao corpo e o tronco inclinado para frente. Nessa posição, a primeira parte dele que eu via era a sua cabeça. Eu olhei para o alto da sua cabeça, o seu couro cabeludo, com o pouco de cabelo que restava ali. É claro que eu vi o seu rosto enfurecido, mas eu nunca tinha visto o alto da sua cabeça naquela posição, estando nós dois de pé. Por muitos anos, eu olhei para ele de baixo. E, depois que eu tinha crescido, eu olhava para ele de frente, no mesmo nível. Mas eu nunca tinha visto o alto da sua cabeça enquanto estávamos os dois de pé, frente a frente. Isso queria dizer que eu era mais alto do que ele?

GOTAS DE SUOR

Quando criança, eu passava horas sentado no pescoço do meu pai. Ele chegava do trabalho, ainda na nossa antiga casa, e eu corria até ele. Eu deveria ter algo em torno de 3 a 4 anos. Mas a lembrança que eu tenho da cena é muito vívida em função de uma sequência de fotos desse exato momento. Meu pai chegando do trabalho. Eu correndo até ele. Ele se abaixando para me abraçar. Eu escalando o seu corpo, subindo com os pés pela sua barriga, abraçando a sua cabeça e dando a volta para me sentar no seu pescoço. E, lá de cima, eu via duas coisas.

A primeira era o próprio mundo, aberto, do alto. Eu era maior do que todos os outros, maior inclusive do que o meu pai, já que eu estava acima dele. Era muito diferente olhar as coisas ali de cima. Ver a minha mãe, pequena. Ver o meu irmão, pequeno. Era como se toda a potência que ele tinha houvesse, nesse gesto muito simples, sido transferida para mim.

Eu segurava com as duas mãos entre o seu pescoço e o seu queixo e ficava ali o máximo de tempo possível. Ele não se incomodava, muito pelo contrário. Essa era a nossa rotina do fim do dia. Para ele, não era um problema que eu me sentisse maior do que ele. Afinal, era ele que estava me proporcionando isso. O que o fazia se sentir ainda mais potente. De modo que nós dois ganhávamos muito com aquela cena.

E a segunda coisa que eu via era justamente o alto da sua cabeça. Quando eu tinha 3 anos, o meu pai já não tinha muito cabelo e era possível ver com clareza o seu couro cabeludo e as mínimas gotas de suor que se agrupavam ali. Eu brincava com aquelas gotas passando nelas a ponta do meu dedo. Eu não pensava que aquelas gotas significavam que o meu pai deveria estar cansado ou com calor. Eram gotas de água que brotavam no alto da sua cabeça e era só eu quem as podia ver. Nem mesmo ele as via. Era um segredo que só eu sabia sobre ele: gotas redondas de água surgiam no alto da sua cabeça no fim da tarde quando ele voltava do trabalho para casa e me colocava no seu pescoço.

Eu subi no pescoço do meu pai enquanto eu pude. Já mais velho, sempre que eu sentia uma brecha que pudesse justificar aquilo, como caminhadas mais longas durante viagens, eu pedia para subir ali. Ele nunca se incomodou, muito pelo contrário. Sempre que eu pedia para subir no seu pescoço, mesmo já sendo um pouco maior do que deveria ser para ter aquela ideia, ele parecia muito satisfeito com o fato de que ainda fosse capaz de me botar no seu pescoço. Era como se o seu lugar de pai fosse magicamente restituído. Ele voltava a ser tão poderoso quanto era quando eu era uma criança pequena.

○

No momento em que eu abri a porta e vi o alto da sua cabeça, as gotas de suor e os poucos fios de cabelo, eu não pude dar um soco no seu rosto. Eu tive medo de machucá-lo. Eu tive medo de quebrar seus dentes. Eu pensei que não poderia agredir o rosto do meu pai. Mas a expressão dele de ódio ainda me enfurecia e eu queria bater nele. Eu queria ser capaz de bater nele. Então, eu pensei que eu poderia dar um soco no seu peito. Mas eu imediatamente me lembrei da cirurgia. O seu coração que havia sido remendado com veias retiradas da parte interna da sua coxa direita. O osso esterno costurado com fios de aço. Eu não queria machucá-lo, mas eu queria ser capaz de bater no meu pai. Eu queria não sentir mais medo dele. Eu queria que a maneira como ele se colocava em relação a mim acabasse. Eu queria dizer que eu não aceitava mais. Talvez eu quisesse de volta o pai que eu tinha tido e não mais aquele pai. Talvez eu quisesse de volta o pai que era feito de amor dentro de mim e não de violência. Eu não dei o soco nele. O que eu fiz foi, provavelmente, muito pior. Eu olhei para ele de cima e sorri. Eu não disse nada, mas ele compreendeu. Eu o achava patético. Ele aos poucos parou de bufar, virou de costas e desceu a escada. Aquilo estava acabado. Eu fiquei sozinho na frente da porta. E por um breve instante eu era vitorioso. Eu não tinha mais medo do meu pai. Eu era maior do que ele. O que queria dizer que ele era menor do que eu. Ele era um velho, afinal. Ele não podia mais me ameaçar. E, antes que eu me desse conta, eu havia sido invadido por uma gigantesca sensação de culpa. O que eu tinha acabado de fazer? Eu havia humilhado o meu pai.

DOMINÂNCIA E VÍNCULO

Os campos de dominância são talvez os indicadores mais precisos das nossas chances de sobrevivência no encontro com os nossos pares. E a base dessa medição é sempre a comparação. Ele é maior do que eu ou ele é menor do que eu?

A valência dessa comparação é simples: se o outro é maior do que você, isso é ruim, e, se o outro é menor do que você, isso é bom.

Mas essa valência é rearticulada, ou melhor, invertida, dentro do campo de vínculo. Dentro do campo de vínculo, ser menor é bom, já que ser menor significa ser protegido e cuidado pelo maior.

É exatamente por isso que o estabelecimento do vínculo, de modo geral, demora mais tempo do que o estabelecimento da dominância: confiar que você pode ser cuidado pelo outro é um movimento arriscado, logo precisamos ter certeza. Ou, pelo menos, precisamos acreditar que temos certeza. Nesse sentido, poderíamos pensar que o vínculo está ligado à confiança e a dominância está ligada à desconfiança. De modo que quanto maior o outro for, mais importante é que eu desconfie dele. E o melhor seria mesmo que eu fosse maior do que ele. No caso do vínculo, quanto maior for o outro, mais seguro eu me sinto.

A maneira mais fácil de compreender essa inversão na valência da dominância que o vínculo articula está na relação entre um bebê e suas figuras parentais.

No início da nossa vida, quando essa relação com os *primeiros outros* acontece, ou deveria acontecer, dentro do campo garantido pelas forças de atração do vínculo – *necessidade de ser amado* e *necessidade de cuidar* –, e quando o maior, o pai ou a mãe, está banhado pela *necessidade de cuidar*, nada melhor do que ser "dominado" pelo corpo gigantesco do outro. Um corpo que funciona como contorno, como apoio, como sustentação. Não há risco aí, muito pelo contrário.

O corpo gigantesco do outro transfere para o bebê a sua potência e a sua segurança. Afinal, nesse momento, o que ocorre é que o vínculo nos faz sentir como se fôssemos parte desse outro. Para o meu pai, eu, seu filho, sou parte dele. Eu sou o seu filho e não uma criança que ele carrega no pescoço. Eu sou uma continuidade dele. Simbolicamente e literalmente. E, para o bebê, ou a criança pequena, o corpo do outro é o lugar onde o relaxamento opioide pode acontecer. Ali, há segurança. Ali, não há ameaça. Ali, eu posso dormir. E, já que eu sou uma continuidade dele, ali eu sou o maior de todos. Essa imagem é uma outra maneira de articular a ocorrência do *amor incondicional*. O lugar no qual o amor do outro é tão seguro que podemos sentir como se fôssemos parte do outro. A confiança é absoluta. Não existe ameaça de abandono.

Porém, essa qualidade muito específica de relação não tende a se sustentar por muito tempo. Em algum momento do percurso, seja muito cedo para alguns ou um pouco mais tarde para outros, a *necessidade de cuidar* tende a perder a sua força constante. Ou, pelo menos, ela deixa de ser priorizada pelo nosso sistema. Ela só deve aparecer em momentos nos quais a cria se mostra em risco. E esses momentos se tornam mais raros à medida que o tempo passa. Com isso, a *necessidade de dominância* do pai – que antes era transformada constantemente pela *necessidade de cuidar*, gerando um pai que experimenta a própria potência por se ver capaz de cuidar do filho e anda por aí com uma criança dependurada em seu pescoço, orgulhoso – passa a ser experimentada como dominância pura. Algo como "sou eu que mando aqui".

Com essa transformação, o *amor incondicional* vai dar espaço para o *"amor condicionado a"*. Nesse momento, a inversão na valência da dominância, que era articulada pelo vínculo, passa a se complicar. Ser o menor já não é a melhor coisa que pode existir. E essa mudança segue fundamentalmente dois eixos, interligados entre si.

A LEI

Em um primeiro sentido, a figura maior passa a cobrar da figura menor que ela se submeta às regras do mundo. O processo civilizatório é intenso. E a distância que existe entre um bebê e um adulto é gigantesca no que se refere àquilo que é permitido fazer e aquilo que não é permitido fazer. O desenvolvimento infantil é, em larga medida, um percurso de perda de liberdade. Logo, muitas coisas serão proibidas ao longo do caminho. A lei. Isso pode, isso não pode. E a figura responsável pela transmissão à criança dos limites do mundo cultural, e também do mundo físico, no qual essa criança está inserida, é justamente aquele adulto fantástico de quem a criança se via como continuidade pouquíssimo tempo atrás. Aquele mesmo pai que carregava o menino no pescoço passa a dizer o que ele pode ou não pode fazer.

Um exemplo muito simples se refere à relação com a própria excreção. Xixi e cocô. No início, isso simplesmente não existe como problema. Logo adiante, não é "normal" uma criança que faz cocô nas calças. O choro e o grito são também exemplos claros. No começo da nossa existência, chorar e gritar fazia os outros se aproximarem de mim para me auxiliar. Logo adiante, o meu choro os afasta. Ou pior, o meu choro e o meu grito geram punição. Um bebê que chora em um restaurante pode causar um certo constrangimento no ambiente, mas não se espera que o pai o repreenda. Já quando uma criança de 6 anos se põe a gritar em um espaço público, os olhares se voltam para o pai perguntando o que há de errado com o seu filho e por que ele, o pai, não consegue dar conta daquilo. Mais uma vez, assim que os conceitos culturais, as normas, são compreendidos, eles devem ser seguidos. Essa função é o que a psicanálise chamou de *supereu*. Aqui, é importante dizer que supereu, ou superego, é uma expressão ruim. A expressão original é *uberich*. "Uber" significa "acima". E "ich" significa "eu". Literalmente, "acima do eu". Ou seja, aquilo ou aquele que está acima de mim. Uma noção explícita de dominância. E ela está ligada fundamentalmente à ideia de repressão. Algo ou alguém, que está acima de mim, reprime tudo aquilo em mim que não pode ser aceito naquele espaço-tempo cultural no qual nos encontramos.

Na vida adulta, o *supereu* já está em nós, por assim dizer. Ele foi introjetado[38] e funciona como uma sequência de aprendizados que são automáticos. E quando não são, quando os automatismos não dão conta, ele se apresenta como uma espécie de diálogo interno: você vai mesmo fazer isso? Você não deveria? E se alguém vir? E se alguém descobrir? Como você é uma pessoa má por pensar uma coisa dessas!

Essas falas internas podem ter a nossa própria voz ou a voz das figuras de lei que atravessaram o nosso caminho. Isso varia em função da história de cada um. Mas o fato é que as primeiras pessoas responsáveis por essa função são pessoas reais e são justamente aquelas que nos prometeram o *amor incondicional*: os nossos pais gigantescos. De modo que, em função do estabelecimento da lei, o maior passa a ser ameaçador *dentro* daquilo que era antes o campo de vínculo. Assim, meu pai é ameaçador justamente porque ele é maior e pode me punir. Ou pode mesmo me abandonar caso eu não ande na linha.

Muito se fala sobre a violência da lógica do castigo no processo pedagógico, e essa crítica faz sentido, mas, mesmo sem a ameaça do castigo, a ameaça do abandono continua lá. Ou seja, estamos sendo constantemente vigiados e reprimidos exatamente pelas figuras que nos prometeram *amor incondicional*. E temos muito medo delas porque não só são enormes como subitamente se voltaram contra nós. Com essa mudança de posição, a confiança que pautava o campo de vínculo fica desestruturada. Eu não consigo mais confiar no meu pai, já que ele me pune e me ameaça. Eu tenho medo dele. E eu precisaria, na verdade, me esconder dele. E, assim, odeio-o por me colocar nessa posição. Por me obrigar a seguir as suas regras, que eu não consigo compreender. Eu sinto raiva dele. Eu me sinto traído e humilhado por ele. Sinto inveja da sua força e muitas vezes torço pela sua queda. Por outro lado, ao mesmo tempo, eu preciso confiar nele porque eu ainda não dou conta de me virar sozinho. Eu ainda dependo dele como figura fundamental para a minha redução de imprevisibilidade no mundo. Como fazer? Agora, no campo de vínculo, o maior é boa notícia *e* má notícia. *Ao mesmo tempo*. O maior aumenta a imprevisibilidade, causando-me medo e raiva, e diminui a imprevisibilidade, ao me proteger do mundo.

FANTASIA

A essa altura, poderíamos nos ater um instante na elaboração a respeito do papel que a *fantasia* ocupa no que se refere à conformidade com o *supereu*, com a lei – *fantasia* compreendida aqui como aquilo que se monta no nosso teatro mental *no lugar* do que seria a satisfação de uma necessidade no mundo do lado de fora, quando essa satisfação não parece viável.

No momento em que a condicionalidade do amor já inverteu o valor da dominância dentro do vínculo, ou seja, quando prevalece a lei do *supereu*, mas *ainda* priorizamos o vínculo em detrimento de qualquer outra coisa, tudo o que ameaça o vínculo deve acontecer no nível da fantasia. Qualquer coisa que desvie da lei, por assim dizer.

Logo, qualquer *necessidade de brigar*, por exemplo, só pode ser "satisfeita" no campo da fantasia. Eu fantasio atacar o meu pai, por exemplo, mas não o faço porque seria arriscado demais para o vínculo, para a satisfação da minha *necessidade de ser amado*, que se mantém como prioridade por tanto tempo na espécie humana em função da nossa prolongada dependência do outro.

De forma que poderíamos supor, inclusive, que a nossa própria capacidade de fantasiar teria sido uma característica que se apresentou como necessária dentro do nosso processo evolutivo. Do contrário, se não pudéssemos fantasiar em vez de realizar as nossas necessidades no mundo do lado de fora, muito provavelmente seria inviável sustentar os nossos sistemas de vínculo por tanto tempo. O que ameaçaria radicalmente a nossa sobrevivência, já que somos tão dependentes do vínculo na nossa longuíssima infância.

QUEM EU DEVERIA SER PARA SER AMADO?

Um segundo sentido dessa mudança radical do *amor incondicional* para o *"amor condicionado a"* se refere a uma formulação aparentemente muito simples, feita pela própria criança. Essa formulação trata de como é possível responder a uma pergunta fundamental: por que meus pais não me amam mais? E o que deriva daí: o que eu teria que ser/fazer para ser amado? Ou, ainda: quem eu teria que ser para ser amado? Se a repressão, ligada ao *supereu,* trata daquilo que *não pode ser,* esse segundo eixo se refere às respostas que a criança consegue formular a respeito de quem ela *deveria ser.* Quem eu preciso ser para ser amado?

Essa resposta pode ser concebida seguindo pelo menos três cadeias de associação feitas pela criança. E todas elas têm na sua base a mesma lógica comparativa que rege os campos de dominância. Maior e menor. Mas agora essas categorias ganham uma incrível diversidade de aplicações no campo cultural. Já que ser *maior do que* pode querer dizer inúmeras coisas. E, no fundo, pode ser traduzido como *melhor do quê.*

ISSO É MELHOR DO QUE AQUILO

A primeira cadeia associativa que a criança faz é muito simples e trata daquilo que é estimulado em oposição àquilo que é repreendido. Se gritar parece ser ruim, já que agora todo grito é repreendido pelos pais, uma série de outras coisas recebe confirmações positivas. Sempre que a criança é bem-educada e dá bom dia aos outros, ela recebe elogios, por exemplo. Logo, em uma comparação simples entre o que é repreendido e o que é elogiado, ser bem-educada e não gritar parece uma melhor estratégia para garantir a estabilidade do campo de vínculo e uma fantasia de retorno ao *amor incondicional.* Ser bem-educada é melhor do que ser mal-educada. E ela já consegue ser bem-educada justamente porque, afinal, ela *já é grande.* Notem que nunca deixamos de falar, ainda nesse caso bem simples, de uma tentativa de solução de um desvio homeostático. Aqui, mais uma vez, da *necessidade de ser amado*. Se eu for bem-educada, serei amada pelos meus pais.

Em uma mesma lógica comparativa simples, sempre que a criança consegue fazer algo que antes não conseguia fazer, ela é elogiada. Sempre que ela come com os talheres de maneira adequada. Sempre que ela é capaz de fazer suas necessidades sozinha. Quando ela é capaz de andar sozinha. De dormir sozinha. De subir sozinha na própria cama. De se sentar sozinha. De comer sozinha sem a ajuda de ninguém. Ela já consegue fazer tudo isso sozinha porque ela já é grande. Ao passo que, quando ela precisa de ajuda, ela ouve um "mas você já sabe fazer isso sozinha, ou não sabe?". Assim, fica claro que caminho ela deve seguir: para ser amada, eu devo ser autônoma. E isso em si é uma ambivalência, já que tudo o que a criança não quer, no que se refere à garantia do *amor incondicional*, é se sentir obrigada a ser autônoma para ser amada. Já que ser autônoma é justamente não depender do vínculo. Logo, ela precisa ser autônoma e fica satisfeita quando sente que agradou os pais. Porque isso reduz o seu desvio homeostático e lhe causa prazer. Mas, ao mesmo tempo, ressente-se por estar se afastando cada vez mais de onde gostaria de estar: no campo de acolhimento absoluto. Assim, ela se vê em um conflito que muitas vezes irá acompanhá-la por toda a sua vida adulta: preciso ser autônoma para ser amada, mas, se eu for autônoma, não há ninguém lá para me amar.

De qualquer forma, essas duas lógicas – preciso ser mais bem-educada e preciso ser mais autônoma para ser amada – são estabelecidas muito facilmente na cabeça da criança por critérios simples de comparação.

Isso é melhor do que *aquilo*. E ela segue com esses critérios muitas vezes para o resto da sua vida, ainda que eles não correspondam mais à realidade na qual ela se encontra. Essa resposta passa a ser automatizada e é ela que deve ser seguida. É isso que eu tenho que fazer/ser para ser amada.

IMITAÇÕES E IDENTIFICAÇÕES

Uma segunda cadeia associativa feita pela criança para encontrar a resposta de como ela pode voltar a ser amada como antes era está ligada a um procedimento muito simples: a comparação com a próprias figuras de lei e a tentativa de se aproximar das suas características. A criança percebe que, quando faz tudo bem igualzinho àquilo que o seu pai faz, ele parece muito satisfeito. Afinal, essa é uma das razões que o levou à ideia de ser pai: a sua própria fantasia narcísica de retorno para a centralidade do amor. Assim, quando o pai percebe que o filho o imita, ele se regozija. Finalmente alguém que percebe a sua importância! E ele abraça o filho muito satisfeito. E o filho pensa: boa notícia, quando eu o imito, ele fica feliz. E, se ele fica feliz, ele me dá um abraço. Logo, se eu for igual a ele, isso quer dizer que ele vai sempre me abraçar. E ele continua a imitar o pai. A tentar andar como ele, falar como ele, comer como ele.

Ou a menina, se quisermos nos manter em um campo de exemplos normativos, que passa a se vestir como a mãe e a arrumar o cabelo exatamente da mesma maneira que a mãe. Visto de fora, talvez pareça que a mãe vestiu a filha exatamente como ela. Porém, a mãe pode responder de maneira sincera: "mas foi ela que pediu!". E é claro que ela pediu. Essa parece ser uma excelente estratégia. A mãe fica exultante quando vê a sua imagem refletida nessa espécie de espelho em miniatura. E sente uma enorme esperança de que o seu próprio desamparo esteja resolvido de uma vez por todas através daquela criança. Ela abraça a filha muito satisfeita. E a filha pensa que se for sempre igual à mãe, a mãe deve sempre abraçá-la. E isso parece uma boa resposta. No fundo, essa criança está construindo uma noção básica que rege muitos dos nossos encontros ao longo da vida. A ideia de que, para ser amado por alguém, a melhor estratégia é que você seja simplesmente igual a essa pessoa. Essa noção está ligada ao que a psicanálise chamou dos processos de identificação[39]. E está também ligada a uma noção simples de construção de identidade. Logo, quando alguém diz que fulano puxou o pai, talvez isso não trate simplesmente de uma coisa que aconteceu espontaneamente. Na verdade, estamos observando um processo de tentativa de resolução de um desvio homeostático através da produção de uma identificação. Ser igual ao outro é bom, porque aumenta as minhas chances de ser gostado.

Mas é claro que essa estratégia é falha. De várias maneiras. Ainda na infância, o seu pai já não acha tanta graça quando você o imita pela centésima vez como achou quando você o imitou na primeira. Agora, ele já considera que você *tem que* ser assim. Ele já espera que você seja assim. O mínimo que ele espera é que o filho seja igual a ele. Não existe mais satisfação e ele sequer percebe que isso está acontecendo. Por outro lado, quando você não consegue ser como ele, isso soa como um desrespeito e você acaba repreendido mais uma vez. E, no fundo, invariavelmente, você não vai conseguir ser como ele. Você não sabe falar como ele fala, sobre os assuntos que ele fala. Você não consegue dirigir o carro como ele dirige. Você não consegue alcançar o prato da última prateleira como ele consegue. Com isso, você o admira, mas também se ressente dele. Como é que ele pode esperar isso de mim se eu simplesmente não consigo fazer como ele? E você fica com raiva. E inveja. E você, paradoxalmente, torce para que o seu pai não consiga fazer tudo tão bem assim, para que ele falhe. E mais uma vez você sente prazer na sua disputa com ele quando ele falha. Afinal, você não pode ser humilhado assim. Por outro lado, sempre que ele se mostra frágil, é você que fica em risco, já que ele é a melhor chance de proteção que você pode encontrar. Ou seja, você se vê metido em uma ambivalência aparentemente indissolúvel.

Um outro jeito desse processo de identificação falhar ainda na infância trata também da inveja. Mas no outro sentido. Por mais estranho que possa parecer, quando a menina se veste como a mãe, ela acaba chamando mais atenção do que a mãe. Já que parece mais improvável uma menina que se vista como uma adulta, com a mesma saia e o mesmo rabo de cavalo, do que uma adulta que se veste como uma adulta, certo? E, ainda que a mãe possa se sentir orgulhosa pela filha chamar atenção para si, essa mesma mãe pode também sentir inveja dessa filha que chama mais atenção do que ela própria. Afinal, a ideia toda a respeito de ter filhos não se referia a tentar retomar uma posição de centralidade narcísica? Da maneira que isso se coloca agora, quem está na posição de centralidade é a filha, e não a mãe. E a mãe, num belo dia, decide cortar o cabelo da filha bem curto, como o de um menino, com a justificativa de que o verão está chegando. E a mãe pode voltar a desfilar aliviada, com a filha de cabelo curto enquanto ela, a mãe, ostenta seu rabo de cavalo, que continua lá. Mas, logo adiante, ela se sente culpada pelo que fez e corta o seu cabelo bem curto para que elas fiquem iguais mais uma vez. E, quando alguém aponta na rua e diz como elas são parecidas, a mãe responde: "Mas foi ela quem cortou primeiro, acredita?". E isso pode seguir por toda uma vida de alternância de comprimentos de corte de cabelo. A cada vez é uma delas quem corta primeiro. Afinal, a filha também quer a sua posição de centralidade. E ela quer ser amada não só pela mãe. Ela quer também ser amada *mais* do que a mãe.

Mas, mesmo que a estratégia da identificação não falhe com os pais, considerando a rara hipótese de que a centralidade narcísica foi sustentada de maneira razoavelmente satisfatória tanto para a criança quanto para a figura parental ao longo da vida – e essa hipótese é raríssima –, a estratégia pode perfeitamente falhar em um encontro com um outro objeto na idade adulta. Afinal, se você acaba esbarrando com alguém que sofreu muito nos campos de identificação com os pais ao longo de uma vida por nunca conseguir estar à altura dos seus modelos, quando você insinua recomeçar o jogo de identificações, o outro simplesmente desaparece apavorado.

Ainda assim, você continua repetindo a mesma estratégia, por mais que ela se mostre ineficaz, já que esse modelo funcionou em um primeiro momento no seu campo de vínculo original e terminou sendo automatizado. Mais uma vez, você simplesmente repete o que parece familiar e seguro, mesmo sem se dar conta.

EU SOU O MELHOR

Uma terceira cadeia associativa na construção da resposta, que a criança busca a respeito de como ser amada, também passa pela comparação. Porém, dessa vez, uma comparação com o lado de fora. Com aquilo que está fora do campo de vínculo inicial. Tudo aquilo que nunca foi regido pela inversão que o vínculo criava nos critérios da dominância. Ou seja, o mundo real. O lugar onde é melhor mesmo ser maior do que ser menor. Pelo menos em um primeiro momento, é assim que parece à criança.

Isso é mais fácil de perceber quando existem outros membros da família como um irmão mais velho ou um primo. Mas a própria ida para a escola pode cumprir essa função. O colega da classe que é maior do que os outros ou mais forte do que os outros parece ter uma vantagem. Ou, um pouco mais adiante, um colega que recebe elogios da professora por ser o melhor aluno da sala, e aquilo causa inveja. Os critérios, ou melhor, os atributos a partir dos quais essa comparação é feita variam muito ao longo da vida, mas a comparação sempre está lá. De certa forma, é inevitável que ela aconteça.

Exatamente por isso, é estúpido quando te dizem para não se comparar com os outros. É simplesmente impossível fazer isso. A comparação é uma estratégia de sobrevivência. Ela serve como mapeamento das hierarquias que se estabelecem no mundo e das chances que você prevê de sucesso na satisfação das suas necessidades no encontro com os outros.

A ideia é simples: se o menino mais forte da sala rouba o seu carrinho preferido, você lida com isso de uma maneira diferente de como lidaria se o menino fosse menor do que você. É importante compreender que eu não estou dizendo que isso é uma coisa boa e que eu acho que a vida tem mesmo de ser assim, pautada na hierarquia. Eu estou simplesmente dizendo que *é* assim. É claro, também, que existem outros mecanismos. Por exemplo, você pode ser o melhor aluno da sala e ajudar o menino mais forte com algo que parece desafiador para ele e, a partir daí, ele não só pode deixar de roubar o seu carrinho preferido como pode te defender caso alguém tente roubá--lo. Ou mesmo você pode não ser o melhor aluno, mas, por acaso, você e o menino mais forte da sala descobrem que têm exatamente o mesmo personagem preferido naquele desenho animado que ninguém mais assiste. Vocês acham graça dessa coincidência. E isso passa a produzir uma espécie de conexão entre vocês dois. E, a partir daí, tudo se reconfigura, já que agora o menino mais forte se transformou no seu protetor contra os outros meninos mais fortes. E isso é uma boa notícia para você, que se sente protegido, mas também é uma boa notícia para ele, que se sente capaz de ser seu protetor. E ele assume a dominância mediada pela *necessidade de cuidar*. Assim ele é dominante, maior, porque é capaz de cuidar do outro, menor. Mais uma vez, o vínculo modifica o sinal da dominância. Nesse caso, é bom que ele seja maior do que você.

O problema é que o vínculo, que desencadeia a *necessidade de cuidar* do outro, leva tempo. Ao contrário do campo da dominância puro que se estabelece em uma primeira mirada sobre a realidade – quem é maior, quem é menor –, o vínculo requer uma construção. O vínculo é um processo de construção de confiança. Assim, uma enorme parte da nossa existência na realidade é regida pela dominância, e não pelo vínculo. Em função disso, quando essa criança observa a realidade do lado de fora do campo de vínculo original – o que tende a acontecer ao mesmo tempo que a própria incondicionalidade do amor se dilui dentro do campo de vínculo original –, o que ela pensa é derivado da observação dessa mesma realidade, é claro. Assim, ela conclui que a melhor alternativa é ser a melhor, no que quer que seja. Pode ser a que corre mais rápido. A que pula mais alto. A que desenha melhor. A que come mais rápido. Ou a que come primeiro. A que acorda mais cedo do que as outras na casa. A que sabe mais palavras. A que sabe contar até quanto. A que conhece mais cidades. No fundo, não importa muito qual é o atributo ou a capacidade que está sendo comparada, o que importa é comparar.

A partir dessa comparação, e dessa constatação, algumas crianças vão fazer um verdadeiro investimento na realidade para se tornarem mais rápidas ou mais fortes que as outras. E outras crianças vão ter a impressão de que isso é simplesmente impossível e vão recorrer à *fantasia* – que se estrutura como a possibilidade de satisfação de uma necessidade no teatro mental quando essa satisfação parece inviável no mundo real. *Assim*, no seu mundo de fantasia, elas são as mais rápidas, as mais fortes ou as preferidas da professora, e por isso elas recebem mais amor. Ou elas podem *se tornar* a professora, o que resolve de uma vez por todas a problemática da dominância, já que agora são elas que ocupam a posição de cima. A posição de quem diz quem é a melhor em que. Logo, a posição de quem diz quem merece amor e quem merece castigo. E também a posição de quem é dominante porque é capaz de cuidar dos menores. Assim como de castigar os menores, é claro. De tal forma, elas se colocam em uma posição na qual não existe mais risco de derrota no jogo da dominância.

Uma outra possibilidade aberta pela fantasia é que nela você produza encontros de vínculo. Não é à toa que as crianças criam os seus amigos imaginários. Parceiros que estão sempre com eles e que não os julgam nem os ameaçam de abandono a cada deslize. Parceiros seguros e absolutamente confiáveis. Vínculo feito dentro do campo de fantasia. E não há nada de errado nisso. No fim das contas, a fantasia, por uma razão ou por outra, foi a melhor coisa que essa criança pôde fazer, já que a realidade era desafiadora demais.

IDEAL DO EU

A articulação dessas três cadeias associativas amparadas na comparação – eu tenho que ser mais capaz *do que* eu sou, eu tenho que ser mais *como* o meu pai é, eu tenho que ser *melhor do que* os outros da realidade exterior – formam a resposta básica para o que eu deveria fazer/ser para voltar a ser amado incondicionalmente. A essa resposta podemos dar o nome de *ideal do eu*. Ou seja, tudo aquilo que eu deveria ser para ser amado como deveria. A saber: para ser amado incondicionalmente.

Assim, poderíamos dizer que o *ideal do eu* funciona como um modelo a ser seguido. É lá que eu deveria estar. É aquele que eu deveria ser. O que nos demonstra que existe também aí uma comparação na própria formação da noção de *ideal do eu*. Entre o lá e o aqui. Entre o aquele e o este. Ou seja, existe sempre uma comparação, ainda que implícita entre o *ideal do eu* e o eu factual, que seria aquele eu que você se experimenta sendo. Nessa comparação, entre o que eu deveria ser e o que eu me percebo sendo, de modo geral, estamos sendo derrotados.

Se por um lado o *supereu* articula o que eu não deveria ser/fazer/pensar, ou seja, tudo aquilo que há de inadequado em mim, o *ideal do eu* articula tudo aquilo que me falta. De um lado a repressão, do outro, a demanda. No fundo, eles são articulações da mesma função. E essa é uma função civilizatória. Não é mais possível simplesmente ser como eu sou. Eu tenho que me submeter de alguma forma. Afinal, eu não sou mais o centro do mundo.

CAPITALISMO E IDEAL DO EU

No nosso mundo atual, nas dinâmicas contemporâneas do capitalismo, é possível dizer que a ênfase é colocada nos mecanismos do *ideal do eu* em oposição aos mecanismos do *supereu*. Ou seja, você, de modo geral, é mais demandado do que reprimido. A sua professora não usa mais a palmatória, mas sim reforços positivos. Até porque o behaviorismo apontou que essas estratégias são mais eficazes nos campos de aprendizado e de produção. Assim, é mais fácil se submeter a um chefe que te elogia quando você trabalha mais do que deveria do que se submeter a um chefe que te pune quando você trabalha menos do que ele gostaria. Isso se dá porque, como já vimos, *estamos todos em déficit de amor*. De modo que qualquer sinal positivo, qualquer índice de esperança nesse sentido, é perseguido até a exaustão. Literalmente.

O capitalismo compreendeu, por uma simples observação dos resultados, que é melhor se concentrar nas dinâmicas do *ideal do eu* do que nas dinâmicas do *supereu*. *Seja mais* funciona melhor do que *seja menos*. Os campos de repressão do *supereu* tem mais chance de gerar revolta com o outro do que de gerar insatisfação com a sua própria *performance*, como é o caso nos campos do *ideal do eu*. Logo, o *ideal do eu* é mais eficaz para os sistemas de produção do que *supereu*.

Em função disso, vamos para o mundo numa luta constante para sermos os melhores. Não importa em quê. O que importa é ser o melhor. Ou, pelo menos, melhor do que o outro. Assim, vivemos em um constante campo de disputa com aqueles que deveriam ser, e que são mesmo, os nossos pares. E, já que a *necessidade de dominância* também é uma das nossas necessidades básicas, sentimos prazer quando retornamos à sua zona de equilíbrio homeostático através de uma descarga intensa de serotonina[40]. Ou seja, sentimos prazer quando superamos o nosso colega de trabalho. Ou quando somos melhores do que o nosso amigo. Ou quando somos melhores do que o nosso irmão. E isso nos faz sentir culpa, já que a culpa aparece como um sinal de que o vínculo está ameaçado pela sua vontade de ser melhor do que aquele que está no seu campo de vínculo. Afinal, o vínculo envolve a *necessidade de cuidar* além da *necessidade de ser amado*. E como é possível que você queira derrotar aquele mesmo outro de quem você sente *necessidade de cuidar*? Ou que sente *necessidade de cuidar* de você. A dominância e o vínculo entram em choque. Você sente inveja e culpa, mas finge que não. Nada pior que sentir inveja daquele mesmo outro que você ama tanto.

Ou que te ama tanto. Mas é assim que é. E você acaba se afastando da sua amiga porque achou estranha a forma como ela não comemorou o seu novo emprego, mesmo quando você foi tão presente na vida dela logo após o término do seu casamento. Ela não soube comemorar o seu sucesso mesmo você tendo sido tão parceira no seu fracasso. E você chega à conclusão de que é melhor se afastar dela porque *ela* é invejosa.

Paradoxalmente, impulsionados pelo *ideal do eu*, seguimos pelo mundo em busca de estabelecer campos de dominância a fim de recuperar o *amor incondicional*. E, quanto mais nos embrenhamos nos campos de dominância, menos nos sentimos amados. E menos nos sentimos capazes de amar. A busca por amor através da dominância, através da figura do *ideal do eu*, no fundo, encerra-se em si. E estabelece uma espécie de contradição nos seus próprios termos. Vejamos como isso se estrutura.

○

Saímos para o mundo com a ideia de que, para conseguirmos retornar ao oásis fantástico do *amor incondicional*, nós devemos ser os melhores. Melhor do que o próximo ou melhor do que você mesmo. No fundo, isso não faz tanta diferença. Existem três possibilidades de conclusão nessa empreitada.

Na primeira, somos derrotados. Não conseguimos ser o melhor funcionário da empresa, não passamos em primeiro lugar no concurso do doutorado ou somos demitidos sem nenhuma indicação de que isso pudesse acontecer. Se funcionamos baseados na premissa de que precisamos ser os melhores para receber o amor incondicional, estamos em apuros, obviamente.

Nos dois outros desenhos possíveis, conseguimos. A vitória! Somos contratados pela empresa dos sonhos ou passamos em primeiro no concurso.

A partir daí, podemos seguir um caminho menos autoconsciente e um mais autoconsciente.

No primeiro caminho, depois de assinarmos o contrato dos sonhos, nos sentimos imediatamente ameaçados pela ideia de que não seremos capazes de sustentar expectativas tão altas. Ou seja, eles irão descobrir que fizeram a escolha errada com a nossa contratação. Não é possível que eu seja mesmo tão bom assim. Afinal, a vida inteira eu estive me comparando com alguém tão melhor do que eu, e era esse alguém que eles deveriam ter contratado, que atende justamente pelo nome de *ideal do eu*. Ou mesmo pelo colega ao lado, que funciona como uma materialização do seu *ideal do eu* e com quem você localiza a sua disputa. No fim das contas, você sabe, de um jeito ou de outro, que não vai conseguir se sustentar ali.

No segundo caminho seguido da vitória, estamos em processo de análise já há alguns anos. Nosso terapeuta nos pergunta com um sorriso malicioso se foi muito importante que o nosso pai tenha ficado finalmente feliz com o nosso sucesso. Você, com raiva, responde que sim e se dá conta mais uma vez de que está sendo obrigado, por uma vida inteira, a estar à altura das expectativas absurdas do seu pai. E, então, você percebe que detesta a ideia de que é obrigado a ser o melhor sempre. Afinal, toda essa empreitada não era em busca da recuperação do *amor incondicional*? E o que há de incondicional nesse amor que me obriga sempre a ser o melhor? Você, então, decide que não vai aceitar o emprego e que vai tirar um ano de férias para pensar no que deseja "de verdade" para a sua vida. Você tira o tal ano sabático, não consegue entender quem você é "de verdade" sem a demanda do seu pai e, depois, tem que se reinserir no mercado de trabalho, agora um ano "atrás" do resto do mundo, que continuou girando enquanto você fazia essa coisa completamente absurda e sem lugar no nosso tempo que é pensar sobre a vida.

○

É claro que existe uma quarta possibilidade de fracasso não mencionada na sua empreitada em busca do reconhecimento pelo sucesso. Ela é, no fundo, a mais óbvia. Somos vitoriosos, conseguimos o tal emprego dos sonhos, mas o nosso pai, por alguma razão estranha, não dá muita atenção para isso. E, no almoço que seria para comemorar, acaba te perguntando qual é o salário que você irá receber e quanto você acha que ganham os sócios da empresa. Ou seja, ele te humilha mais uma vez. É claro que a maneira de fazer isso pode ser mais sutil ou mais explícita, mas a base da ideia é que esse conteúdo também é ambivalente para ele. Afinal, ele quer que você seja o melhor, assim ele se vê espelhado no seu sucesso, mas ele não quer que você seja o melhor, porque assim ele se vê diminuído pelo seu sucesso. Sim, eu sei que parece terrível, mas pais podem sentir inveja dos filhos.

Ou seja, buscando dominância para encontrar amor. Se somos derrotados, estamos derrotados e, se somos vitoriosos, também estamos derrotados. Não há saída. E não há saída porque o vínculo não se estabelece através da dominância. O vínculo se estabelece no encontro entre a *necessidade de ser amado* e a *necessidade de cuidar*. É aí que mora o problema.

O campo dos relacionamentos amorosos na sua forma atual talvez seja o melhor exemplo dessa questão. Vejamos.

AMOR ROMÂNTICO E IDEAL DO EU

Já na infância, humilhados pela nossa insuficiência em relação ao mundo e em relação à fantasia dos nossos pais, recebemos a fantástica narrativa do amor romântico. É lá que tudo isso será sanado. É ali que eu vou curar todas as minhas dores! Eu vou encontrar alguém que finalmente me olhe como eu mereço ser olhado, que me compreenda, que me ame de forma incondicional. Eu vou finalmente retornar à posição de centralidade! Tudo isso conectado ao campo da sua *necessidade de ser amado*. E à vontade de ser amado de forma incondicional. Até aí, tudo bem. Isso não é realista, já que o amor romântico carece fundamentalmente da *necessidade de cuidar* e isso impede o retorno ao *amor incondicional*, mas é pelo menos coerente com a sua necessidade em desvio homeostático, a *necessidade de ser amado*.

O ponto em questão aqui é que essa figura que você imagina que vai ser capaz de te amar de forma incondicional é constituída através dos atributos da dominância. Ela representa, em uma simplificação, aquilo que te falta para ser amado incondicionalmente. Ela é constituída, assim, com as lentes do seu *ideal do eu*. Ela é idealizada. O que te leva a buscar, dizendo de maneira simplificada, figuras que estejam acima de você. É claro que o encontro amoroso pode se dar de inúmeras maneiras, como já vimos, dependendo do seu modelo inicial constituído nos campos de vínculo, mas aqui estamos tentando compreender simplesmente como a lógica da dominância, configurada no *ideal do eu,* se embrenha nas narrativas do amor romântico.

A cada vez que você fantasia alguém que poderia levar ao almoço de domingo e, com isso, poderia finalmente esfregar na cara do seu pai a sua vitória, esse alguém não pode ser um alguém qualquer. Tem que ser alguém à altura dessa expectativa. Ou seja, alguém que esteja à altura do seu *ideal do eu*. Quais atributos irão constituir esse ideal são muito variáveis, mas eles estão lá. Ou seja, mais uma vez, existe uma comparação aí. E, se você busca alguém com os parâmetros da comparação, com a lógica hierárquica em mente, isso tende ao fracasso necessariamente por um modelo similar àquele aplicado à lógica do trabalho. Se o outro está acima de você, porque cumpre um rebatimento do seu *ideal do eu*, temos algumas possibilidades de fracasso nesse processo.

Ele te abandona porque está acima de você, e obviamente, naquilo que você fantasia a respeito do que ele pensa, ele pode encontrar coisa melhor. Era óbvio desde o começo que ele era muito melhor do que você, você pensa. Você é mesmo uma pessoa que não merece ser amada por ninguém. Você é mesmo um erro da humanidade e seria melhor para o equilíbrio global que você simplesmente deixasse de existir de uma vez por todas.

Ou esse outro idealizado te aceita. E temos aí novamente três possibilidades de fracasso no sucesso.

Na primeira, talvez a mais comum, é claro que mais cedo ou mais tarde ele vai se dar conta de que fez uma escolha errada. Você vai cometer algum deslize. Algo da intensa maquiagem que você constitui para convencê-lo de que está à altura dele vai derreter. Ele vai perceber quem você é "de verdade". E ele vai perceber que é muito melhor do que você. E vai te abandonar, finalmente. Essa possibilidade pode ser ou não acompanhada de uma terceira figura de ameaça. Aquela colega do trabalho, a "ex" ou quem quer que represente alguém que está à *altura dele*. No fundo, essa outra é mais uma vez um rebatimento do seu *ideal do eu*. Ela é quem você não consegue ser.

Na segunda possibilidade, ele te aceita e, assim, se rebaixa "à sua altura", e você passa a se perguntar: mas será que ele é mesmo assim tão legal? Afinal, se ele tem de estar *acima de mim*, ele não pode estar aqui comigo. Deve ter alguma coisa errada aí que eu não percebi. Tem aquela coisa que ele faz enquanto mastiga, ou ele ronca, ou ele manda mensagens demais, ou ele fala sem parar, ou fala muito pouco, ou ele sorri demais o tempo todo, ou se veste de uma maneira estranha, ou tem um trabalho que na verdade é chato, ou gosta de jogar videogame, ou ele bebe um pouco demais, come um pouco demais, ou ele não é exatamente como era na foto do perfil do aplicativo. No fundo, não importa. Se ele desceu de onde deveria estar, do ideal, para estar com você, ele já não está lá onde deveria estar. Logo, é melhor terminar, antes que a coisa siga muito adiante.

Na terceira possibilidade, tudo caminha bem até que você o leva ao almoço de domingo na casa da sua mãe e ela comenta como quem não quer nada que "ele tem um jeito um pouco estranho de se vestir, além daquela tatuagem no braço, mas que mesmo assim parece ótimo". Pronto. Agora é só contar os dias para que você assuma de uma vez por todas que fez a escolha errada e que, afinal, era ele que não estava à sua altura!

E, assim, chegamos mais uma vez ao mesmo resultado. A idealização falhou.

Isso acontece assim porque o vínculo, o lugar no qual o amor é possível, não se dá segundo os critérios da dominância. Seja nas amizades, no trabalho ou no amor. Não importa. Vínculo demanda tempo e estabelecimento de confiança. E a confiança depende da crença de que você vai ser acarinhado justamente naquilo que se esforça para esconder nos campos da dominância: suas falhas e incapacidades.

Assim, de maneira irremediável, **a saída que encontramos através da necessidade de dominância para a satisfação da necessidade de ser amado acaba aumentando o desvio homeostático da própria necessidade de ser amado.**

Quanto mais dominância se busca, menos amor se encontra. Ou seja, quem busca dominância encontra solidão.

Infelizmente, é a dominância que continuamos a buscar. Ela parece a única saída. Afinal, fomos traídos na incondicionalidade do vínculo. E a dominância se apresentou como única resposta.

Nos foi feita uma promessa, do *amor incondicional,* e ela se quebrou. No fundo, essa quebra é simplesmente a realidade como ela funciona. Fora do vínculo, ser maior é melhor do que ser menor. Mas não é assim que sentimos esse processo.

Sentimos como uma queda. A queda para fora do vínculo.

E saímos em busca de conquistar a posição do alto. Sem perceber que isso só nos afasta daquilo que precisaríamos. O que precisaríamos é retornar para o vínculo.

Assim, nos vemos presos no paradoxo da dominância em busca do amor.

Mas, afinal, existe um outro caminho?

Como conciliar a existência inexorável da *necessidade de dominância* no campo relacional com a possível construção de vínculos?

OITAVO PRINCÍPIO

A saída que encontramos através da necessidade de dominância para a satisfação da necessidade de ser amado acaba aumentando o desvio homeostático da própria necessidade de ser amado.

ENUNCIADO PROVISÓRIO PARA UMA VIDA POSSÍVEL [1 + 2 + 3 + 4 + 5 + 6 + 7 + 8]

1. A consciência só ocorre com os erros de previsão. E só a partir da consciência algum aprendizado é possível.
2. Com o erro de previsão decorrente do desvio homeostático, surge a experiência afetiva negativa. E só é possível a correção do desvio se a experiência negativa for reconhecida.

3. Parte fundamental dos erros de previsão e das nossas experiências afetivas está ligada às necessidades emocionais. E é só na relação com os outros que nossas necessidades emocionais podem ser satisfeitas.

4. Na nossa vida, em função das regras que regem o nosso ambiente, quando as necessidades emocionais entram em conflito, nos vemos obrigados a priorizar a satisfação de uma necessidade em detrimento de outra.

5. Ser amado é, no início das nossas vidas, mais importante do que qualquer outra necessidade emocional. E isso se constitui em um aprendizado que levamos adiante, mesmo que tentemos evitar.

6. Para que o campo de vínculo se estabeleça, é necessário que um dos sujeitos ocupe a posição de objeto de satisfação da necessidade de cuidar do outro.

7. Estamos todos em *déficit* de amor.

8. A saída que encontramos através da necessidade de dominância para a satisfação da necessidade de ser amado acaba aumentando o desvio homeostático da própria necessidade de ser amado.

CAPÍTULO 9

Amor e morte

O QUE É O AMOR?

O que quer dizer isso que dizemos quando dizemos "amor"?

Um conceito é algo partilhado por um grupo. Quando um diz, ele supõe que aquele que escuta esteja escutando algo que se aproxima daquilo que ele disse. É assim com todas as palavras. E uma dessas palavras é o *amor*. Mas as palavras não são as coisas. Nós criamos as palavras para nos referir a coisas do mundo. Porém, não existe uma identidade entre palavra e coisa.

Com as coisas que estão do lado de fora, essa operação é um pouco mais fácil. Bola, cadeira, árvore, cachorro, rua, chuva, água, casa. Cada um desses conceitos estabelece um limite de similaridades para formar um grupo de coisas. De forma que uma poltrona não é uma cadeira. E nem um banco de praça é uma cadeira. E, ainda muito cedo na infância, um balão passa a se diferenciar de uma bola. Mas, por outro lado, um bonsai é uma árvore e uma palmeira também. Um *chihuahua* é tão cachorro quanto um pastor-alemão. Os conceitos estabelecem os limites que definem aquele grupo de coisas no mundo, que as separam e as agrupam.

Com as coisas que não estão no mundo do lado de fora, mas sim dentro de nós, o processo se complica bastante. Os afetos são coisas desse tipo.

Tentamos até aqui estabelecer limites para falar dessa categoria de coisas para que pudéssemos nos comunicar melhor.

Cada história é uma maneira de estabelecer mais clareza em relação a um conceito. Porque uma história contada supõe um atravessamento afetivo daquele que a escuta. De modo que histórias são maneiras de criar conceitos partilhados por um grupo. Conceitos de coisas que não somos capazes de apontar no mundo do lado de fora. Logo, eu imagino que, quando eu falo "vínculo", algo seja compreendido por aquele que escuta, depois das histórias que foram partilhadas aqui. O mesmo acontece quando eu falo "dominância". Ou "compulsão". Ou "medo". Ou "raiva". Ou "fantasia".

Mas quando eu digo "amor", como disse inúmeras vezes até aqui, o que é que surge do outro lado? Eu posso supor que isso que surge é suficientemente bom para que se estabeleça uma comunicação entre nós? Eu não pude supor isso com relação à palavra "afeto". Eu tive de defini-la, seguidas vezes, ao longo do livro. Tive de tentar gerar atravessamentos, em formato narrativo, de inúmeras experiências afetivas para que pudesse ter segurança de que, quando falo "afeto", aquele que lê não imagina que eu esteja me referindo simplesmente a uma coisa boa que sentimos, como muitas vezes a palavra "afeto" indica.

Outras coisas eu não precisei definir porque pude supor que a definição partilhada *a priori* era suficientemente boa. Ressaca, enjoo, tontura, aperto, nó. Os fenômenos me pareciam suficientemente claros. E nunca é possível definir todas as palavras, já que precisamos de algumas previamente estabelecidas para construir a definição das outras. Eu preciso supor que você compreenda o que eu quero dizer quando eu digo "eu". Ainda que o seu "eu" possa ser tão diferente do meu "eu", eu suponho que exista uma similaridade suficientemente boa para seguir.

Mas eu posso supor a mesma coisa quando me refiro à palavra "amor"? Acredito que não. E, ironicamente, considerando o uso tão frequente que fazemos dela, sem estabelecermos alguma clareza, me parece que o nosso trabalho até aqui não estaria completo.

SER PAI?

Quando ela falou pela primeira vez comigo sobre aquela ideia, estávamos os dois bêbados. Era uma sexta-feira e tínhamos tomado praticamente uma garrafa de uísque. Ela fumava um cigarro encostada na janela do nosso apartamento, e eu estava esparramado no sofá. Eu tinha feito 30 anos há pouco tempo e Fernanda estava prestes a fazer 31.

Era madrugada e estávamos conversando sobre o futuro. Onde imaginávamos que poderíamos estar. Onde pensávamos em morar. A possibilidade de mudar de apartamento, de cidade, de país.

"E ter um filho, o que você acha?", ela disse depois de soltar a fumaça com força para o lado de fora da janela. Eu me assustei. Um arrepio percorreu o meu corpo. Aquele não era um assunto nosso. Filhos. Aquele sequer era um tema presente em nossas conversas, mesmo que sem imaginar a ideia de *ter* um filho. Mesmo que fosse apenas para pensar no significado dos filhos, não falávamos sobre isso. De modo que eu não esperava que a conversa sobre os destinos da vida pudesse parar na ideia de ter um filho.

Eu fiquei em silêncio por alguns instantes, até que respondi que tinha medo. Isso foi o que eu disse porque foi o que senti quando ela me perguntou o que perguntou, e não porque já tivesse organizado essa ideia na minha cabeça. Não tinha. Eu simplesmente senti medo. Ela me perguntou: "Medo do quê?". E eu não sabia muito bem o que responder. Medo do quê? A primeira coisa que me veio à cabeça foi medo de morrer. Mas como ter um filho poderia me levar ao medo de morrer? Não fazia sentido. De modo que eu não respondi medo de morrer. Eu respondi medo da vida. Ela sorriu e continuou o seu cigarro.

⬤

Enquanto eu observava Fernanda na janela, eu lutava dentro de mim contra uma imagem que já havia se montado, mas que eu tentava não reconhecer.

A imagem era de mim mesmo, pouco mais de sete anos antes daquele dia, dentro do avião que partia de Brasília com destino ao Rio. O dia da morte do meu pai. O medo que tomava conta do meu corpo. E a sensação de que eu era obrigado a continuar ali dentro. O pavor de não haver ninguém para me ajudar. E, subitamente, era como se eu estivesse lá mais uma vez. Meu corpo jogado de volta àquela poltrona. E eu não podia sair de lá. Algo me fazia continuar dentro do avião por mais apavorado que eu estivesse. Algo automático me impedia de levantar. Uma ordenação que dizia: você tem que conseguir. Você tem que ser adulto. Você não pode fraquejar, não seja ridículo. E essa ordenação, essa voz, era a voz dele.

Estranhamente, era essa a voz que retornava agora enquanto eu me perguntava sobre ser pai. Mas o que eu sentia era medo. E, no fundo, era medo de morrer. Medo de que se eu seguisse adiante, aquilo me empurraria para o fim, aquilo me empurraria para a morte.

Ao longo dos próximos dias, aquela pergunta continuou voltando à minha cabeça.

Eu tinha medo de ter um filho porque tinha medo de morrer? Mas como ter um filho poderia me fazer morrer?

De alguma forma, eu tinha a impressão de que, se eu continuasse na vida que levava, que terminava por ser uma continuação daquilo que tinha sido desde a morte do meu pai, eu estaria vivendo sem que o tempo estivesse exatamente passando. Eu tinha potência e desejo. Eu me movia. Mas não havia ruptura. Não havia mudança de fase. Se eu fizesse aquilo, tivesse um filho, eu estaria saindo da posição de filho e me deslocando para a posição de pai. E a posição de pai era, para mim, a morte. De modo que, se eu me mantivesse em uma continuidade da minha adolescência, eu tinha a impressão de que o tempo não me alcançaria e de que a morte poderia nunca chegar.

Tudo era, para mim, uma luta contra a morte. E ter um filho seria admitir que o tempo tinha passado e que o próximo passo seria o fim.

Nenhuma das dificuldades práticas a respeito de ter um filho surgiram para mim naquele momento. O problema financeiro. A perda de liberdade. A responsabilidade de colocar alguém no mundo e de educá-lo. No fundo, nada disso me importava. Eu tinha medo da morte.

Escolher ter um filho era, para mim, aceitar a ideia de que eu ia morrer. E eu não estava preparado de modo algum para fazer isso. E, no fundo, me assustava que Fernanda parecesse estar.

Por outro lado, parecia absurdo que eu deixasse de ter um filho em função do medo. Eu detestava a ideia de que alguma coisa era capaz de me paralisar. De que o medo me impedia de seguir adiante. E eu não era completamente estúpido a ponto de achar concretamente que eu poderia evitar a morte. Eu sabia que aquilo era uma fantasia. Eu sabia que eu morreria de um jeito ou de outro. De modo que o que me paralisava era a minha neurose. E eu detestava a ideia de que a minha neurose estivesse vencendo.

Eu não chegava a ser capaz de me perguntar se eu tinha ou não *vontade* de ter um filho. Eu estava completamente enfiado em um embate comigo mesmo. Eu ia me submeter ou não à minha neurose? Era disso que se tratava aquilo para mim. E eu passei alguns meses lutando com essa ideia.

No fundo, eu sabia que não poderia deixar o medo vencer. Mais uma vez, eu não poderia me submeter ao medo. Eu não poderia escolher descer do avião. Essa possibilidade não existia para mim. Eu tinha de seguir.

○

Quando me vi com Martim nos braços, sem respirar, logo depois de sair de dentro da barriga, eu sequer tive condição de processar a ameaça que aquilo constitui para mim. Eu fiquei, de fato, em choque. Como a coisa se estabilizou depois, eu tentei me concentrar em cuidar dele ao longo das suas primeiras horas de vida. Era isso que tinha de ser feito.

Ao contrário do que se pensa a partir da consideração da ocitocina como a molécula do amor, é possível imaginar esse agente bioquímico como um modulador da confiança[41]. Quanto mais ocitocina, mais confiança. De modo que ela seria fundamental para a mãe durante o parto e talvez ainda mais fundamental depois do parto, para a mãe e para o pai, quando é preciso uma enorme dose de confiança para se acreditar capaz de levar adiante o que se apresenta. É preciso uma enorme quantidade de confiança para se compreender capaz de cuidar.

De forma que, quando Martim precisou ser internado na UTI, isso se desmontou completamente. A minha sensação de dever, a minha sensação de que eu era capaz de cuidar do meu filho, foi jogada fora. Eu não era capaz de nada. A ocitocina estava lá, mas ela não tinha função, ela não tinha um destino possível. E eu me vi engasgado e sem saída.

Quando me sentei na escada de emergência do hospital, sem conseguir levar adiante a tarefa de voltar para o quarto e dizer a Fernanda que Martim precisaria ficar internado, a minha fragilidade voltou com toda força. O aperto no peito. A falta de ar. A absoluta sensação de desamparo. Naquele momento, eu era o mesmo menino que via o sangue vermelho escorrendo pela banheira. O mesmo menino que havia acabado de perder o pai, sozinho na varanda olhando o jardim.

DOIS BURACOS

Sempre me pareceu difícil compreender a proximidade tão forte das duas experiências. O que eu sentia em relação àquilo que estava acontecendo com Martim era muito próximo da fragilidade que eu sentia em relação à morte de meu pai. O ponto agudo entre a garganta e o peito. A falta de ar. O medo. A fragilidade. A sensação de que nada era capaz de me proteger. E de que eu não era capaz de me proteger.

É muito simples compreender essa cadeia de sensações em relação à morte do pai. O gigantesco *erro de previsão*, o desvio homeostático. O risco que aquilo apresentava para a minha vida em si. Em certo sentido, nada mais arriscado para uma criança do que perder o pai. E, ainda que no momento da sua morte eu não fosse mais uma criança, o aprendizado a respeito dessa ameaça ainda estava lá, ele tinha estado lá em fantasia ao longo de toda a minha vida. De modo que eu me senti ameaçado como uma criança se sentiria. Não importava que eu tivesse 22 anos, a criança continuava atuando na minha impressão de fragilidade como se aquilo fosse verdade. E esse *como se fosse verdade*, na perspectiva da subjetividade, queria dizer que era verdade em si. No campo da subjetividade, o como se fosse verdade é literalmente verdade. Isso porque ele é a experiência em si. E a subjetividade é a própria experiência. De modo que eu *estava* ameaçado porque *me sentia* ameaçado.

Mas por que a mesma experiência afetiva havia retornado na minha incapacidade de cuidar de Martim? Não parecia ser o mesmo *erro de previsão*, já que o risco que a vida dele corria, ou pelo menos a impressão do risco que eu tinha a respeito da sua vida, não colocava a *minha* vida em risco. Ou colocava?

A ESPECIFICIDADE DO AFETO

A noção a respeito das experiências afetivas propõe a ideia de que cada uma delas indica um desvio homeostático distinto que deve ser resolvido de maneira distinta. De modo que é preciso que a sensação da fome seja diferente da sensação da sede. São experiências afetivas distintas porque apontam para desvios homeostáticos distintos. É necessário que seja assim para que você saiba que precisa comer quando está com fome e que tomar água não vai resolver nada nesse momento. O mesmo acontece com as necessidades emocionais. É preciso que eu saiba diferenciar quando sinto medo e quando sinto necessidade de acolhimento. Do contrário, acabaria fugindo daquele objeto que poderia me acolher ou indo na direção daquilo que me ameaça.

O fato de que muitas vezes na vida, como já vimos, acabemos sentindo medo do objeto que deveria nos acolher, ou que acabemos indo em direção a quem nos agride, trata dos conflitos causados pelas nossas necessidades se deparando com os objetos do mundo. Mas isso não quer dizer que não sejam afetos diferentes e que não sejamos capazes de reconhecê-los. Uma criança agredida pelo pai continua lá ainda que sinta medo dele. Mas o medo não vira a necessidade de acolhimento, o que ocorre é um conflito. E uma priorização.

Isso quer dizer que, mesmo no campo mais complexo das *necessidades emocionais*, é preciso que a diferenciação entre as experiências afetivas indique a diferença entre os desvios homeostáticos específicos: *necessidade de fugir* não pode ser igual à *necessidade de ser amado*. Simplesmente não pode.

Ainda que essas duas coisas possam acontecer ao mesmo tempo na vida, em relação ao mesmo objeto, e você acabe fazendo uma escolha, muitas vezes ruim, de como seguir. Isso acontece assim porque você vai priorizar o que parece mais fundamental para a sua sobrevivência. Ou seja, o que chamamos de escolha é, no fundo, uma simples priorização com base nos dados que o seu sistema processa a respeito da realidade e das suas necessidades em desvio. O problema é que esse sistema processa esses dados com base nos seus aprendizados infantis, ainda que você não seja mais, em teoria, uma criança. Mas, mesmo com as respostas infantis atuando a todo instante, existe uma diferenciação entre as experiências. Dito de maneira simples: eu posso ter medo de amar, mas eu sei que medo não é amor.

De forma que não fazia sentido que eu experimentasse, ali sentado na escada, com o desvio homeostático da minha *necessidade de cuidar*, a mesma coisa que experimentei com o desvio homeostático da *necessidade de ser amado*, na morte do meu pai. Não era possível que essas duas experiências fossem iguais. Ou era?

Martim não me protegia de nada. Então, como era possível que eu me sentisse tão frágil sem a sua presença?

◯

Em uma sequência linear de causalidade afetiva, ainda que a coisa não se dê de maneira exatamente linear, poderíamos pensar da seguinte forma: o medo de que algo acontecesse a Martim, ligado à *necessidade de fugir*, colocou em evidência a minha incapacidade de cuidar dele, ligada à minha *necessidade de cuidar*, que encontrou a explicação, para a minha incapacidade, no fato de que eu era pequeno, infantil e fraco demais, o que trazia o desequilíbrio nos campos da *necessidade de dominância*, colocando-me na posição de objeto frágil que precisaria ser acolhido e protegido[42], campos ligados à *necessidade de ser amado*. E o meu sistema acabava por priorizar o *erro de previsão* que ele julgava mais importante, da *necessidade de ser amado*. Em função disso, a minha experiência era muito parecida com a de abandono. O aperto no peito, a falta de ar, o desespero.

Uma sequência complexa e, ao mesmo tempo, de causalidade razoavelmente linear, que aponta para uma síntese aparentemente paradoxal: ser pai aumentava o meu desamparo.

A impressão de que a vida do meu filho recém-nascido estava em risco e de que eu não podia fazer nada apontava para a minha fragilidade. A morte era maior do que eu. Não havia nada que eu pudesse fazer para enfrentá-la.

E isso queria dizer que eu não era capaz de ser pai. Eu era ainda só um garoto. Eu ainda era o mesmo exato garoto que tinha perdido o pai. Aquilo tudo tinha sido um enorme erro. Eu tinha tentado enfrentar o meu sintoma de frente, mas não é assim que as coisas funcionam. As nossas estruturas estão lá. E elas vão se repetir. E agora eu era um garoto com um filho. Aquilo me apavorou mais do que eu podia imaginar.

No campo de vínculo, para poder cuidar, eu precisava ser o maior. Mas eu simplesmente não era capaz de ser o maior. Eu nunca seria capaz de ser o maior.

O PRIMEIRO AMOR

Como já vimos, o primeiro campo de vínculo faz uma contenção do maior dos *erros de previsão*, o próprio nascimento. Um enorme aumento de imprevisibilidade, que é contraposto pelo amparo que recebemos. O campo de vínculo original.

Nesse sentido, com o nascimento em si, temos talvez a primeira impressão de morte. Não que esse conceito exista para o bebê que acabou de nascer, é claro que não, mas afetos não precisam de conceitos. Mais tarde na vida, os campos simbólicos e conceituais estarão intimamente ligados aos afetos, como a impressão de que eu era pequeno demais para ser pai, mas no início a coisa é mais rudimentar. O bebê que nasce experimenta um desvio homeostático ligado a uma série de campos sensoriais. Tudo sai do previsto, do conhecido. Nesse sentido, é uma experiência de risco. E toda experiência de risco é, no fundo, uma notícia da morte, um sinal. O que esse bebê experimenta é uma enorme carga de angústia[43], se quisermos chamar assim. E o que ele recebe é o contorno do corpo da mãe. Ele não está mais jogado no mundo, ele está contido no outro. Logo, a angústia diminui. O desamparo está contido. O calor, o alimento, o descanso.

Poderíamos dizer que esse primeiro encontro entre o contorno e o bebê que foi contornado é uma experiência de amor. Ou, um *primeiro amor*, por assim dizer.

A formação do vínculo original que se dá pela junção entre a *necessidade de ser amado* do bebê e a *necessidade de cuidar* da mãe. Os dois sujeitos ali, em princípio, estão igualmente satisfeitos nas suas necessidades. É claro que, como já pensamos aqui, existem inúmeras ambivalências possíveis para essa mãe, mas podemos dizer que esse é o desenho previsto. O encontro entre a *necessidade de cuidar* e a *necessidade de ser amado*. Nada mais simples e mais eficaz do que isso. Caso houvesse surgido na natureza apenas uma dessas partes, o sistema não seria eficaz. É o encontro entre as duas que faz todo um sistema funcionar. Ele chora, eu cuido. Ele precisa de mim, eu preciso dele.

Assim, o amor interrompe a morte. E essa poderia ser pensada como a sua primeira e primordial função. O amor é, dessa forma, a antítese da morte.

Ironicamente, a notícia da morte, com os desvios homeostáticos que a prenunciam com a intenção de evitá-la, surge no nascimento. Nesse momento, lá está o amor. E ele diz que a morte vai ter de esperar.

Mas o bebê não entende assim, é claro. Ele não é capaz de compreender que aquilo que o amor traz é apenas um adiamento da morte. Ele entende, ou melhor, ele experimenta o amor como a *não morte*. A negação dela. O seu avesso.

Isso que o bebê experimenta não se trata de uma fantasia. Algo que se compõe no campo psíquico para tentar dar conta de desfazer um *erro de previsão* que ocorre na realidade. Trata-se de uma não compreensão da complexidade dessa realidade. É uma *experiência* da realidade, mas uma experiência *provisória* da realidade. O bebê, no entanto, não é capaz de compreender o caráter provisório dessa experiência. Para ele, essa experiência é totalizante.

Com o tempo, mais cedo ou mais tarde, mais traumaticamente ou menos, essa experiência totalizante vai ter de ceder. A realidade vai se colocar de uma maneira ou de outra. A morte sempre está lá. Sempre esteve e, no final, deve ter a última palavra.

Mas o amor continua existindo para nós, que fomos e sempre continuamos sendo bebês, como a promessa daquilo que pode se contrapor a ela. E, como estamos falando da posição do bebê, que ainda reside em nós, estamos chamando de amor aquilo que se refere à posição de satisfação da *necessidade de ser amado*. Assim, saímos ao mundo em busca de satisfazer esse desvio fundamental com a esperança de podermos desfazer a maior das ameaças, a própria morte. Ainda que nada disso surja de maneira consciente. Ou seja, mesmo que não elaboremos conceitualmente essa ideia – eu preciso ser amado para não morrer – é esse o registro original que temos em nós. É o amor que faz a angústia passar. De forma que nada pode ser mais importante do que o amor. Ele seria, nesses termos, a garantia da vida em si.

Saímos ao mundo, mais desesperados ou menos, sempre em busca de algo que nos traga de volta a nossa posição. De algo que nos traga amor. Seja através do sucesso, do amor romântico, da ideia de família. Eu preciso me sentir amado em algum canto. Eu literalmente preciso, a todo instante.

O que carecemos de perceber é que a experiência do primeiro amor nunca retorna. Não importa o que se faça, ela é circunscrita àquele cenário. **O primeiro campo de vínculo funciona como contenção da morte. Esse é o primeiro amor. Mas é só ali que essa experiência é possível**. Depois, já sabemos que a morte existe. O que não existe mais é o amor incondicional.

De forma que, fora do campo de vínculo original, a ameaça da morte está sempre presente. Ainda que ela raramente surja na nossa cabeça como uma imagem em si, já que evitamos falar sobre isso. Mesmo para nós mesmos.

LUTO NARCÍSICO

Aquilo que nos acostumamos a chamar de *luto narcísico*[44] poderia ser pensado como a compreensão profunda da impossibilidade de retorno ao primeiro amor. Não importa como, aquela cena está desfeita. De modo que buscar por ela é o mesmo que buscar por uma quimera. Algo que não existe. Compreender isso é fazer esse luto. Mas não é uma tarefa simples.

○

O *narcisismo*, entendido aqui como uma etapa necessária do nosso desenvolvimento infantil, seria justamente o momento em que o bebê já se percebe separado dessa mãe; ela já faz idas e vindas, e ele reivindica desesperadamente a sua presença incondicional. Todos passamos por isso, mesmo aqueles que tiveram mães muito presentes. Para um bebê, nunca é suficiente.

Assim, o narcisismo seria um primeiro sinal, ou um primeiro momento, do fim do *amor incondicional*, do fim do primeiro amor. O bebê ainda se percebe como centro do mundo, e o mundo é a mãe, mas a mãe já não está lá incondicionalmente, ela já não é mais dele como ele precisaria que fosse. Ela é dele na sua fantasia, mas não na prática. E o protesto surge daí, dessa diferença.

Esse processo pode funcionar de inúmeras maneiras a depender da história de cada um. Mas é possível imaginar que esse movimento de saída do primeiro amor acontece em ondas alternadas. Em alguns momentos, a calmaria do amor, em outros, a primeiras lufadas da morte. Isso porque a ausência da mãe traz de volta a angústia ligada ao *erro de previsão*, ao desvio homeostático.

Daí o protesto desesperado do bebê. E é esse mesmo protesto que vai sobreviver, de uma maneira ou de outra, ao longo da vida. Nesses momentos de protesto, retornamos à posição narcísica, de centralidade e desespero.

A CULTURA

Tudo, absolutamente tudo, que fazemos nos tempos de hoje, àquilo que damos o nome de "nossa vida adulta", "nossa vida cotidiana ou nosso dia a dia, poderia ser compreendido a partir dessa lógica. Daquilo que se refere a essa fantasia de retorno, à nossa incapacidade de fazer o luto desse primeiro amor, o luto narcísico.

As redes sociais, os aplicativos de relacionamento, os *reality shows*, o *feed* personalizado da *Netflix*, a foto no perfil do *WhatsApp*, as setinhas azuis que garantem a leitura da sua mensagem, as notificações de que alguém está à sua procura, os procedimentos estéticos, os avatares, o *personal computer*, a *selfie*, o plano de saúde, o seguro de vida, o sucesso na entrevista de emprego, a promoção no fim do ano, a festa de casamento, o chá de bebê com a foto da criança que sequer existe ainda. O mundo como uma experiência feita para você. Podemos compreender grande parte das nossas manifestações culturais dentro dessa perspectiva.

Entretanto, é possível pensar que em seu início[45] a cultura surgiu como forma de reforçar e identificar os campos de vínculo. Além de servir como ferramenta de auxílio na satisfação das necessidades fisiológicas fundamentais, a cultura seria como um prolongamento do vínculo original. Em seu modelo ideal, a passagem entre o primeiro vínculo e o vínculo ampliado, cultural, talvez não precisasse ser traumática. Eu era acolhido por uma espécie de corpo coletivo. E esse corpo me amparava em relação à angústia da morte. Não à toa existe a presença de ritos e narrativas relacionados à morte em toda manifestação cultural[46].

Entretanto, seria possível pensar em uma mudança de paradigma no nosso modelo cultural atual. Vejamos.

Poderíamos, em uma simplificação, imaginar três modelos distintos de estrutura social. Não que esses modelos façam parte de uma mesma sequência evolutiva, na qual o último viria depois dos outros. Muito pelo contrário. Eles servem apenas como paradigma possível de organização no que se refere aos campos de vínculo e dominância.

Em um primeiro modelo, que costumamos identificar de maneira simplificada com aquele que seria o dos ditos *povos originários*[47], o corpo social cumpre a função do vínculo. O corpo coletivo é um prolongamento do vínculo original. Possivelmente, a própria natureza é um prolongamento desse vínculo. Somos parte do mundo, acolhidos por ele. Nesse modelo, as narrativas de morte e seus ritos apontam igualmente para uma ideia de acolhimento. As entidades mágicas nos acolhem e cuidam de nós no que se refere ao nosso enfrentamento da finitude. Essa estrutura estaria operando dentro da satisfação da nossa *necessidade de ser amado* suprida pela *necessidade de cuidar* do corpo social e das narrativas míticas com suas entidades. Junto a isso, poderíamos pensar sobre a importância dos sistemas de parentesco[48], já que eles são uma primeira ferramenta de garantia e sustentação do vínculo.

Em um segundo modelo, a figura de Deus passa a ocupar uma posição de centralidade. Talvez, aí, estejamos falando das narrativas monoteístas de tonalidade punitiva. O vínculo passa a ser garantido pela lei. O *supereu* ganha força. Deus como o pai que tudo vê. Nesse tipo de formação, existe o vínculo garantido através da dominância da figura do transcendente. Assim, nos sentimos cuidados pelo dominante. A ênfase talvez já esteja, no que se refere à estrutura narrativa, na dominância. A figura estereotípica desse modelo pode ser encontrada na ideia do *Pai Eterno*. Por outro lado, os ritos que derivam dessa estrutura simbólica, com as igrejas e templos, garantem a experiência de vínculo e de cuidado. E o vínculo ainda aparece em construções como *Deus é fiel* ou *Jesus te ama*.

No terceiro modelo, que seria o nosso atual, Deus perde sua força. A ciência, a pragmática e a produtividade invadem o seu espaço. Agora, somos nós que olhamos o mundo de cima. Ou seja, o *supereu* perde sua força. E o *ideal do eu* toma seu lugar. Agora, precisamos *ser mais* para ser amados. Mais produtivos, mais belos, mais ricos. Nesse cenário, a cultura, em sua faceta tecnológica atual, opera mais como uma tentativa, ineficaz, de substituir o vínculo, de se colocar no lugar do vínculo em si. Ela parece ser uma busca por algo que possa se colocar no lugar, cumprindo a função original, do próprio vínculo. Simulando-o e tornando-o obsoleto. No nosso mundo atual, é como se quiséssemos dizer: "Se eu sou capaz de cruzar o espaço, eu não preciso de amor e cuidado, eu já venci a morte". E a busca segue no sentido da potência e da dominância, negando a morte e a necessidade do amor. Nesse modelo, somos nós que criamos as ferramentas que simulam a função de Deus, com a inteligência artificial, e nós é que somos capazes de desfazer a morte através da ciência. A negação da morte ganha toda sua força.

Nesse modelo, a dominância é absolutamente central. E a *necessidade de cuidar* perde sua força. Não à toa, vemos em nosso mundo tentativas desesperadas de retorno tanto ao fanatismo de um Deus que tudo vê quanto à construção de narrativas holísticas imanentes que nos acolhem. Mas, na prática, no nosso dia a dia atual, a nossa vida continua sendo a atuação da fantasia de recuperação da centralidade através do *ideal do eu*.

AMOR ROMÂNTICO

A mais óbvia, e talvez mais completa dessas fantasias ligadas ao protesto narcísico, das fantasias de retorno à posição de centralidade, se monta no amor romântico. Com ele, a promessa de satisfação de todas as suas necessidades em um só lugar. Com o ganho adicional da *necessidade de gozar* que pode agora ser satisfeita, o que não era possível no cenário original. Ou seja, o melhor dos mundos.

O que ocorre com o amor romântico é que eu, de fato, vou em busca do retorno ao primeiro amor, à posição de centralidade. Não é à toa a quantidade de músicas e filmes feitos com base na ideia do tal sentimento especial, de se sentir finalmente único, do encontro que muda tudo. Essa talvez seja a narrativa mais potente de montagem da fantasia de retorno que se pode imaginar, atravessando a nossa vida inteira. Ela surge ainda na infância e persiste até o fim da vida, muitas vezes. E, mesmo que a realidade indique a todo instante que ela não faz nenhum sentido, a narrativa resiste e não perde força. Um dia eu vou encontrar alguém que me olhe da maneira que eu mereço ser olhado. E eu vou me sentir protegido. E eu vou me sentir desejado. E não vou nunca mais sentir raiva ou medo. E eu não vou nunca mais ter desejo de algo. Aquilo vai ser suficiente para a minha felicidade. Eu não desejarei jamais sair dali.

Em última análise, podemos pensar que essa fantasia é, em sua base, uma fantasia de enfrentamento da morte. Se o amor original, o primeiro amor, é a contenção da morte, esse reencontro com o amor total através do amor romântico seria algo como retornar para essa condição de apagamento da morte.

De modo que é possível argumentar que a força da narrativa do amor romântico, assim como a força de todas as outras ferramentas de retorno à posição narcísica, tem a sua base de potência na vontade de negar a morte. E aqui podemos pensar no conceito da negação[49] em si, como pensado pela psicanálise. Negar no sentido de não suportar ver aquilo que não se poderia negar, aquilo que seria inegável. E, assim, se entra em negação. Você se recusa, em um nível muito profundo, a reconhecer aquilo que seria inegável. E nada mais inegável do que a morte em si.

Se por um lado, a potência narrativa do amor romântico está ligada à negação, existe uma outra força atuante nessa cena, talvez de ordem ainda mais rudimentar. Essa força, o motor desse movimento que impulsiona o amor romântico, é aquilo que chamamos de apaixonamento. Essa espécie de *rapto*[50] que experimentamos na cena do apaixonamento, ligada à impressão de que aquele objeto está prestes a fugir mais uma vez como o objeto original fugiu nos deixando em desamparo. Mas somos nós os capturados. Daí os protestos tão característicos do ser apaixonado e do bebê. No fundo, eles são o mesmo. Não é à toa a identificação entre o apaixonamento e o cortisol, já que, desde o momento em que nos vemos apaixonados, *já estamos* em ameaça de abandono. Ou melhor, se estamos apaixonados é porque *já encontramos* a ameaça do abandono original, da repetição dele. O objeto identificado como o objeto da paixão é aquele que nos remete ao primeiro momento do narcisismo, no qual nos víamos no centro e, ainda assim, éramos constantemente abandonados.

De forma que, no apaixonamento, ou repetimos o abandono original ou somos capazes de finalmente corrigi-lo. De uma maneira ou de outra, é uma cena ao mesmo tempo de ameaça e de centralidade. E é essa cena que forma o componente de ambivalência afetiva do amor romântico. Ao mesmo tempo, lá estão a esperança, a busca e a possibilidade de ser amado e o medo de não ser.

É importante notar, por outro lado, que existe uma diferença fundamental entre o primeiro amor e a vontade de retorno a ele.

No primeiro amor, não há *negação*. O amor ali faz a contenção real da morte. O amor é a ferramenta primordial de adiamento da morte. O bebê não nega a morte, ele busca se livrar dela. E a ferramenta que ele encontra é eficaz para satisfazer essa necessidade. Ainda que apenas de forma provisória, mas ele não sabe disso. De modo que o amor, materializado na figura da mãe, é um processo de satisfação. A angústia é contida. O desespero observado no narcisismo original está ligado, assim, ao fato de que o retorno da mãe, que agora o bebê consegue perceber como ausente de tempos em tempos, equivale ao retorno da satisfação dessa necessidade. Ao passo que a sua saída equivale ao desvio homeostático. Daí a intensidade do protesto. Assim, o narcisismo original seria como um segundo momento do nosso desenvolvimento. Nele, já se percebe a separação, ao contrário do primeiro momento, no qual não havia ainda a percepção da saída da mãe[51]. Ele já imagina a mãe que vai voltar e sente medo de que ela não volte mais. Infelizmente, somos capazes de imaginar os dois cenários possíveis: o acolhimento e o abandono. O fato é que o retorno da mãe ainda é capaz de trazer alento. Ela ainda traz calor, alimento e ritmo que embala o sono. Isso ainda é uma experiência real.

○

Ao passo que, na tentativa de retorno a essa posição na idade adulta, o que estamos chamando aqui de uma espécie de retorno à posição de protesto narcísico, na qual se demanda mais uma vez a posição de centralidade, o que se busca não se pode mais encontrar. A figura do outro não é mais capaz de trazer o contorno que era capaz de conter a angústia. Pelo menos não de maneira totalizante como era o caso no primeiro amor. Nenhuma ferramenta que possamos ser capazes de criar em busca de refazer a posição de centralidade pode ter o mesmo efeito que o primeiro amor um dia teve em nossas vidas. O que implica dizer que nenhuma dessas ferramentas de fato é capaz de cumprir a sua função. Nenhuma delas é capaz de conter profundamente a angústia. Ao contrário do bebê original, nós, os bebês adultos, já sabemos que a morte está lá, nós já temos o conceito, e lutamos para nos livrar, para negar a experiência de angústia. O bebê original não tem o conceito, e mesmo que sinta a angústia, ele não a nega. Ele a contém através do vínculo.

A COMPULSÃO

Nenhuma das ferramentas de retorno à centralidade cumpre de fato a sua função. Se insistirmos nelas, mesmo que não tragam o que precisamos, estamos insistindo em um processo de compulsão. Em uma busca por aquilo que não satisfaz a necessidade em desvio. Isso é capaz de explicar a intensidade do caráter compulsivo que podemos observar na nossa vida hoje. Seja no celular, no amor ou no trabalho. Buscamos, sem parar, por uma satisfação que nunca está lá.

Isso se dá porque, como já vimos, todas as narrativas de satisfação da nossa centralidade passam, antes de qualquer outra coisa, por narrativas de dominância. E dominância não é amor. Dominância gera prazer, é verdade. Mas dominância não é amor, e ela não é capaz de conter a morte.

Esse cenário pode ser pensado como um grande processo compulsivo, já que é possível compreender a compulsão como o funcionamento que busca aquilo que está acessível em vez de buscar o que seria necessário. O chocolate está acessível, o amor não. Teoricamente, o sucesso no trabalho está acessível, o amor não. No mundo em que vivemos, a dominância é possível, o amor nem tanto. Eu posso tentar ser maior, melhor, mais magro, mais rico, mais belo, mais culto, mais bem casado. Mas isso não tem nenhuma relação com o amor. Ou, ainda, com a possibilidade de ser amado.

De maneira mais radical, nenhuma satisfação dos campos de dominância é capaz de evitar a morte. E essa era a busca original, de forma que é possível encontrar alguma satisfação, mas não daquilo que precisaríamos de fato. Isso instaura a compulsão, impulsionada severamente pela *necessidade de buscar* e pelo seu impulso sem parada.

O celular e as suas redes sociais talvez sejam o objeto mais intenso de aplicação desse mecanismo. Vejamos.

No seu surgimento, o celular era apenas uma ferramenta destinada a fazer ligações. Não havia o maravilhoso mundo das redes que, nos dias de hoje, causa a impressão de ter sido construído para você, onde você se livra da sensação aterradora de vazio que te atravessa a qualquer momento. Um mundo de possibilidades aberto sem que você nem sequer precise fazer esforço. O mundo vem até você através da tela e você não precisa ir até o mundo. Você pode buscar sem precisar buscar. As ferramentas de busca dos aplicativos fazem o trabalho que antes deveria ser feito por uma outra máquina, mais tosca e rudimentar: o seu corpo.

Mas, no início, esse ainda não era o caso. O celular ainda não havia substituído a materialização do desejo no mundo. Ele ainda não era capaz de substituir o seu desejo e te mostrar aquilo que você ainda não sabia que poderia querer. Ainda era você quem deveria querer. O movimento tinha que se iniciar em você. O movimento gerado pelo impulso em busca do objeto de satisfação, que é o desejo. Desejo de satisfazer o que quer que seja. Não importa. Esse movimento que é absolutamente fundamental para a manutenção da vida. Eu preciso de alguma coisa e eu vou em busca dessa coisa. O *impulso*[52] da necessidade de buscar, movido pelo desequilíbrio homeostático em busca de uma solução.

Assim, era antes necessário o desejo, para usá-lo como a ferramenta que ele ainda era. Uma ferramenta que servia simplesmente para facilitar a satisfação desse desejo. Da mesma forma que um carro, um navio, um avião. Ou uma carta, uma caneta. Ferramentas que serviam para aumentar a nossa capacidade de satisfazer as nossas necessidades. Eu desejo ir até lá. Eu desejo ver aquele outro espaço. Eu desejo falar que sinto a sua falta. Eu desejo ouvir a sua voz. Era para isso que o celular servia na sua criação. E isso era muito potente, pois servia como uma ferramenta que facilitava o vínculo.

Com ele, poderíamos achar um jeito de falar com quem quer que fosse no momento que fosse. E, ao mesmo tempo, quem quer que fosse poderia falar conosco no momento que fosse. E em qualquer lugar. O que nos fazia sentir que não estávamos mais sozinhos. De alguma forma, aquela pequena máquina – no início, eles tentavam ser cada vez menores – poderia nos dar a sensação de que não estávamos nunca abandonados. De que as nossas figuras de vínculo estavam sempre presentes nos nossos bolsos. De forma que a sua mãe cabia no seu bolso. O seu grande amor cabia no seu bolso. O seu melhor amigo cabia no seu bolso. Você poderia acessá-los quando quisesse e poderia ser também acessado por eles. O que aumentava a sensação de segurança e de vigilância. E isso era bom e era ruim. Você nunca estava *só* e você *nunca* estava só.

Essa sensação de nunca te deixar sozinho, nos dois sentidos, é muito próxima daquilo que descrevemos como o *supereu*. Isso que eu levo dentro de mim, que me julga e me persegue, que me vigia. Mas, ao mesmo tempo, que me salva do desamparo absoluto, já que nunca me abandona. De certa forma, o celular poderia ser compreendido como uma materialização dessa função. Se antes ouvíamos a voz do pai dentro da cabeça julgando os nossos atos praticados mesmo quando ele não nos via, agora essa voz pode de fato existir através do aparelho. Bem como poderíamos buscar a sua voz de conforto e encorajamento, caso essa fosse a dinâmica da nossa relação. Assim, cada um levava no seu celular uma extensão da sua própria rede de vigilância e de amparo. E rapidamente passamos a depender de algo que antes não existia. De forma que poderia ser tanto desesperador como libertador esquecer o celular em casa.

Aos poucos, com o advento das redes, o celular passou a cumprir uma função distinta. A ênfase não estava mais na materialização da voz antes internalizada. Agora, poderíamos ver e ser vistos por esses olhos de julgamento ou de admiração. Assim, a imagem passou a estar no centro. A minha própria imagem. Quem eu posso ser para esses outros. Como eu poderia ser melhor? Como eu poderia ser aqui o que eu não consigo ser na minha vida real, por assim dizer? De forma que as redes deslocaram a função do celular para o *ideal do eu*. Nos sentimos demandados, de modo geral, pelas redes. Elas pedem algo de nós. Elas pedem que sejamos melhores. O julgamento ainda está lá, é claro. Mas a impressão mais básica é a de que estamos livres para ser a nossa melhor versão ali. E as redes abrem o outro lado fundamental do *ideal do eu* do qual já tratamos extensamente: a comparação. Eu tenho que ser melhor *do que* alguém. Todos os mecanismos das redes, ou quase todos, operam nas bases do processo comparativo. E, como é próprio da funcionalidade do *ideal do eu*, não sentimos isso como vigilância ou como repressão. Sentimos como algo que, por assim dizer, estamos escolhendo fazer.

Com o passar do tempo, o que antes era a materialização das vozes das nossas próprias figuras de vínculo se transformou na construção de algo que podemos pensar como a *nossa rede*. As nossas figuras de observação, admiração e disputa. Aqueles que podem me admirar e aqueles com os quais eu posso disputar. E essa nova rede, construída por cada um de nós, não é mais a rede original dos nossos sistemas de vínculo. Ela é uma rede na qual o seu *ideal do eu* pode tentar operar de maneira mais eficaz. Ela mesma poderia ser pensada, e essa talvez seja a fantasia, como uma rede ideal. Ou seja, uma rede que te recolocaria na posição de centralidade narcísica. E, nessa posição, bloqueamos tudo aquilo que nos desagrada e só aceitamos ser vistos na nossa perfeição fantasiada. Os filtros de imagem funcionariam como uma alegoria concreta de uma tentativa de se vestir com a sua própria fantasia de si, de se ver e ser visto com o filtro do *ideal do eu*.

Mas, como a centralidade narcísica em si não é mais possível na vida adulta, depois da saída do *amor incondicional*, o que acaba ocorrendo é que nos vemos sempre insatisfeitos. Sempre abaixo de alguma régua. Sempre a nos comparar com algum outro ou com algo que julgaríamos que nós mesmos deveríamos ser. Assim, as redes se apresentam como uma espécie de solução mágica para o nosso *déficit* fundamental de amor, mas elas terminam, na imensa maioria dos casos, nos empurrando para um desvio homeostático ainda maior. O que gera um processo compulsivo de repetição, já que existe uma estratégia automatizada em busca da redução do desvio homeostático que termina nos afastando ainda mais da satisfação da nossa necessidade em questão. Mesmo que as redes sejam capazes de trazer alguma satisfação momentânea, o que nem sempre é o caso, essa satisfação de modo geral se dá através da *necessidade de dominância* e não da *necessidade de ser amado*. Ou seja, é como comer chocolate quando estamos em desamparo: ainda que seja bom, não resolve o problema. E é esse mecanismo, de um tipo de prazer que não seja a satisfação da necessidade de base em desvio, que vai terminar gerando o processo compulsivo.

É claro que dependendo da cara que tem o seu próprio *ideal do eu*, você pode terminar passando mais tempo concentrado em se comparar com os outros ou em se comparar com você mesmo. Você pode se concentrar mais na sua própria imagem ou na imagem dos outros, que parece sempre tão melhor que a sua. Você pode se iludir com a sua própria rede incrível que te ama tanto ou você pode detestar a sua rede que nunca curte nenhum dos seus *posts*, que mereceriam mais atenção. Você pode investir seu tempo na atividade de invejar ou na tentativa de se exibir. As duas ações fazem parte do mesmo processo que é o de tentar melhorar o seu lugar em comparação com o lugar do outro. Ou seja, são duas diferentes modalidades alostáticas para a mesma tentativa de realização do *ideal do eu*. No fundo, não importa. Você está buscando ali uma coisa que não vai conseguir encontrar. A saber: o amor.

Com as redes, eu me vejo antes que o outro me veja. O outro só vê o que eu escolho que ele possa ver. Antes, na vida em si, eu me via através do olhar do outro. A minha imagem era constituída com o retorno que o outro me dava a respeito dela. Literalmente. O outro era a minha baliza, o meu limite. O nosso formato era determinado por aquilo que tocava a nossa borda. Eu vou até aqui, e ali já é o outro, então é isso que eu devo ser. Logo, é isso que eu passo a ser. O olhar do outro é parte desse contorno. Eu sorrio, minha mãe sorri. Eu choro, ela se preocupa. Eu caio, ela se assusta. Eu grito, ela se afasta. Assim, os meus afetos ganham um retorno da realidade. Assim, eu entendo quem eu sou.

Agora, o outro só vê a minha montagem, a minha edição, o meu recorte. Com isso, aquilo que eu buscava, satisfazer a minha *necessidade de ser amado* pelo outro, se torna impossível, já que não há como ser amado se eu nunca sou realmente visto. No fundo, quanto mais eu consigo aprovação através da minha imagem filtrada, menos eu me sinto amado pela minha imagem sem edição. O que os outros amam é a edição e não a minha imagem em si. Logo, a minha tentativa de solução me afasta mais uma vez da minha possibilidade de satisfação, o que intensifica a tonalidade compulsiva desse processo.

Como em todo processo compulsivo, quando sentimos um sinal de desconforto, temos o reflexo de retornar à nossa compulsão. E, quando eu digo reflexo, é mesmo reflexo que eu quero dizer. Na imensa maioria das vezes, nos dias de hoje, quando buscamos o celular, nós o fazemos por reflexo.

Primeiro, sentíamos o vazio, o desamparo, e buscávamos o celular para tentar aplacar essa experiência ouvindo a voz de uma figura de vínculo. Hoje, só pegamos o celular. De forma que o celular não se monta mais como uma solução possível na sua imaginação para o seu desvio em questão. O que seria mais ou menos assim: eu me sinto só e imagino que o celular possa ser um mecanismo de solução para isso, já que pode me colocar em contato com alguém que me faça sentir menos só. Da mesma maneira que imaginamos o prato de comida quando nos sentimos com fome. Ou que imaginamos o banheiro químico no meio do bloco de carnaval. Ou o que ocorria com o celular: imaginávamos a voz de alguém e buscávamos o celular como uma ferramenta que poderia nos "alcançar" essa voz, porque a desejávamos. Hoje, não há mais a montagem do desejo. Simplesmente pegamos o celular no bolso porque é o que sabemos fazer. E, com isso, paradoxalmente, nos afastamos da percepção do desvio afetivo que governa essas ações. Buscamos o celular antes de pensar: o que é isso que eu estou sentindo, que desconforto é esse, e qual seria uma boa tentativa de solução para ele? Desvio homeostático e imaginação da solução alostática. Mas nada disso acontece hoje, porque o nosso dedo já está correndo pela tela em busca não sabemos do quê.

○

O mecanismo da compulsão pode ser pensado em um ponto de vista individual, na vida de cada um de nós. Ou pode ser pensado como uma forma de olhar o movimento social mais amplo. Paradoxalmente, degradamos a vida como um todo, o planeta em si, em uma busca compulsiva para conter a morte. O próximo passo é o espaço. Ou alguma inteligência artificial que cumpra a função de Deus e nos explique o sentido da vida.

Seja o amor romântico ou o foguete para Marte, tudo é uma busca por algo que nos retire da posição de angústia. Ou seja, uma busca por algo que negue a morte.

○

Essa busca é, por definição, compulsiva: quanto mais buscamos, mais nos aproximamos daquilo que queremos evitar. Isso se dá porque o objeto de satisfação da necessidade em si nunca é encontrado e o desvio homeostático, assim, sempre aumenta. A morte, então, no meio do nosso processo compulsivo, apenas ganha força. E a angústia cresce. Seja através da depressão, da ansiedade ou da dificuldade em si de respirar o ar cada vez mais quente.

Tudo isso se move pela mesma vontade de retorno à centralidade. E essa vontade de retorno não é um capricho. Ela é a tentativa de escapar da morte. Daí a dificuldade em se fazer o que seria o *luto narcísico*. A compreensão da sua própria não centralidade é a compreensão da sua própria morte. O *luto narcísico* só é possível com a aceitação de que a morte vai estar. Mas como seria possível aceitar uma coisa como essa?

Isso nos leva pela última vez à pergunta: e o que seria então o amor? Não o primeiro amor, mas um *segundo amor*. Um amor adulto. Um amor que não nega a morte. Um amor que reconhece a sua existência. Ele é possível? Ou melhor, o que é esse amor, o *segundo amor*?

NONO PRINCÍPIO

O primeiro campo de vínculo funciona como contenção da morte. Esse é o primeiro amor. Mas é só ali que essa experiência é possível.

ENUNCIADO PROVISÓRIO PARA UMA VIDA POSSÍVEL [1 + 2 + 3 + 4 + 5 + 6 + 7 + 8 + 9]

1. A consciência só ocorre com os erros de previsão. E só a partir da consciência algum aprendizado é possível.
2. Com o erro de previsão decorrente do desvio homeostático, surge a experiência afetiva negativa. E só é possível a correção do desvio se a experiência negativa for reconhecida.
3. Parte fundamental dos erros de previsão e das nossas experiências afetivas está ligada às necessidades emocionais. E é só na

relação com os outros que nossas necessidades emocionais podem ser satisfeitas.

4. Na nossa vida, em função das regras que regem o nosso ambiente, quando as necessidades emocionais entram em conflito, nos vemos obrigados a priorizar a satisfação de uma necessidade em detrimento de outra.

5. Ser amado é, no início das nossas vidas, mais importante do que qualquer outra necessidade emocional. E isso se constitui em um aprendizado que levamos adiante, mesmo que tentemos evitar.

6. Para que o campo de vínculo se estabeleça, é necessário que um dos sujeitos ocupe a posição de objeto de satisfação da necessidade de cuidar do outro.

7. Estamos todos em *déficit* de amor.

8. A saída que encontramos através da necessidade de dominância para a satisfação da necessidade de ser amado acaba aumentando o desvio homeostático da própria necessidade de ser amado.

9. O primeiro campo de vínculo funciona como contenção da morte. Esse é o primeiro amor. Mas é só ali que essa experiência é possível.

CAPÍTULO 10

O segundo *amor*

O FIM

Quando descemos do carro em frente ao cemitério de Paraty, eu senti uma pontada de arrependimento. O que Martim tinha a ver com aquilo, afinal? Por que eu o havia arrastado comigo até lá? Qual elo era aquele que eu buscava?

De uma maneira ou de outra, ao longo dos anos, eu tinha tentado escapar da ideia de visitar o corpo do meu pai. Então, por que eu estava ali, naquele momento, e por que tinha escolhido levar o meu filho comigo?

○

Era dia 19 de abril de 2023. Meu pai havia nascido no dia 19 de abril de 1943. De forma que, se ele estivesse vivo, estaria completando 80 anos. Eu tinha 40 anos e estava ali com meu filho mais velho, com então 9 anos de idade.

Na véspera daquele dia, 18, eu havia terminado a escrita de um livro. O seu título provisório era *Dez princípios antes do fim*. Quando eu comecei a escrever, eu não imaginava que o meu pai tomaria tanto espaço na narrativa. Não era essa a minha ideia. O que eu queria era escrever um livro com princípios fundamentais a respeito do funcionamento da vida. E eu terminei escrevendo um livro que estava ligado de maneira indissociável ao processo de luto da morte do meu pai. Ele tinha terminado por aglutinar a narrativa em torno dele. Quando eu percebi que isso estava acontecendo, eu fiquei frustrado, mas terminei aceitando que não havia outra maneira. A figura dele continuava tendo muita força para mim.

No dia em que eu recebi o contrato de escrita do livro para assinar, notei que a data prevista de entrega era justamente o dia 19 de abril de 2023. Eu achei engraçada a coincidência e nada além disso. Mas o que aconteceu foi que eu estive com a data o tempo inteiro na minha cabeça ao longo do processo de escrita, e isso fazia com que o livro estivesse sendo, de algum modo, escrito para ele.

Nos primeiros dias de abril, eu havia terminado o *capítulo 9*. Ele fazia uma relação entre amor e morte e tratava do luto narcísico. A tese central do capítulo era de que o amor, na sua primeira aparição, nos salva da morte. Mas, ao longo da vida, esse primeiro amor não é mais possível. E tudo o que fazemos dada essa impossibilidade termina sendo uma série de processos compulsivos e/ou de negação. No fim, só seria possível enfrentar isso se fôssemos capazes de fazer o tal luto narcísico. Ou seja, se fôssemos capazes de reconhecer a nossa posição de não centralidade.

○

Esse luto, então, só é possível se somos capazes de nos retirar da nossa posição de centralidade. E a saída dessa posição depende de algo ainda mais complexo, já que essa posição, em um primeiro momento, é justamente o que impede a morte. Logo, em larga medida, a saída da posição de centralidade é também uma aceitação da própria morte. E isso parece o mais difícil a ser feito. Assim, nossa tarefa, ao longo da vida, seria justamente essa. Mas o que viabilizaria essa tarefa? Eu simplesmente não sabia como responder. Eu não sabia como responder para mim mesmo. Como eu saberia responder para um outro, então? Como eu poderia escrever um livro a esse respeito?

Em função disso, o *capítulo 10* tinha acabado se mantendo em uma zona mais filosófica, por assim dizer. O título do capítulo era *Estar preparado é tudo?* Ele abria reflexões a respeito da nossa capacidade de estarmos preparados para a morte. Já que ela era inegável, inexorável. Mas era, ao mesmo tempo, intratável. Eu fazia uma argumentação que retomava o início do livro, a ideia básica dos *erros de previsão* e me perguntava se era possível estar preparado para não saber. Saber que sim, há a morte. Mas não saber como, onde, quando ou o quê. De modo que, mesmo sendo o maior dos *erros de previsão*, a vitória da entropia, a morte era o único previsto desde o início. O que não se sabia era a vida.

O que mais me incomodava em relação ao capítulo final, e em relação ao livro como um todo em função disso, era que eu não tinha conseguido responder à pergunta de como seria possível fazer o luto narcísico. Eu já tinha tratado desse assunto inúmeras vezes, mas nunca tinha ficado satisfeito com aquilo que havia elaborado.

Eu sabia que a nossa resposta pela dominância não era satisfatória. Quanto mais buscássemos dominância, menos vínculo seríamos capazes de estabelecer. E só havia sido possível conter a morte no vínculo original. Logo, se a dominância nos afasta do vínculo, ela parece nos aproximar da morte. Mas alguma coisa seria capaz de fazer a contenção da morte? Ou talvez de afastar a morte enquanto contém a vida, como no campo de vínculo original, no contorno do primeiro amor?

Nada parecia ser capaz de resolver isso. Tudo o que fazíamos parecia uma tentativa tosca de apenas mudar de assunto. A vida que vivemos me parecia apenas uma tentativa de atrair a nossa atenção para alguma outra coisa, qualquer que seja ela. Sucesso, trabalho, consumo, realização pessoal. Uma tentativa de fingir que não vemos o fato mais óbvio: estamos fora do amor. Em função disso, a vida como um todo me parecia um processo compulsivo e desconectado tanto da sua necessidade básica em desvio quanto da reflexão a respeito das alostases que seriam de fato capazes de satisfazer esse desvio. Mas quais seriam essas alostases? Eu também não sabia responder. Eu sabia que precisaríamos buscar o amor. Mas como buscar o amor se estamos fora dele? Eu defendia inúmeras vezes que era preciso o amor para conter o impulso da dominância que tinha sido organizado como o caminho possível de maneira falaciosa, para se retornar ao centro. Mas como buscar amor se todos buscamos o centro?

No fim das contas, a única saída que eu havia encontrado para o *capítulo 10* vinha da frase dita por Hamlet momentos antes do duelo com Laertes, que culmina na sua morte: "Se for agora não vai ser depois. Se for depois não vai ser agora. E se não for agora, em algum momento vai ser. Estar preparado é tudo". Eu não havia ficado nem um pouco satisfeito com ele, porém, mais importante do que eu ficar satisfeito com o texto era conseguir entregá-lo na data. O dia 19. Eu não podia falhar com isso. Eu não podia falhar com o meu pai.

MARTIM E A MORTE

Em função do espaço que a escrita do livro havia ocupado ao longo dos últimos meses, e também da presença de Vicente, meu filho mais novo, de pouco mais de 1 ano, a minha relação com Martim não estava nos seus melhores termos. Ele estava cada vez mais afastado de mim, e isso me dava a impressão de que em pouco tempo nos tornaríamos distantes demais um do outro.

Eu tinha mais conversas com Martim a respeito do sentido da vida quando ele era uma criança menor, em um período no qual em teoria ele teria menos capacidade de tratar desse tipo de assunto. Ultimamente, era como se eu estivesse enfiado nos meus assuntos e ele nos dele. Um dos meus assuntos, talvez o mais importante deles, era justamente o livro. E, ainda que no livro eu também tratasse da minha relação com Martim, o centro continuava sendo o meu pai. Aquilo me incomodava. Eu tinha a impressão de estar preso em algum outro lugar. Então, tentava me livrar desse outro lugar, que poderia ser o passado ou mesmo as minhas elucubrações a respeito do sentido das coisas, e me debruçar sobre a vida. Mas isso, é claro, não era possível. Eu não conseguia tirar aquelas coisas de dentro de mim para me concentrar no presente, como muitas vezes se diz. O meu presente era também o meu pensamento sobre a vida. O meu presente era também as minhas elucubrações. Isso sempre tinha sido o caso na minha vida. Estar lá estando em outro lugar. E eu tinha aprendido a lidar com isso. O presente está sempre em conexão com o passado e com um futuro possível. É assim mesmo que o nosso aparelho de pensar funciona.

Porém, ultimamente, de forma um tanto bizarra, eu me via frequentemente com Martim, pensando a respeito da nossa relação, mas não estando na relação. E sequer falando com ele sobre o que eu estava pensando. O que me fazia estar em um certo deslocamento constante. E isso tinha a ver com o livro, eu sabia. Eu olhava para tudo sob a ótica daquilo que eu estava escrevendo. Era como se a vida em si tivesse se transformado em um instrumento para a escrita do livro. E deveria ser exatamente o oposto. A ideia era que o livro servisse como um instrumento possível para a vida. Mas eu não conseguia evitar.

○

Quando eu entendi que conseguiria terminar o livro no dia 18, me veio a ideia de ir até Paraty visitar o cemitério no dia 19. Eu gostava da estrada. Sempre tinha gostado da estrada. E a ideia de passar algumas horas dentro de um carro indo até lá e depois mais algumas horas voltando de lá me parecia boa. Visitar o túmulo seria apenas parte da coisa. O túmulo, em si, teria mais um peso simbólico do que o peso da própria experiência. Se eu dissesse a alguém que iria fazer aquilo na data que seria o aniversário de 80 anos do meu pai, a compreensão seria de que eu teria ido visitá-lo. Ou, pelo menos, de que eu iria fazer uma visita ao seu túmulo. Mas, para mim, aquilo queria dizer que eu passaria o dia na estrada. E que eu teria o trajeto de ida e o trajeto de volta como espaço para pensar.

Pelo menos, era isso o que eu contava para mim naquele momento: no fundo não era sobre o meu pai, era sobre a estrada. Dessa forma, ele tinha menos importância e eu era o centro. A minha própria experiência. Mas talvez isso não fosse verdade.

    Nas minhas primeiras fantasias sobre essa ideia, eu estava sozinho. Não tinha mais ninguém ali comigo. Parecia muito importante, por alguma razão, a ideia de que eu fosse capaz de fazer isso sozinho.

    Eu olhei o calendário no celular e me dei conta de que o dia 19 caía numa quarta-feira. Não era o pior dia. Eu quase não atendia às quartas. Mas tinha muitas obrigações com Martim e Vicente, é claro. Será que eu poderia não fazer nada daquilo que eu deveria fazer para estar na estrada um dia inteiro? No fundo, me parecia que não. Eu sabia que se eu explicasse a situação para Flor, minha esposa, ela compreenderia. Era o final do livro. E era o aniversário do meu pai. Não que eu tivesse comemorado os outros aniversários dele ao longo dos últimos anos, mas o fato de que era a data na qual ele faria 80 anos e de que isso coincidia com a entrega do livro era inegavelmente simbólico. Ou pelo menos eu poderia dizer que era. Não poderia? Eu achava que sim.

    Por outro lado, isso me dava a impressão de que eu queria comemorar aquela data me livrando da minha vida. Não sendo quem eu era. Tendo uma liberação da minha realidade. Mais uma vez, me afastando daquilo que eu vivia. Foi aí que surgiu a ideia de que eu poderia chamar Martim para ir comigo. Então, eu comecei a me perguntar se era uma boa ideia levá-lo ao cemitério para visitar o túmulo do meu pai, seu avô, que ele não tinha conhecido.

A morte como figura estava presente nas conversas com Martim já há bastante tempo. Quando ele tinha por volta de 5 anos, esse tema se tornou constante. De uma maneira ou outra, a morte aparecia na conversa. Tudo ia morrer. No final, a morte estava sempre lá. Será que ele ia morrer? Quando ele ia morrer? Como era morrer?

Ele tinha acabado de perder o outro avô, pai da sua mãe. E isso tinha tido um efeito nele, é claro. Na época, eu não sabia muito bem como contornar aquilo. Eu tentava construir sentidos junto com ele, mas o tema era delicado para mim também. E eu não tinha um sistema de crenças que fosse capaz de apaziguar aquele problema. Eu buscava algum, mas não conseguia. A verdade é que eu não tinha uma resposta boa para a morte, eu nunca tinha tido.

Num dia qualquer, estávamos almoçando, e ele me disse que gostaria de ser um personagem de desenho animado. Eu perguntei por que. E ele me respondeu que, se ele fosse um personagem de desenho animado, ele não morreria nunca. E eu disse que sim, parecia verdade. Mas que, por outro lado, ele não teria escolha de nada. Tudo seria consequência da imaginação da pessoa que estivesse criando o desenho. E que ele teria de fazer sempre o que tinha sido imaginado por um outro. Ele parou um tempo, pensativo, e me disse que ainda assim isso seria melhor do que morrer. A morte, afinal, era a pior coisa.

Por volta dessa época, ele começou a sonhar com a morte. A figura mesmo da morte. A caveira vestida de preto. E ela estava ali para buscá-lo. Ele acordava assustado e eu perguntava com o que ele havia sonhado. Ele preferia não dizer, já que tinha a impressão de que, se dissesse, o sonho se repetiria. Eu tentava explicar para ele que não era assim que a cabeça funcionava e que, quanto mais ele se sentisse capaz de falar sobre aquilo, mais ele se sentiria também capaz de enfrentar aquilo. Aos poucos, nós conseguíamos falar.

Em 2020, com a pandemia, a morte virou a totalidade da vida. Tudo era a imagem de túmulos e a contabilidade dos mortos. E a ameaça constante de que a morte chegasse até você. Ele ficou apavorado por um período. Mesmo depois das vacinas, ele preferia usar máscara quando eu já não usava mais.

Quando a Flor ficou grávida, ele tinha muitas fantasias de que o coração do seu irmão pudesse parar de bater dentro da barriga dela. Da mesma forma que tinha acontecido com o seu avô. Da mesma forma que tinha acontecido com os seus dois avôs.

Aos poucos, os medos foram elaborados. Não desapareceram, mas cederam à força da vida. O irmão nasceu. O irmão mamou. O irmão chorou. A primeira vez na qual o irmão sorriu foi olhando para ele. Tudo aquilo era potente. E a vida se fazia mais presente do que a morte.

De forma que, quando eu pensei em lhe propor que fosse até Paraty comigo, eu não tinha certeza se aquilo era uma boa ideia. De um jeito ou de outro, eu acabei tocando no assunto para ver como ele reagiria.

A sua primeira pergunta foi sobre a distância até Paraty. Eu respondi que passaríamos algumas horas no carro. Ele não pareceu muito animado com a perspectiva. Ele perguntou que dia da semana seria. E eu respondi que seria numa quarta-feira. Ele então entendeu que se veria livre da aula de natação e da escola. Isso pareceu animá-lo muito mais do que a perspectiva de fazer um rito de passagem com o seu pai. De alguma forma, aquilo me aliviou. Eu sempre me aliviava ao ter a impressão de que eu não ocupava um espaço tão totalizante no seu imaginário quanto o meu pai tinha ocupado no meu.

No fim, ele disse que toparia.

A RODA

Martim deu a volta por trás no carro e se aproximou de mim. Eu estava parado, esperando por ele, enquanto olhava a porta de entrada do cemitério.

Ele segurou a minha mão como fazia várias vezes no momento em que descíamos do carro.

— Vamos? — eu perguntei.

E ele fez que sim com a cabeça.

O cemitério de Paraty fica em um morro. Uma pequena escadaria leva à sua porta de entrada. É um cemitério antigo e não é grande. Depois da porta de entrada, uma ruela de paralelepípedos estreita leva até a capela que fica no alto. O trajeto até a capela é bastante íngreme. Dos dois lados da ruela, estão postos os túmulos.

●

Eu me lembrava de subir aquela ruela no dia do enterro com uma das quinas do caixão apoiada no meu ombro direito. Éramos seis pessoas carregando o caixão naquele dia. Eu levava uma das extremidades da parte da frente. Ou seja, logo acima do meu ombro estava a cabeça dele. O caixão tinha sido fechado em uma sala de um prédio anexo ao cemitério, que pertencia à prefeitura. O velório não tinha sido feito na própria capela do cemitério porque ela estava em reforma naquele momento. Depois que o caixão foi fechado, nós o colocamos na carroceria de um carro da própria prefeitura, que fez o mínimo trajeto até a porta do cemitério. E de lá ele foi carregado por nós.

De alguma forma, o caráter heroico de carregar o caixão nos ombros diminuía o esvaziamento da cena. A cena era a morte. Mas o símbolo dava conta, na medida do possível, de transformar aquilo em algo além. Tudo aquilo, na verdade, parecia ter a função de tentar conferir algum sentido para a morte. Mas, no fundo, a impressão que eu tinha era de que a morte continuava lá, intratável e orgulhosa no seu próprio absurdo. E era assim porque ela parecia ser a única a saber que não tinha nada de absurdo ali.

O túmulo do meu pai ficava do lado esquerdo da ruela, no meio do percurso entre a porta do cemitério e a capela. Do lugar onde ele estava enterrado, por cima do muro do cemitério, era possível ver o mar de Paraty. Mais uma vez, o simbolismo disso, a ideia repetida inúmeras vezes ao longo do processo do enterro, de que ele ficaria ali, em frente ao mar, tentava conferir alguma abertura de significado para aquilo que se encerrava em si.

Enquanto eu subia a ladeira com Martim, eu tentava calcular na minha cabeça a altura na qual deveríamos virar à esquerda e entrar no meio dos túmulos em busca de onde o meu pai estava. Eu não queria virar muito cedo porque o caminho por entre os túmulos, da maneira como eles estavam próximos uns dos outros, nos obrigaria a pisar em vários deles até que encontrássemos o do meu pai. E isso não parecia bom. Eu não queria que Martim pisasse em nenhum túmulo. Mas, por outro lado, eu não queria subir demais e depois ter que voltar no meio dos jazigos. O problema seria o mesmo no que se referia a pisar nos túmulos e, além disso, eu teria a impressão de que tinha errado o lugar, já que tinha passado do ponto de virar. E não parecia razoável que eu não soubesse o lugar exato onde o meu pai estava enterrado. Especialmente, não parecia razoável que, para Martim, depois de quase 4 horas na estrada, eu não soubesse aonde estávamos indo.

○

O túmulo do meu pai, ao contrário da grande maioria dos outros, não tinha uma cruz como objeto que identificava quem estava enterrado ali. Ele tinha uma roda de carro de boi no lugar da cruz. Quando morreu, meu pai guardava uma imensa coleção de objetos antigos. Em geral, coisas que o remetiam à sua infância, no pantanal sul-mato-grossense. Especialmente coisas que estavam ligadas ao período da sua infância no qual ele tinha vivido na fazenda do avô. Dentre esses objetos, estavam duas rodas de carro de boi. Quando ele morreu, nós nos vimos enfrentando a discussão a respeito do seu túmulo. Como ele era ateu, não fazia sentido uma cruz. Em função disso, surgiu a ideia de que o seu nome e as datas de nascimento e morte fossem postas em uma dessas rodas. A outra, nós guardaríamos conosco. De novo, uma tentativa de conferir sentido àquilo. Eu não sabia se achava boa a ideia. Tudo me parecia estúpido naquele momento. Ao mesmo tempo, eu estava anestesiado e só queria que aquilo acabasse. No final, acabamos decidindo usar a roda como símbolo do túmulo.

Enquanto subia a ladeira com Martim, era pela roda de madeira que eu procurava. Mas eu sabia que, da ruela de paralelepípedos no meio do cemitério, muito provavelmente, eu não conseguiria enxergar a roda no meio das cruzes. De forma que nós íamos mesmo ter de entrar no espaço dos túmulos e procurar mais de perto. Foi isso que fizemos.

Eu puxei a mão de Martim e nós viramos à esquerda.

— É aqui? — ele perguntou.

— Acho que sim — eu respondi.

Eu fui na frente, puxando a sua mão logo atrás do meu corpo. Eu queria dizer que ele deveria ter cuidado com o lugar onde estava pisando, mas terminei por não falar nada, já que percebi uma certa hesitação no seu caminhar. De qualquer forma, nós seguimos. Atravessamos todos os túmulos até chegarmos bem perto do muro do cemitério, que estava mais longe do que eu me lembrava. Eu sabia que não podia ser ali. O túmulo do meu pai ficava um pouco afastado do muro. Eu devia ter errado a altura. Então, decidi subir um pouco mais por entre os túmulos. Mas continuei sem avistar a roda. Então resolvi descer. E ainda nada. Será que o cemitério tinha crescido e eu estava errando o cálculo em função disso? De fato, o muro parecia ter mudado de lugar. Eu comecei a me sentir angustiado. Até que Martim me perguntou, com uma voz calma:

— Você não tá achando?

— Acho que não — eu respondi.

Então, decidi que era melhor tentar encontrar alguém que trabalhasse ali e pudesse nos ajudar. Aquilo não era o que eu tinha imaginado de maneira nenhuma, precisar de ajuda para encontrar o túmulo do meu pai, especialmente estando com meu filho, mas não parecia haver outro jeito.

Ao lado da capela, no alto do cemitério, havia uma pequena construção, como uma casa em miniatura, e eu imaginei que pudesse haver alguém ali. Voltamos para a ruela que dividia o cemitério ao meio e subimos.

Quando chegamos no alto do cemitério, perto da capela, percebemos que havia uma extensão do terreno para o lado de trás, oposto à entrada. E dois homens trabalhavam ali. Eles estavam cimentando o piso em uma parte recém-construída logo atrás da capela. Quando nos viram, eles pararam o que estavam fazendo e olharam em nossa direção. Naquele instante, eu reconheci um deles. Era o mesmo coveiro da época do enterro de meu pai. Um arrepio subiu minha espinha. E eu senti minhas mãos geladas e o suor escorrendo por entre a minha mão e a mão de Martim. Era como se eu tivesse sido jogado de volta.

Eu respirei fundo e tentei me acalmar. O homem me cumprimentou com um aceno de cabeça. A impressão que eu tive era de que ele havia me reconhecido. E, muito embora eu achasse que isso não era possível, aquilo me trouxe uma estranha impressão de acolhimento.

Ele continuou olhando para nós enquanto o outro voltou a remexer o monte de cimento com a sua enxada. Da maneira como ele nos olhava, a impressão era de que esperava que eu dissesse alguma coisa. Ele esperava que eu dissesse o que eu estava buscando ali. Fazia sentido. De forma que eu ia ter que falar alguma coisa. Mas como eu iria dizer que não estava conseguindo encontrar o túmulo de meu pai? Eu senti uma pontada de constrangimento. Que espécie de filho era eu? E que espécie de pai era eu, que colocava o filho em uma situação estúpida como aquela? De qualquer forma, eu ia ter de falar alguma coisa. Eu baixei a cabeça e respirei enquanto continuávamos caminhando na sua direção. Quando já estávamos a poucos passos dele, eu finalmente disse:

— Bom dia.

—Bom dia — ele respondeu.

Eu respirei fundo e disse com um sorriso de constrangimento:

— Eu estou procurando um túmulo, mas não estou conseguindo encontrar.

— De quem é? — ele perguntou.

— Do meu pai — eu respondi.

— Sei, mas qual é o nome dele?

É claro. Para ele não fazia diferença o meu parentesco com o ocupante do túmulo. Ele precisava de um nome. Nada além disso.

— Luiz. Luiz Tarlei de Aragão — eu respondi.

Ele respirou por um instante e eu segui:

— Ficava perto do muro, ali embaixo, mas eu não estou conseguindo achar — eu falei enquanto apontava com a mão esquerda para o lugar onde ficava o túmulo.

Ele me olhou por um breve instante e respondeu, sem muita hesitação:

— Luiz Aragão. Era um que tinha uma roda de madeira?

— Isso — eu respondi rápido, preenchido de uma sensação de reconhecimento.

- Agora ele tá ali atrás junto com o resto do pessoal — ele falou enquanto apontava para a parte de trás do cemitério.

Então eu vi que atrás dele, na área nova do cemitério, havia um espaço aberto, de terra recém-gramada, sem nenhuma marcação em cima. Era para aquele espaço que ele estava apontando. Eu entendi que se tratava da vala comum do cemitério. Eu me senti confuso, zonzo, e me mantive olhando o espaço por algum tempo sem dizer nada.

— Entendi — eu disse para tentar fugir do vazio no qual me via metido.

Ele observou meu silêncio confuso. Uma parte de mim sentia que a culpa era minha. Eu não tinha vindo visitar o meu pai. Era por isso que ele tinha sido posto na vala comum. E como eu poderia explicar isso para o meu filho?

—Pode ficar tranquilo que fui eu mesmo que botei ele lá — ele disse com o intuito de me acalmar.

Eu fiz que sim com a cabeça.

— E a roda? — eu perguntei.

— Ah, a roda se desfez. Por conta da chuva e do sol. A gente terminou que jogou ela no mato ali atrás. Se duvidar ainda tá lá. Mas tava podre já.

— Entendi — eu respondi sem saber muito mais para onde ir com a conversa.

Ficamos ainda alguns breves instantes na mesma posição, em silêncio. Martim continuava segurando a minha mão direita com a sua mão esquerda.

— Bom, muito obrigado, então. Bom dia aí para vocês.

— Bom dia — ele respondeu enquanto o outro homem fez apenas um sinal com a cabeça.

Eu me virei para Martim, coloquei minha mão no alto do seu braço, perto do ombro e disse:

— Vamos?

Ele apenas fez que sim com a cabeça em movimentos rápidos e curtos.

Eu dei a mão para ele mais uma vez. Agora, ele segurava a minha mão esquerda com a sua mão direita, na descida até o lado de fora.

"CAXORRO"

Não dissemos nada no percurso até a porta do cemitério. Eu pensei algumas vezes em como explicaria para o ele o porquê daquilo. Eu mesmo não sabia. Mas não achava que era possível dizer isso a ele, que eu não sabia. Talvez ele me perguntasse por que, então, eu não tinha dito ou feito algo. E eu também não saberia responder a isso. Eu me sentia triste e confuso.

Mas o que havia de mais intenso em mim era vergonha. Como na infância, quando eu fazia algo de errado e alguém, em vez de me punir, se oferecia para me ajudar. Eu me sentia mortificado. E tentava encontrar um jeito de dizer que eu preferia fazer daquele jeito mesmo. Que eu não estava sendo estúpido, que era uma escolha. Eu não era um idiota. Eu preferia fazer como estava fazendo. Eu não poderia me queixar com o coveiro. Eu deveria tratar aquilo como algo natural, como algo que eu esperava. Como eu poderia ser estúpido a ponto de não saber? Essa sensação tinha estado em mim uma vida inteira. Como eu poderia ser estúpido a ponto de não saber o que era óbvio para o outro? Qualquer erro, qualquer deslize, qualquer falha me trazia esse asco de mim mesmo. A minha pele fervia ao mesmo tempo que a minha nuca ficava gelada. Eu não era bom o bastante. De modo que, se eu tinha errado qualquer coisa que fosse na prova de matemática na quarta série, era porque eu *preferia* a minha resposta do que a resposta que o professor estava dizendo que era a certa. Se eu escrevia "jeladeira" com "j" no lugar de "g", ou "caxorro" com "x", ou "caza" com "z", era porque eu *preferia* que fosse assim. Eu me justificava rápido no momento da correção do ditado, mas por dentro estava mortificado de vergonha.

E aquela impressão, da minha absoluta estupidez e da vergonha que vinha com ela, estava em mim mais uma vez enquanto caminhava para fora do cemitério. Mas eu tinha de dizer alguma coisa para Martim, não tinha? Mais uma vez eu me sentia incapaz de ser pai. Eu me sentia infantil demais.

Eu tinha acabado de escrever um livro sobre o funcionamento da vida, ou o sentido da vida, em termos mais gerais, e não era capaz de lidar com uma situação como aquela. Quão estúpido isso poderia ser? Quão estúpido *eu* poderia ser? E quão arrogante? Eu era uma enorme farsa. Eu era uma criança presa no corpo de um adulto torcendo para que ninguém percebesse. E o pior, eu tinha trazido meu filho para testemunhar essa cena.

○

Quando chegamos à porta de saída do cemitério, eu pensei que talvez fosse o caso de comer alguma coisa antes de voltar para a estrada. Eu não teria condição de comer nada naquele momento, mas Martim talvez estivesse com fome. Era perto da hora do almoço. E eu tinha de conseguir pelo menos alimentar o meu filho. Eu olhei para ele, que continuava segurando a minha mão, e perguntei:

— Você quer comer alguma coisa antes de voltar?

Quando eu disse isso eu me dei conta de que essa era a primeira frase que eu falava para ele depois do que tinha acabado de acontecer. E eu me senti estúpido mais uma vez. Eu estava fugindo. Eu estava fingindo que estava tudo bem e que eu ainda sabia o que estava fazendo.

— Não. Tô bem — ele respondeu se referindo à possibilidade de comer alguma coisa.

Isso era uma resposta comum de Martim quando eu perguntava se ele queria alguma coisa. Ele respondia que não e dizia que estava bem.

Então, seguimos na direção do carro, que estava a poucos passos da porta de entrada do cemitério. Eu larguei a mão de Martim, já que precisava enfiá-la no meu bolso esquerdo, onde estava a chave. Ele se desvencilhou de mim e foi em direção à porta de trás. Eu apertei o botão do alarme e o carro destravou. Ele abriu a porta e entrou no banco de trás. Eu abri a porta do motorista e entrei. Bati a porta. Martim bateu a sua porta depois de conseguir se ajeitar no banco. Eu apertei o botão da partida. Tirei meu celular do meu bolso direito e o conectei ao carregador que estava enfiado no console. Abri o aplicativo que indicava o caminho de volta e o tempo de duração da viagem. Nos meus endereços salvos, apertei a palavra "casa". A tela me mostrou o tempo previsto do trajeto: 3h56. Três horas e cinquenta e seis minutos.

Coloquei o cinto de segurança, apertei o botão que liberava o freio de mão, botei a alavanca do câmbio na posição de dirigir, tirei o pé do freio e pisei o acelerador. Pelo retrovisor, olhei o alto da cabeça de Martim, que estava sentado no meio do banco, ao lado da cadeira de Vicente, que estava vazia.

— Colocou o cinto? — eu perguntei.

— Sim — ele disse.

Eu olhei mais uma vez o mapa na tela do celular. Depois o joguei no banco do carona. Olhei para a rua à minha frente e segui. Eu não tinha dito nada a ele. Eu simplesmente não sabia como.

DE VOLTA AO DIA 4

A rota que o mapa indicava passava ao lado do rio que descia até o mar, onde meu pai tinha morado. Eu segui por ali enquanto olhava para a outra margem buscando a casa. Não encontrei.

Eu me lembrei do momento no qual cheguei ali, 19 anos antes.

Era o dia 4 de agosto.

Eu tinha descido do avião no Rio de Janeiro, vindo de Brasília. Era um dia de sol. Eu me lembro de ver a cidade de cima. Meu irmão estava no aeroporto me esperando do lado de fora do desembarque. Nós nos abraçamos em silêncio. Os dois choravam.

Entramos no carro e seguimos o caminho até Paraty.

Durante todo o percurso, de Brasília até Paraty, no avião e no carro, a imagem do corpo do meu pai deitado na cama não saía da minha cabeça.

Eu tinha certeza de que ele ainda estaria lá quando chegássemos a sua casa. Como se o corpo fosse estar esperando por mim para que eu pudesse carregá-lo dali. E eu pensava que não era capaz de fazer aquilo. De carregar o corpo do meu pai. A imagem dos lábios entreabertos estava fixada em mim. Mas em nenhum momento eu falei sobre isso. Eu me mantive em silêncio. E o fato de que houvesse movimento do lado de fora, na estrada que passava continuamente, me ajudava a conseguir continuar respirando.

Não dissemos nada durante todo o percurso.

○

Quando chegamos ao local da casa, que o meu irmão já conhecia, o caseiro e a sua esposa, que era a empregada da casa, estavam à nossa espera no quintal. Era um terreno bem grande, com várias árvores frutíferas, e três casas afastadas umas das outras. Meu pai alugava a casa que ficava em frente ao rio.

Nós estacionamos o carro e descemos. Eu estava apavorado.

Meu irmão os cumprimentou. Janaína era o nome dela. Tinha sido ela a encontrar o corpo pela manhã. E ela mesma tinha ligado para o meu irmão usando o número que achou escrito na agenda de meu pai.

Meu irmão se virou para ela e falou com muita calma, como se estivesse tentando ajudá-la:

— Como é que foi, Janaína? — ele perguntou em um tom doce e grave.

— Ah, quando eu entrei na casa, ele tava deitado na cama de baixo. Ele tava com a perna esquerda pra fora da cama. Como se tivesse tentando levantar.

Um arrepio subiu a minha espinha e eu tive medo de desmaiar.

Ela continuou:

— Aí telefonei para prefeitura. E eles vieram levar ele.

— Levaram ele de manhã mesmo? — perguntou o meu irmão.

— Sim — ela respondeu como que para tranquilizá-lo.

Foi só nesse momento que eu entendi que o corpo de meu pai não estava mais lá. Eu respirei aliviado. E culpado por ter me sentido assim.

●

Quando entramos na casa e eu me deparei com todos os objetos do meu pai, era como se ele ainda estivesse lá. O seu cheiro estava impregnado em tudo. Eu observei o espaço com cuidado. Como se tudo aquilo fosse frágil. Como se tudo pudesse quebrar se eu não prestasse atenção. Como se as coisas do meu pai pudessem se desfazer a qualquer momento. Depois de poucos minutos, eu não conseguia mais respirar e precisei sair da casa. Eu fui até o lado de fora em frente ao rio. Fiquei ali, observando a água que corria em direção ao mar naquele momento. Depois de um tempo, meu irmão se aproximou e ficou ali comigo. Eu não sabia se preferia estar sozinho ou não. Mas eu sabia que não conseguia voltar para dentro da casa naquele momento. A presença do meu pai era simplesmente forte demais.

DOIS ADULTOS E UMA CRIANÇA

Algum tempo depois, foi minha mãe quem chegou. Ela veio de São Paulo. Eu ainda não havia falado com ela. No momento em que ela me abraçou, aquilo pareceu estranho. Eu sentia raiva dela. E não sabia exatamente o porquê. Ela estava chorando, e eu só conseguia pensar que ela não era mais casada com o meu pai há anos, que ele se relacionava com outras pessoas, quaisquer que elas fossem, e, ainda assim, ela agia como uma viúva. O meu irmão também chorava e a abraçava. Os dois pareciam estar no mesmo lugar. Nesse momento, eu não pude chorar. Eu não entendia muito bem como, mas o choro dos dois me incomodava. Eu apenas sentia vontade de me afastar deles. Enquanto eles tentavam me consolar e me trazer para perto deles. Como se me dissessem: "Você pode chorar, é duro mesmo, não tenha medo". Mas, naquele momento, eu não sentia medo de chorar. Eu sentia raiva do choro deles. Como se eles não tivessem direito de chorar a morte do *meu* pai.

○

Não demorou muito para que surgisse a conversa a respeito do enterro. Na minha cabeça, essa conversa nem precisaria existir. Nós deveríamos levar o meu pai de volta para Brasília. Era lá que ele tinha sido o meu pai. Era lá que ele havia existido para mim. Ainda que ele houvesse saído de Brasília nos últimos anos, aquilo não me importava. Era lá que ele deveria ser enterrado. Mas o meu irmão argumentou que ele estava muito bem em Paraty. Disse que nunca o tinha visto tão feliz como ao longo da última semana. E minha mãe completou dizendo que ele detestava Brasília, que ele sempre havia detestado Brasília. De forma que rapidamente ficou claro para eles que o meu pai deveria ser enterrado em Paraty.

Eu senti ainda mais raiva. Eu me senti ridículo. Eu me senti uma criança que observa a conversa de dois adultos sem saber o que dizer ou como dizer. Eu havia embarcado naquele avião com a promessa de trazer o corpo do meu pai de volta. E agora isso estava desfeito. Como eu iria dizer para os meus amigos que não era nada daquilo? Como eu iria explicar que o meu pai não voltaria para lá? Eu teria de mentir e dizer que "nós" tínhamos achado melhor assim. Eu teria de dizer que "nós" tínhamos achado que ele preferiria ficar ali. Aquilo era ridículo! Meu pai não preferiria ficar em lugar nenhum. Ele preferiria não morrer. Onde o corpo dele iria estar dizia respeito a nós, e não a ele. E eu queria que ele ficasse perto de mim. Era só isso. Ele tinha que ficar perto de mim. Ele era o meu pai. E era isso que tinha de acontecer.

Mas, rapidamente, eu entendi que a raiva seria a única coisa que iria me restar ali. Eu não poderia dizer nada. E o que eu consegui dizer foi que eu não me importava. Para mim, tanto fazia. Aquilo não era verdade. Mas eu não tinha coragem de dizer o que realmente pensava. E era assim porque eu tinha medo da humilhação de simplesmente não ser ouvido.

Eu me afastei deles e fui em direção à margem do rio. Eu chorei nesse momento, mas era um choro preenchido por algo além da perda do meu pai. Não era o vazio que estava dentro de mim, era a raiva.

O CORPO

Os trâmites para o enterro demoraram 3 dias. Isso porque não conseguíamos o documento de liberação para enterrá-lo no cemitério da cidade. Ao longo desse período, eu me mantive à margem. Meus amigos vieram de Brasília. E minha namorada também. Eu me mantive perto deles e longe do meu irmão e da minha mãe o máximo que eu pude. Eu disse aos meus amigos que meu pai teria preferido ficar ali. Eu não saberia dizer se eles sabiam que eu estava mentindo. A impressão que me dava quando eu via o rosto deles ao ouvir a nossa decisão era de que estávamos abandonando o meu pai em uma cidade qualquer, como se não nos importássemos com ele.

●

O velório e o enterro aconteceram no dia 7 de agosto, um sábado.
E foi só nesse momento que eu finalmente vi o seu corpo.

●

O cheiro adocicado das flores se misturava com um odor intenso de formol. Seus lábios estavam finos e arroxeados. A sua pele estava pálida e mais azulada do que vermelha, apesar da camada de maquiagem. Eu me aproximei dele. Olhei finalmente de perto os seus lábios finos e o seu nariz. Estiquei a mão e toquei o dorso do meu dedo médio na sua testa. Fria como gelo. Dura.

●

Não existe maneira razoável de compreender um corpo sem vida.

Em larga medida, o corpo e a vida são uma coisa só e a mesma. O corpo é o próprio sinal de que a entropia está, ainda, sendo contida. De que a dissipação está sendo contida, a imprevisibilidade. É ali que a vida está. E é por isso que a vida pode estar, que ela pode ser. Apenas por isso. Assim, ele é o sinal da vida em si. O corpo é a própria vida. O conceito de vida não é possível sem o conceito de corpo. Por isso, o conceito de corpo e a sua imagem sem vida é impossível de processar. As duas coisas são a mesma. Ou deveriam ser.

Ele é a separação entre o dentro e o fora. Entre o eu e o não eu. É ele, em última análise, que diz que algo é em oposição ao que não é aquele algo. Ele é o contorno. E o próprio contorno diz o que é aquilo que é vivo. Logo, um corpo sem vida não é nada. É uma contradição em si. Uma condição estúpida. E talvez por isso mesmo ele tenha que ser escondido, porque não faz sentido.

A RAIVA

A mesma raiva que me empurrou para a margem do rio no dia 4 e me manteve à margem nos dias seguintes, marcou os próximos anos da minha vida. Eu tive uma centena de acessos de choro, mas todos eles eram preenchidos pelo ódio. Eu odiava o meu pai. E eu odiava o resto da minha família por me colocar na posição na qual eu estava. Aquele que perde o pai sem ainda ser um adulto. Eu estava, assim, condenado à posição infantil. Por ele, por eles. E eu não sabia como sair de lá. Em larga medida, tudo o que eu vivi no decorrer dos anos seguintes foi uma formação reativa, de protesto, a essa posição. Eu continuei atuando como um adolescente. Como quem diz: quem é que vai me impedir de fazer isso?

E continuei me maltratando e maltratando os outros à minha volta nos anos seguintes.

Era como se eu dissesse: se ele resolveu ir embora, eu vou fazer como eu bem entender. O mesmo procedimento de resposta que usei quando ele saiu de casa na minha adolescência, mas agora com mais autonomia, já que eu era, teoricamente, um adulto.

Todo esse fluxo de repetição entrou em crise no momento em que segurei Martim no parto. A minha raiva não servia de nada ali. E eu fiquei paralisado.

No dia seguinte, sentado na escada no momento da sua internação, talvez pela primeira vez, tenha sido obrigado a reconhecer o meu desamparo. E o desespero tomou conta de mim.

Eu precisava tentar ser adulto. Mas eu não sabia como. Eu só sabia brigar.

DE VOLTA AO DIA 19

Naquele momento, a voz de Martim interrompeu o que se passava na minha cabeça.

— Pai, você ficou triste no cemitério?

— Sim — eu respondi.

Ele esticou a mão entre os dois bancos e segurou meu braço direito. Nesse momento, eu senti uma onda tomar conta do meu corpo. Como se a sua mão no meu braço tivesse sido capaz de mudar o que eu sentia por dentro.

— Por que você acha que mudaram seu pai de lugar?

— Não sei, filho.

— É estranho ter que ficar enterrado sozinho.

— Sim.

— Que bom que pelo menos ele já não tava mais lá.

Eu não entendi se ele se referia ao corpo que já não estava mais enterrado sozinho ou ao meu pai que já não estava no corpo quando foi enterrado. De qualquer forma, julguei que ele tinha razão.

— Pai, você quer ser enterrado como? Meu outro avô quis ser cremado.

Quando ouvi a sua frase, eu senti um engasgo e minha visão ficou turva. A imagem do lábio arroxeado do meu pai voltou à minha cabeça. Junto com ela, o dia em que ele me pediu para ser embalsamado e colocado no jardim ao lado do canil dos cachorros. E as últimas frases que trocamos: "Flho, eu decidi que eu não vou morrer". A minha ironia na resposta. O fim do telefonema. E o silêncio.

O silêncio que já durava 19 anos.

Eu fiquei sem conseguir puxar o ar por alguns instantes e tive a impressão de que teria de parar o carro.

Então, Martim colocou a mão esquerda no meu ombro, perto do pescoço.

— Pai? — ele disse como que para me puxar de volta. E continuou:

— A gente pode ouvir uma música?

— Pode. Qual?

— Aquela que é legal.

Eu sabia a qual música ele se referia, mas com as mãos ocupadas pela direção, eu não conseguiria digitar o título no aplicativo do celular. Então, abri o *Spotify* com a mão direita e apertei na primeira *playlist* que o algoritmo julgava ser adequada para mim. E uma música começou a tocar:

"Não, você não consegue sempre o que você quer

Você não consegue sempre o que você quer

Você não consegue sempre o que você quer

Mas se você tentar em algum momento

Você pode descobrir que consegue o que precisa

Não, você não consegue sempre o que você quer

Você não consegue sempre o que você quer

Você não consegue sempre o que você quer

Mas se você tentar em algum momento

Você pode descobrir que consegue o que precisa

Ah, sim

Você consegue o que precisa".

You can't always get what you want. The Rolling Stones. Let it Bleed.
Nova York: ABKCO Music and Records, Inc., 1969. Em tradução livre do autor.

Eu estiquei o braço direito para trás, por entre os bancos, e apoiei a minha mão no joelho de Martim. Ele, então, a segurou e se manteve em silêncio enquanto a música tocava. Eu sentia o leve peso da sua mão sobre a minha. Respirei fundo e, pela primeira vez desde o cemitério, senti o ar entrar e sair. A minha pele estava mais quente. E as lágrimas começaram a correr pelo meu rosto.

●

De fato, aquela música fazia sentido para mim. E eu a ouvia com muita frequência. Ela fazia tanto sentido que eu a achava até explícita demais, pois traduzia, de maneira bastante clara, o que eu sentia inúmeras vezes. Você não consegue o que você quer, mas, se você tentar algumas vezes, bem, você pode descobrir que consegue o que precisa.

Era a descrição perfeita do luto narcísico. O tema do *capítulo* 10, que eu tinha acabado de escrever. O final do livro. Essa música voltava na minha cabeça a todo instante enquanto eu estava escrevendo. Mas, seguida a ela, sempre se abria a mesma pergunta: o que é que viabiliza o luto narcísico? Até aquele momento essa pergunta tinha ficado sem resposta.

O SEGUNDO AMOR

O estabelecimento do vínculo é um processo complexo e demorado. Ele implica o fato de que um sujeito precisa crer que vai ser cuidado pelo outro. Ele precisa crer que pode estar em fragilidade e que, ainda assim, e até por isso, será amado. Mas como isso é possível se todas as nossas relações no mundo adulto são pautadas pela lógica da dominância? Especialmente no que se refere ao chamado amor romântico. Eu quero ser melhor através do amor. E, por isso, busco aquilo que julgo ser o melhor para mim. Eu não busco poder ser pior. Não é isso que pensamos: eu preciso poder ser pior, eu preciso poder falhar, eu preciso poder perder. No fundo, detestamos perder. Isso porque a derrota, além do desvio homeostático que ela traz no campo da dominância, aponta para a ameaça de ruptura do suposto vínculo. O derrotado está prestes a ser abandonado. E nós sabemos bem disso. Mas isso, que está em constante ameaça de ruptura, é de fato o vínculo?

Paradoxalmente, só é possível vínculo se há derrota. Isso porque o vínculo depende do cuidado. E o cuidado depende da derrota, da falha, da fragilidade. Assim, o vínculo depende da possibilidade da derrota. Mas a derrota só é possível no vínculo. Fora dele, nos campos relacionais pautados fundamentalmente pela dominância, ela implica abandono e exclusão. De forma que se chega a uma definição circular: a derrota só é possível no vínculo, e o vínculo só é possível na derrota.

Isso pode ser visto tanto como uma identidade, *se e somente se*, quanto como um paradoxo: eu preciso do vínculo para poder perder, mas, antes, preciso poder perder para estabelecer o vínculo, porém, só é possível perder no vínculo.

Ou seja, isso me parecia um beco sem saída. Continuaríamos buscando dominância e nos afastando do vínculo cada vez mais. Parecíamos condenados a isso.

○

E foi ali, na estrada, com o braço direito torcido para trás, com a mão de Martim pousada sobre a minha, que me veio a ideia do *segundo amor*. Ou melhor, foi ali que me veio a impressão do que seria o segundo amor, a experiência em si.

Talvez para Martim não fosse tão fundamental a minha potência. Talvez fosse justamente o contrário. Talvez ele pudesse se aproximar de mim se eu não fosse enorme. Talvez eu fosse possível assim. Talvez ele se sentisse possível assim. Talvez ele não se sentisse tão menor do que eu. E eu ainda poderia cuidar dele, não poderia? Eu continuava sendo o pai dele, não continuava? Nada tinha mudado. Ou melhor, talvez algo tivesse mudado.

Ele tinha estado comigo enquanto eu me via na outra posição. Ele tinha me visto na outra posição. E o desamparo não havia tomado conta de tudo. Os dois continuavam ali.

O segundo amor seria, assim, o lugar onde as posições podem se alternar. Só com o segundo amor a falácia da dominância seria desfeita. Eu podia ser o menor e ser o maior. Ou melhor, eu só poderia ser o maior caso eu pudesse ser também o menor.

Assim, as figuras de dominância não seriam coisas estanques, mas apenas posições atuais, que podem se alterar, se alternar. Não mais o pai que cuida e o filho que é cuidado. Mas sim aquele que *agora* cuida e aquele que *agora* é cuidado. Dessa forma, o vínculo se matinha em fluxo e não era rompido pela dominância impositiva.

Sim, isso fazia sentido.

Eu tinha de reescrever o último capítulo. Aquele era o final do livro.

○

O segundo amor era possível no atravessamento do desamparo em companhia do outro.

Ao contrário do primeiro amor, o segundo não era capaz de desfazer a morte. Longe disso. Eu não poderia mais ser o objeto de amor daquele que me protegia e deixava a morte do lado de fora do contorno. Nem Martim poderia. A morte estava lá. Para nós dois. E só em função disso que essa experiência parecia possível.

O luto narcísico dependeria também do constante atravessamento desse desamparo em companhia do outro. Não há, aí, a negação do desamparo. Não existe acolhimento total. Não existe o apagamento da morte.

Mas isso implicava, necessariamente, o encontro com o desamparo. E não a tentativa de fugir dele.

Estar preparado para o *erro de previsão*, afinal, significava não reagir a ele com a negação. O que cabia a nós era construir as condições para que fosse possível essa não negação. As condições de vínculo. O segundo amor. **Apenas no segundo amor é possível atravessar o desamparo. Mas o segundo amor não contém a morte. Ele apenas torna possível a sua presença. E, para que o segundo amor ocorra, é necessária a alternância de posições – cuidar e ser amado – dentro do campo de vínculo.**

○

No momento em que eu pensei em fazer aquela viagem sozinho, aquilo ainda era o mesmo protesto. Eu estava dizendo à minha família: eu não preciso de vocês. Eu consigo fazer sozinho. Eu quero estar só no dia de hoje, eu não quero ninguém comigo. Era o mesmo menino na margem do rio. Mas eu já entendia o quanto isso era ridículo. Eu tinha dois filhos e, de alguma forma, isso era uma vantagem para alguém que ainda precisa provar que é adulto.

Quando chamei Martim para fazer a viagem comigo, eu tinha a fantasia de mostrar a ele como eu tinha sido capaz, finalmente, de enterrar o meu pai. Como eu era grande, maduro. Um adulto. Um homem que foi capaz de se despedir, finalmente, do seu pai. Eu queria que ele me visse assim. Essa era a minha construção, ao que me parece. Mas não foi isso que aconteceu.

Eu terminei por ser atravessado pelo desamparo de maneira imprevisível. Como sempre é o caso com o desamparo.

Porém, de alguma forma, tínhamos saído do outro lado.

Assim, é preciso amor para que haja amor. É preciso vínculo para que haja vínculo.

Mas foi preciso, acima de tudo, o desamparo.

Foi preciso a morte.

○

A voz de Martim me trouxe de volta mais uma vez:

— Pai!

Ele disse apontando para o rádio do carro.

— Oi, filho — eu respondi.

— O tempo não tá andando!

Eu olhei para o rádio e vi que, por alguma razão, a barra horizontal que marcava a passagem da música estava congelada, de modo que a contagem do tempo naquele instante mostrava 1 minuto e 19 segundos, mas a barra horizontal ainda não havia saído do zero.

— Será que a música é infinita? — ele perguntou em tom de brincadeira.

— Será? — eu respondi sorrindo.

Martim manteve a mão apoiada no meu braço, que estava, por sua vez, apoiado no seu joelho.

Ficamos em silêncio.

O resto era música.

DÉCIMO PRINCÍPIO

Apenas no segundo amor é possível atravessar o desamparo. Mas o segundo amor não contém a morte. Ele apenas torna possível a sua presença. E, para que o segundo amor ocorra, é necessária a alternância de posições – cuidar e ser amado – dentro do campo de vínculo.

ENUNCIADO PARA UMA VIDA POSSÍVEL

1. A consciência só ocorre com os erros de previsão. E só a partir da consciência algum aprendizado é possível.
2. Com o erro de previsão decorrente do desvio homeostático, surge a experiência afetiva negativa. E só é possível a correção do desvio se a experiência negativa for reconhecida.
3. Parte fundamental dos erros de previsão e das nossas experiências afetivas está ligada às necessidades emocionais. E é só na relação com os outros que nossas necessidades emocionais podem ser satisfeitas.
4. Na nossa vida, em função das regras que regem o nosso ambiente, quando as necessidades emocionais entram em conflito, nos vemos obrigados a priorizar a satisfação de uma necessidade em detrimento de outra.

5. Ser amado é, no início das nossas vidas, mais importante do que qualquer outra necessidade emocional. E isso se constitui em um aprendizado que levamos adiante, mesmo que tentemos evitar.
6. Para que o campo de vínculo se estabeleça, é necessário que um dos sujeitos ocupe a posição de objeto de satisfação da necessidade de cuidar do outro.
7. Estamos todos em *déficit* de amor.
8. A saída que encontramos através da necessidade de dominância para a satisfação da necessidade de ser amado acaba aumentando o desvio homeostático da própria necessidade de ser amado.
9. O primeiro campo de vínculo funciona como contenção da morte. Esse é o primeiro amor. Mas é só ali que essa experiência é possível.
10. Apenas no segundo amor é possível atravessar o desamparo. Mas o segundo amor não contém a morte. Ele apenas torna possível a sua presença. E, para que o segundo amor ocorra, é necessária a alternância de posições – cuidar e ser amado – dentro do campo de vínculo.

Derivações *teóricas*

CAPÍTULO 1

- A consciência é um fenômeno que se origina do *erro de previsão*. Caso não haja erro, a tendência é que não haja consciência do presente.

- Desse modo, é absolutamente natural que tenhamos a impressão de que a nossa vida é feita de erros e desvios. Só estamos conscientes do presente quando um *erro de previsão* é priorizado e toma conta da nossa consciência.

- O *erro de previsão* é necessário, mas não suficiente para que um novo aprendizado ocorra. Um *erro de previsão* pode apontar para uma resposta automática, um automatismo, e não para a revisão das suas hipóteses, que seria o caminho para um aprendizado. O porquê disso e a origem dos nossos automatismos serão melhor compreendidos nos próximos capítulos. Especialmente no *capítulo 4*, em que trataremos da formulação dos nossos modelos de escolha.

- O *erro de previsão*, como fica claro no que se refere à morte do pai, não é exatamente algo que não éramos capazes de imaginar que pudesse acontecer, um imprevisto, por assim dizer. O *erro de previsão* se refere a algo que foge daquilo que seria o esperado e o necessário para a manutenção da nossa existência. Esse conceito fica mais claro no próximo capítulo.

CAPÍTULO 2

- Os afetos são sinais de necessidades básicas e não devem ser negados.
- Lutar contra os afetos equivale a lutar contra uma *vantagem evolutiva*. Além de infrutífero, é simplesmente burro.
- As experiências afetivas decorrem de erros de previsão das zonas homeostáticas.
- Experiências afetivas negativas, de desprazer, correspondem ao afastamento das zonas de previsão homeostáticas. Experiências afetivas positivas, de prazer, correspondem ao retorno para essas zonas homeostáticas. Ou seja, a correções de *erros de previsão*.
- A partir daí, segue-se a noção de que os momentos de prazer são posteriores aos erros de previsão, que são os momentos de desprazer. Eles são as resoluções positivas desses erros.
- Com isso, podemos concluir que um momento de prazer só existe se houver um momento de desprazer anterior. Mas os momentos de desprazer podem existir sem que aconteça uma solução de prazer.
- Como vimos no capítulo anterior, só existe consciência nos erros de previsão que são priorizados no nosso sistema. Daí, segue que temos mais consciência de momentos de desprazer do que de momentos de prazer, já que vários desvios não vão encontrar as suas respectivas soluções alostáticas, que geram prazer.
- Parte da nossa tarefa é tentar diminuir ao máximo essa diferença. Ou seja, encontrar encaminhamentos de solução satisfatória para os nossos erros de previsão.

CAPÍTULO 3

- Algumas das nossas necessidades envolvem outras pessoas, as *necessidades emocionais*. Essas são as mais complexas por envolverem outros sujeitos como objetos de satisfação.

- Partilhamos essas mesmas necessidades com todos os outros mamíferos, mas, para nós, elas ganham uma enorme complexidade em função das nossas realidades culturais e simbólicas.

- As necessidades emocionais podem ser pensadas de maneira isolada, mas, de maneira geral, as experiências efetivas decorrentes delas ocorrem como combinações entre mais de uma necessidade.

CAPÍTULO 4

- É absolutamente natural que você se sinta frustrado mesmo tendo feito uma escolha que parece ter sido razoável naquele momento. Não há nada de errado aí.

- As escolhas acontecem por priorizações de necessidades fundamentais em detrimento de outras. É natural que algum desprazer ocorra ao mesmo tempo em que ocorre um prazer.

- A ideia de que se fez uma escolha errada em função do desprazer experimentado é simplesmente um desconhecimento a respeito das diversas necessidades envolvidas no conflito em questão.

- O argumento de que existe uma grande diversidade nas priorizações que podemos vir a fazer na vida encontra um problema na enorme tendência que temos de priorizar as necessidades ligadas aos campos de vínculo em detrimento das outras. Como lidar com essa aparente contradição? Essa questão é especialmente desenvolvida nos *capítulos 5* e *6*.

CAPÍTULO 5

- A pior escolha que você pode fazer é sempre, literalmente, a melhor escolha que você pôde fazer.
- Não há nada que indique factualmente que uma escolha é ruim antes que ela seja feita. Tudo é probabilidade de amostragem anterior. Não há, por definição, como saber. Existem muitas variáveis que você simplesmente não é capaz de computar. A saber: o mundo.
- As ditas escolhas são, na verdade, determinações de aprendizados.
- Não existe escolha em si. O que existe é a aplicação de um modelo de funcionamento do mundo que precede a escolha. Esse modelo é constantemente atualizado em contato com o mundo. Mas essa atualização do modelo depende das premissas que já estavam dadas no modelo. O modelo não pode ser atualizado de uma maneira qualquer. Ele só pode ser atualizado a partir das experiências que já carrega. De modo que ele não é atualizado por você, mas em você.
- A aplicação desse modelo, que tem origem em um *erro de previsão*, em um desvio homeostático, nesse momento, se dá de forma consciente. Essa aplicação do modelo de forma consciente é o que chamamos de escolha.

- As nossas "escolhas" são um encadeamento lógico das nossas condições prévias. Ainda que não seja possível, a princípio, compreender essa lógica, ela necessariamente está lá. As supostas escolhas seguem das nossas condições prévias como resultantes. Só é possível "mudar" uma escolha se ocorrer uma mudança de uma condição prévia. E a mudança dessa condição prévia tem duas opções: ou ela depende de uma outra escolha, o que leva esse problema *ad infinitum*, ou ela não depende de você e sim de ocorrências no mundo, o que não é uma escolha.
- A repetição de escolhas ruins deriva do automatismo de aprendizados ineficazes que, em algum momento da vida, se apresentaram como a única escolha possível na infância. Eles retornam na idade adulta em forma de resposta automática, como vemos em mais detalhes no próximo capítulo.

  A repetição de escolhas ruins, ou seja, escolhas que seguidas vezes apresentam o mesmo resultado de não retorno homeostático, são na verdade um indicativo do grau de automatismo que se apresenta na aplicação do *modelo mental* como solução alostática. De forma que, ainda que tentemos escolher de outra forma, um mesmo comportamento se impõe. Como um reflexo. E nos vemos metidos em uma espécie de condenação trágica, na qual somos mais personagens do que narradores da nossa própria história.
- A ideia de autossabotagem é um contrassenso lógico, já que implica a intencionalidade de se fazer mal. E, se existe intenção de se fazer mal, vislumbra-se alguma vantagem nisso. Logo, já não se trata de se fazer

mal, mas sim da vantagem que se encontra em se fazer mal. Ainda que o resultado seja negativo. Ou seja, ainda que o resultado não seja satisfatório em termos de retorno homeostático. A intenção original era sempre de alguma vantagem, por mais estúpida que essa vantagem possa parecer quando observada *a posteriori*, depois da experiência em si.

CAPÍTULO 6

- A nossa primeira posição no mundo é a posição de objeto. Dependemos do amor do outro para sobreviver à avalanche de erros de previsão representada pelo nosso nascimento.
- A necessidade de cuidar é o que garante a formação do campo de vínculo.
- Isso levanta a pergunta a respeito daquilo que causa a necessidade de cuidar de um sujeito em relação a um outro sujeito, seu objeto de satisfação.

CAPÍTULO 7

- O *déficit* de amor é uma constante. Ele pode ou não estar priorizado pela nossa consciência. Porém, ele está lá.
- A passagem de uma impressão de amor incondicional para a experiência de um amor condicionado a alguma coisa é o nosso maior *erro de previsão* após a experiência do nascimento em si. Como lidar com ele é o que tentamos dar conta de fazer a partir daí.

- As nossas tentativas, via de regra, não resolvem o desvio homeostático em questão. O que acaba causando o quadro generalizado de ansiedade, pânico e depressão que vivemos no nosso meio social. Na verdade, estamos enfrentando um problema não resolvido de vínculo. Para apaziguá-lo, precisaríamos buscar campos de vínculo, e não de sucesso.
- A imensa maioria das nossas tentativas de saída desse problema envolve a *necessidade de dominância*, como vemos no próximo capítulo.
- Dizer "todos" é uma generalização. Nada é tão simples assim. É claro que tudo isso varia de acordo com o modelo sociocultural e com a família em questão. Em uma conta simples de adicionar, no que se refere aos pais, quanto mais fantasia sobre si mesmo ou sobre o filho, pior. E a fantasia é causada por necessidades não satisfeitas e não elaboradas, o que aponta para um círculo vicioso.

  Em uma conta simples de diminuir, quanto menos dependência seguida de ruptura de apenas uma figura de vínculo, melhor. De modo que o pior modelo seria o de uma família nuclear burguesa com um filho único cujos pais são obrigados a trabalhar fora desde cedo.
- Um argumento contra a hipótese que se estrutura nesse capítulo pode surgir da seguinte maneira: ora, mas, se o problema é o fim do *amor incondicional*, e aqueles que sequer o receberam num primeiro momento? A isso, pode-se responder de duas formas.

  A primeira, mais cínica, coloca que, se nunca houve *amor incondicional*, o problema é a falta de amor em si, e não o fim do *amor incondicional*. E, com isso, nos vemos mais ou menos no mesmo lugar.

A segunda aponta para o fato de que, se você está vivo, isso indica que houve *amor incondicional*, já que você foi cuidado enquanto bebê mesmo que não tenha se comportado bem para isso em primeira instância, porque nenhum bebê é capaz de tal conformidade. O termo *amor incondicional*, assim, indica apenas que você foi minimamente cuidado enquanto bebê e que não teve que fazer concessões para isso, até porque nem saberia como.

Outra objeção clara em relação a esse capítulo trata das mães que "amam demais". E dos filhos que sentem necessidade de se afastar delas. Não faltam casos como esses. Como isso poderia ser falta de amor?

Eu trato desse aspecto de maneira apenas pontual no texto e isso poderia ser sintetizado da seguinte forma: se você tenta ao máximo se afastar das invasões da sua mãe, daquilo que seria o "excesso de amor" dela, e procura lugares onde seja reconhecido por ser quem você "realmente é", e não quem ela te obriga a ser, isso significa que ela não percebe quem você realmente é. E/ou que não te dá liberdade para ser quem você gostaria de ser. Ou para buscar aquilo que desejaria buscar.

No fundo, por mais estranho que seja, essa impressão de intrusão e de necessidade de se afastar dela também é um *déficit* de amor. O amor dela é muito mais sobre ela, sobre as fantasias dela e as necessidades dela ligadas a essas fantasias, do que sobre você. E isso ainda é *déficit* de amor. Ela, em resumo, não te ama, ela ama o filho que ela fantasia. Ela ama a si mesma.

CAPÍTULO 8

- O vínculo, através da força na *necessidade de cuidar,* inverte o sinal da dominância. Dentro do vínculo, é seguro e até desejável ser o menor.
- Vínculo demanda tempo e estabelecimento de confiança. E a confiança depende da crença de que você vai ser acarinhado justamente naquilo que se esforça por esconder nos campos da dominância: suas falhas e incapacidades.

  Logo, a *necessidade de dominância* nos afasta dessa possibilidade. A *necessidade de dominância* parece ser, assim, diametralmente oposta ao campo de vínculo. Ao mesmo tempo, a *necessidade de dominância* está presente em todas as nossas relações. O que coloca a pergunta a respeito de como sustentar vínculo ao mesmo tempo que se opera a *necessidade de dominância,* para além do lugar que era regido pelo *amor incondicional,* o vínculo original. Essa questão é enfrentada ao longo dos próximos capítulos.
- Na instabilidade do vínculo, encontramos duas figuras fundamentais, supostamente capazes de garanti-lo: o *supereu* e o *ideal do eu.* Essas figuras servem como categorias ilusórias através das quais seremos capazes de recuperar o *amor incondicional.*

CAPÍTULO 9

- É no primeiro amor que ocorre a contenção da morte.

- A dominância, de uma maneira ou de outra, nos afasta da possibilidade de vínculo.
- Qualquer tentativa de retorno à posição de centralidade incondicional resulta em um processo insatisfatório, já que essa posição só é possível para o bebê, no campo de vínculo original.

CAPÍTULO 10

- A dominância, de uma maneira ou de outra, nos afasta da possibilidade de vínculo.
- O luto narcísico depende do atravessamento do desamparo em companhia do outro.
- No segundo amor, as figuras de dominância não são coisas estanques, mas apenas posições atuais, que podem se alterar, se alternar. Não mais o pai que cuida e o filho que é cuidado. Mas sim aquele que *agora* cuida e aquele que *agora* é cuidado. Dessa forma, o vínculo se mantém em fluxo e não é rompido pela dominância impositiva.
- A quebra da *negação* é o que evidencia o *desamparo*. Ou a evidência do *desamparo* impõe a quebra da *negação*. E só aí que o segundo amor se faz possível. Entretanto, não nos cabe escolher essa quebra, apenas construir condições para que ela seja possível.

Notas de *fundo*

1. "Uma coisa do passado para o futuro", frase repetida inúmeras vezes por Mark Solms, criador da neuropsicanálise e principal referência teórica deste livro.
2. "Inconsciente" aqui compreendido no sentido da neurociência e não no sentido da psicanálise, especialmente no que se refere à noção da memória não-declarativa.
3. "Um tipo de memória que não precisa da sua consciência para acontecer" refere-se, mais uma vez à memória não-declarativa.
4. "Aquilo que realmente importava" refere-se ao conceito de priorização explorado pela neurociência. Este conceito será fundamental no que trata da compreensão dos conflitos humanos e das possibilidades de escolha.
5. "A nossa cabeça prevê o instante seguinte", trata da noção básica de cérebro preditivo.
6. "Entropia" é uma noção básica para este livro. Levamos em conta aqui especialmente o que se refere à noção de entropia ligada à física estatística, ou mecânica estatística e à equação de energia livre formulada por Karl Friston, que conecta o aumento de entropia a uma maior quantidade de erros de previsão.
7. "Homeostase" talvez seja dos conceitos mais importantes deste trabalho. Aqui, iremos considerar que as nossas zonas homeostáticas têm ligação íntima com as nossas emoções. A melhor referência para o estudo deste tema é o livro de Mark Solms, *The Hidden Spring*.
8. "Alostase" é um conceito amplo e utilizado por diversos autores de maneiras um tanto diferentes. Aqui, pensamos alostase como o trabalho que deve ser feito no mundo para que se retorne à zona homeostática.
9. "Erro de previsão", conceito fundamental da neurociência, aqui conectado não apenas ao cérebro preditivo, mas ao desvio das zonas homeostáticas previstas.
10. "Afeto" é um termo utilizado de diferentes maneiras por diferentes autores. Aqui, seguimos a utilização de Solms em *The Hidden Spring*: afeto como a componente subjetiva/experiencial dos desvios homeostáticos que foram priorizados e chegaram à consciência.
11. "Consciência" aqui compreendida na sua forma mais rudimentar: aquela que é desencadeada pela experiência afetiva – um desvio homeostático priorizado que toma conta de nós como algo que sentimos.
12. "Princípio do prazer" é um conceito elaborado por Freud. Especialmente no texto *Formulações sobre os dos princípios do funcionamento psíquico*, 1911.
13. "Princípio de realidade" é também um conceito elaborado por Freud no mesmo *Formulações sobre os dois princípios do funcionamento psíquico*, 1911.
14. "as sete necessidades emocionais" é um dos conceitos mais fundamentais deste trabalho. Partimos aqui da taxonomia proposta por Jaak Panksepp, criador da neurociência afetiva nos seus dois textos: *Affective*

Neuroscience (2004) e *The Archaeology of Mind* (2012). Entretanto, Panksepp trata dos "sistemas afetivos" e dos "afetos emocionais" e nós seguimos a noção de "necessidades emocionais", mais ligada à compreensão de Mark Solms em seus últimos textos, especialmente *The Hidden Spring*.

15. "Partilhamos com os outros mamíferos" é uma simplificação, já que parte dessas necessidades partilhamos também com os pássaros e com os répteis. Mas apenas com os mamíferos partilhamos todas as sete necessidades.

16. "Vínculo" é um termo utilizado de muitas maneiras distintas. Aqui, "vínculo" está ligado a uma tradução de "attachment". E, para mim, trata da junção de duas necessidades fundamentais: a necessidade de cuidar e a necessidade de ser amado. Ambos estes termos foram cunhados no processo de construção do campo da *autoescrita*.

17. "Sentimento" compreendido como a interpretação dada pelo nosso cérebro, em geral de maneira automática e não escolhida por nós, aos sinais corpóreos (interoceptivos) em conexão com os dados recebidos do mundo exterior (exteroceptivos), que dão origem a uma interpretação daquilo que estamos sentindo.

18. "Opioide mu" trata, de forma simplificada, dos nossos sistemas de recepção e processamento dos opioides.

19. "Opioide kappa", assim como o opioide mu, aqui de maneira simplificada. Um aprofundamento deste tema pode ser encontrado no capítulo 9 de *The Archaeology of Mind*.

20. "Como eu me sinto quando" é uma frase fundamental das práticas da *autoescrita*.

21. "Ambivalência" é um termo amplamente explorado na psicanálise. Entretanto, aqui o utilizamos em referência direta aos conflitos ligados às diversas necessidades emocionais.

22. "Estratégia alostática", que se refere aos processos ligados a alostase: trabalho no mundo em busca do retorno ao equilíbrio homeostático.

23. "Priorização" é um conceito utilizado neste livro de duas maneiras distintas. Por um lado, ligado aos desvios homeostáticos que, priorizados, ganham espaços na nossa consciência. Por outro lado, em um sentido mais corrente, como aquilo que vamos priorizar na vida, no que estaria ligado ao conceito de escolha.

24. "Filogenéticas" como aquilo ligado aos processos adaptativos que estão associados a uma espécie como um todo.

25. "Ontogenéticos" como aquilo ligado aos processos adaptativos empreendidos por um sujeito específico ao longo de sua vida, em seu ambiente.

26. "Modelo mental" refere-se à noção da neurociência computacional, especialmente do campo da Inferência Ativa de Karl Friston, de que criamos um modelo interno do funcionamento do mundo exterior. A partir deste modelo, inferimos o funcionamento do mundo.

27. "Desejo" aqui na acepção freudiana: vontade de retorno a um objeto de satisfação.

28. "Já estava com fome" no sentido de que havia um desvio homeostático que, por alguma razão, não estava sendo priorizado pelo seu

29. "Aquilo que seria mais vantajoso para a nossa sobrevivência" é justamente aquilo que tende a reduzir entropia de maneira mais eficaz, diminuindo os erros de previsão, de acordo com os desvios homeostáticos mais intensos e com as respectivas oportunidades de satisfação disponíveis no ambiente.
30. "Amor" aqui conectado à necessidade de cuidar.
31. "Ocitocina" não é a única peça da necessidade de cuidar. Ver o capítulo 8 de *The Archaeology of Mind* sobre o CARE.
32. "Narcisismo" é uma expressão amplamente utilizada tanto na psicanálise quanto fora dela e ganha, em cada contexto, sentidos distintos. Aqui, ela se refere ao momento do desenvolvimento no qual a criança já se percebe separada da mãe, mas ainda não é capaz de reconhecer os outros como sujeitos. Ela entende os outros apenas como objetos de satisfação ou de frustração das suas necessidades.
33. "Inadequação" é um dos conceitos fundamentais da autoescrita e trata da explicação que a criança é capaz de constituir, com seu modelo mental, daquilo que teria causado o fim do amor incondicional. De modo geral, alguma característica que falta a ela. Ou algo que ela tem e que não deveria ter.
34. "Ideal do eu" é um conceito fundamental da psicanálise. Aqui ele se refere fundamentalmente à resposta que a criança é capaz de dar para a correção da inadequação. Ou seja: sistema e não tinha ocupado ainda a consciência em forma de afeto.

se isso é o que falta para ser amado, então é aquilo que eu preciso ser para ser amado.
35. "Depressão" aqui como descrita por Jaak Panksepp no capítulo 9 de *The Archaeology of Mind*.
36. "O modelo de como o mundo se comporta" é o nosso modelo mental.
37. "Comparações a respeito do tamanho das coisas", ver *Neural mechanisms of social dominance*, de Noria Watanabe, 2015.
38. "Introjetado" está ligado ao conceito psicanalítico de introjeção. Aqui, utilizado de maneira mais ampliada como a ideia de que algo passou a fazer parte do seu modelo mental e das suas memórias não-declarativas.
39. "Identificação" é um conceito chave da psicanálise utilizado desde Freud. Para compreendê-lo melhor, ler *Psicologia das massas e análise do eu*, 1921.
40. "Serotonina" ligada à dominância. Mais uma vez, ver *Neural mechanisms of social dominance*, de Watanabe.
41. "Ocitocina" ligada à confiança é uma ideia elaborada por Panksepp no capítulo 8, sobre CARE, de *The Archaeology of Mind*.
42. "Acolhido e protegido" também estaria ligado à necessidade de fugir. Entretanto, a ênfase causal continua retornando para a necessidade de ser amado. Isso porque se eu sou "propriamente" amado, sou protegido.
43. "Angústia" é um termo fundamental para a psicanálise e assume diferentes significados ao longo da história. Aqui, estou usando angústia como um sinal muito básico de desequilíbrio, ainda sem objeto que o cause. Mais uma vez, ligada mais à necessidade de

ser amado. Para ver o conceito elaborado na psicanálise, ler, de Freud, *Inibição, Sintoma e Angústia*, 1926.

44. "Luto narcísico" é um conceito explorado pela psicanálise. Aqui, ele está ligado de maneira indissociável ao fim do amor incondicional e à elaboração deste fim.

45. "O início da cultura" é algo difícil de apontar. É razoável pensar que não haja um "ponto de virada" neste sentido, no qual nos tornamos humanos. Aqui, estamos pensando a produção de símbolos como algo que identifica um grupo.

46. "Ritos e narrativas de morte" trata da ideia de que toda civilização ou grupo humano tende a produzir algum tipo de cosmogonia e/ou cosmologia.

47. "Povos originários" aqui trata mais daquilo que se compreende como a nossa fantasia dos povos originários do que talvez da complexidade em si e a multiplicidade dos seus modos de viver.

48. "Parentesco" a partir de Claude Lévi--Strauss, em *As Estruturas Elementares do Parentesco*, 1955.

49. "Negação" é um conceito fundamental e amplamente explorado pela psicanálise. Ver *A negação*, de Freud, 1925.

50. "O rapto" como noção elaborada por Roland Barthes, em *Fragmentos de um Discurso Amoroso*, 1977.

51. "Não havia ainda a percepção da saída da mãe" segue uma noção da psicanálise. Mas poderíamos pensar nos termos ainda mais duros de que ainda não havia a formação do objeto de representação "mãe" no modelo mental.

52. "Impulso" aqui ligado ao texto de Mark Solms, *Revision of Drive Theory*, 2021. Assim, "Drive" como sendo causado pelo desvio homeostático que foi priorizado e tomou a consciência em forma de afeto. Isso seria a pulsão no novo modelo proposto por ele.

Agradecimentos

À Flor. Sem você este livro não existiria. Em incontáveis sentidos.

Ao Vicente, pela redescoberta da exaustão e da felicidade.

À Nanda, pela partilha na aventura que é criar um filho.

Ao meu irmão, Aurélio, por muitos momentos de apoio ao longo da vida.

À minha mãe, Regina, por sempre ter estado lá.

Aos amigos: Diego, Thiago, Daniel, Otoniel, Leonardo, Marcos, Tiago, Rafael, Vinícius, Vítor e Renato, pela infância e início da vida adulta.

À Irene Lafetá Sesana, pela primeira leitura generosa e por toda a interlocução.

Ao Bernardo Marinho, pela abertura incansável ao diálogo.

Ao Adriano Guimarães, pelo Hamlet e todas as outras tentativas.

Ao Benilton Bezerra Jr., por me ajudar a encaminhar o fluxo.

Ao Mark Solms, pela generosidade na partilha do conhecimento.

E, finalmente, para todos aqueles que participaram do percurso da *autoescrita* e que colaboraram com o canal no YouTube com suas questões e narrativas.

Esta obra foi composta por Maquinaria Editorial nas famílias tipográficas FreightText Pro e Abril Display. Reimpresso pela gráfica Plena Print em outubro de 2024.